职场成功21法则

21 PRINCIPLES FOR ADVANCING YOUR CAREER

薛永斌 ◎ 编著

一本书走稳职场上升路

中国市场出版社
China Market Press

·北京·

图书在版编目（CIP）数据

职场成功21法则 / 薛永斌编著. — 北京：中国市场出版社有限公司，2022.9
ISBN 978-7-5092-2245-4

Ⅰ.①职⋯　Ⅱ.①薛⋯　Ⅲ.①职业选择-通俗读物　Ⅳ.①C913.2-49

中国版本图书馆CIP数据核字（2022）第144693号

职场成功21法则
ZHICHANG CHENGGONG 21 FAZE

编　　著	薛永斌		
责任编辑	辛慧蓉（xhr1224@aliyun.com）		
出版发行	中国市场出版社		
社　　址	北京西城区月坛北小街2号院3号楼	邮政编码	100837
电　　话	编辑部（010）68033692　读者服务部（010）68022950		
	发行部（010）68021338　68020340　68053489		
	68024335　68033577　68033539		
	总编室（010）68020336		
	盗版举报（010）68020336		
印　　刷	河北鑫兆源印刷有限公司		
规　　格	145mm×210mm　32开本		
印　　张	12.5	字　数	300千字
版　　次	2022年9月第1版	印　次	2022年9月第1次印刷
书　　号	ISBN 978-7-5092-2245-4	定　价	68.00元

版权所有　侵权必究　　印装差错　负责调换

开启智慧之门 成就职场卓越人生

· 序 ·

伟大的思想家、哲学家罗素讲过,"选择职业是人生大事,因为职业决定了一个人的未来,选择职业就是选择将来的自己"。选择职业和相应的工作,对每一个成年人而言,都是在社会中生存、发展的安身立命之本,也是实现自我价值所需。当今世界正经历百年未遇之大变局,加上和新冠肺炎疫情交织在一起,在严峻的经济形势下,寻找一份可靠、稳定、满意的工作成为许多青年人的梦想,保稳定促就业已成为各级政府、主管部门和社会公众关注的一个中心话题。

对每一个青年人而言,相信未来才有现在,瞄准未来才有更好的未来。如果看不到未来的前景,就掌握不了现在,如果把握不好当下的现在,也就看不到光明的未来。这些话都彰显出了生涯规划的本质与精髓,也明确了职场的生存与发展之道,即:立足当下,放眼未来,增长智慧,成就事业。

路漫漫其修远兮。人生漫长,面对的是永远充满未知的世界,瘟疫、战争、职场变故……谁也不知道明天会变成什么样。过去无法改变，未来可以把握，你不可能事事顺利，但可以事事尽力。所以，立足当下，放下焦虑，冷静应对，是理性的选择。同时，我们在职场上要充满信心，勇往直前，即使处于逆境当中，也要放眼未来，相信未来，满怀希望。立足于现实，全身心去投入，才有可能成就美好的明天，脚踏实地，着眼未来，瞄准未来，才能成就更加美好的未来。

在职场上，职场智慧的运用非常重要。良好的工作心态、积极进取的精神风貌、适宜的团队共事风格、双向管理沟通技巧、以赏识性管理为主的激励方法等，无不体现出职场人的丰富多样的为人处事的智慧。作为职场人，不仅需要了解这些智慧，还要学会运用这些智慧，只有开启职场智慧之门，才能成就职场卓越人生。

开启职场智慧之门，必须从以下这三个方面进行系统、全面的修炼：

一是培育核心竞争能力。在职场上打拼的青年人，大多数都有良好的教育背景，具备相应的通识能力和专业能力。如何培育在职场工作中的顶端优势，也就是区别他人的优势能力，是支撑你在职场中如虎添翼、风生水起的关键。为此，首先要注重知识的更新。从当前社会发展趋势来看，产业结构升级将驱动整个职场人的知识结构升级，而在知识升级的过程中，信息化技术将占据十分重要的位置，其中就涉及大数据、物联网、云计算、人工智能、区块链等技术，这些技术也是职场人需要重点学习的内容。其次，在实践中锻炼成长，培育核心能力。工作中要注重知识的积累、技术的迭代和经验的升华，"纸上学来终觉浅，绝知此事要躬行"，勇于探索、勤于实践是提升个人核心竞争力的重要途径。最后，保持强烈的学习欲望和超强的学习能力至关重要。职场中最重要的事情就是把自己修炼成为一个"想学习、愿学习、会学习、能学习"的"学习型本质人"。人生如花草，若无学习之浇灌，再艳丽也将枯萎。培育持续的、有目标的和高效的学习能力是提升个人核心竞争力的最重要的部分，也是决定了一个人在职场中能走多远、能达到什么样的高度的关键所在。

二是提升认知维度。认知高度决定了思想高度。一个人的发展与成功建立在认知的基础之上，我们的收获都是认知不断积累的结果。成长不仅是一次次的自我蜕变，更是一种认知升级。要不断提升对自我的认知、对世界的认知、对人性的认知，以及认识到自己的无知，然后虚心地学习，保持对成长的渴望，不断开拓职业生涯的宽度，不断进行认知突围。

提升认知维度，应从以下三个方面做起：一是多见大世面、多经历大场合。一个人的认知往往是囿于他的见识范围。人们常说，"贫穷限制了一个人的想象力"，这话不假，没见过世面的人，就是不知道很多事情还能去做，还可以有多种方法去做好。因此，创造更多的条件去尝试更多的工作、探索更多的渠道，这对于一个人的认知提升是有极大好处的。二是与高人同行。除了见世面能够开阔你的眼界，让你收获更多信心的是与更高水平的人在一起同行，有一句话讲得很到位："一个人能走多远，看与谁同行"。如果有可能跟这些高人学习，得到高人指点，对提升认知水平，是最好也是最快的一种办法。三是通过实践来提升认知水平。仅仅坐而论道是不行的，只有通过多听多看多去实践，才能获得更多认知上的感悟，你的认知才能提升，才能落地。除此之外，学会正向思考，放弃偏见，同时还要专注于深度思索，在任何事情上都不浅尝辄止。在职场中更要学会换位思考，不断提升自己的思想格局和认知能力，能站在更高的层次用系统观念、辩证思维方法去分析问题和解决问题。认知水平的提升是螺旋上升的过程，当认知水平提高之后，如同登上一座高山一样，人能看到更高的山峰，会激发更新的目标，于是更加明白自己的不足，更加懂得还需要继续提升，也知道可以怎样去提升。这种循环往复，不断提升认知维度，成为我们提升自我认知水平的最好的一种方法和工具。

三是打磨价值观体系。 决定一个人职场成功的根本因素之一是个人的价值观。我们把"为党育人，为国育才"作为高校的根本任务，把弘扬社会主义核心价值观作为重要的教育内容。作为一名职场人，其择业观、职业道德观、人生观、权力观、家庭观等都会影响个人行为的思维、理念、作风、素养和能力等要素构成的综合价值观体系。打磨个人价值观体系应遵循"弘道崇德，经世致用"的基本原则。"国无德不兴，人无德不立"。成才与立业必先立德，做人做事首先要崇德修身。谋求职场上的生存与发展，首先要做一个人格过硬的人，要立德立信，坚守理想信念，同时还要有家国情怀，以我之所学，化我之所用，致力于公司（单位）兴旺、社会发展和人类进步。

把握职场中的智慧，它仅仅是我们在职场中有效开拓好工作的方法和技巧，要想成为职场的弄潮儿，还必须坚守以下两条准则：

准则一：守方正之本，塑精英之魂。 职场精英一定是有血有肉有灵魂的人。灵魂是人的精神寄托，也是人性的体现，更是立足社会和职场发展之本。"守方正之本"，就是要坚守职业道德，做一个本分、纯粹的"职业人"，以职业道德高标准行职业之事；就是要坚持知行合一的价值观和实践观。心中有梦想，脚下有行动，以梦为马，"以终为始"，咬定目标不放松，砥砺前行，不达目的不罢休；就是要坚守真理，明辨是非，以批判性思维去对待周围的变化，力争做到：在纷繁多变的现实世界与虚拟社会共生交织的环境中，莫让浮云遮蔽你的眼睛；在算法如魔、精准推送的大数据时代，莫让算法夺去你的灵魂；在人机互动、机器如人、人对机器的依赖不断加剧的情形下，莫让芯片取代你的心灵。既要敢于运用新技术坚持创新，更要坚守道德操守和伦理底线，不能沦为科技的附庸、机器的奴隶。这是每一个职场精英都应恪守的基本准则。

准则二：集众家之长，悟成功之道。 职业千千万，成功的道路各有不同，但每一个成功者的路径都有相似之处：面对工作主动积极，勇于进取，善于克服各种困难和挫折，始终坚守理想和信念；对待自我，认知清晰，善于扬长补短，能充分挖掘自身的潜能；能牢固树立正确的价值观，坚决摒弃功利主义，摆脱名利枷锁。通往成功的道路，一定要保持良好的学习态度和学习的思维模式：要带着问题向书本学习，带着思考向实践学习，带着探究向社会学习，带着真诚向竞争对手学习，带着谦逊向同事和领导学习。"三人行必有我师"，学无止境，擅长学习的聪明人能够把众人的经验变成自己的智慧和财富，从而助力于职场取得更大的成功。

薛永斌教授在高校耕耘近40年，积累了比较丰富的工作经验。他在从事行政和党务管理工作的同时，仍然能倾注相当多的精力潜心于他所喜欢的行政管理、工商管理等领域的教学和科研工作，讲授的"领导力""职业生涯规划"等课程受到大家普遍好评，科研工作也取得了一系列成果，精神可嘉，值得祝贺。薛永斌教授编著的《职场成功21法则》一书，立意于集百家之长，扬一书之特色，力图体现既有理论指引又紧密联系职场实践的职业生涯规划方法与职场自我管理智慧。我认为本书具有以下几个特点：

一是系统性。本书以入职前的储备、入职初的磨炼和进入职场管理层后的领导工作为时间轴线，对各阶段的学习和工作的特点及应对方略，都有系统阐释。体系比较完整，结构比较严谨，理论、实践和案例融为一体，构筑了比较丰富的生涯规划的线路和框架。

二是实用性。围绕职业生涯前后不同阶段的特殊性，在理论阐释的基础上，对职场工作方法、策略和技巧进行了较多的分析和探讨，辅之以案例说明，体现了较强的适用性、示范性和借鉴性。

三是新颖性。本书从职场发展与提升的实际情况出发，既注重博采众人之长，吸收当代生涯规划理论、管理学、组织行为学、领导学的有益成果，又注重总结在新形势和新时期下积累的新经验和新方法，并使其上升为科学的理论，对从事职场工作具有较强的指导意义。特别是作者提出的"职业生涯规划的罗盘定位技术""创业的ABC法则""领导力提升的3-4-8模型""高层领导方法"等都具有原创意义性。

总之，《职场成功21法则》是一本专业理论与职场实践相结合、系统思维与实操技巧相补充、工作方法与管理艺术相促进的实用性、可操作性强的书籍，也是引领广大青年顺利走入职场并能得到快速发展与提升的职业生涯技能和智慧开发的好的参考教材。我很愿意把这本书推荐给大家，希望高校青年学子、初入职场的新人以及在职场拼搏多年后仍需转换赛道的职场管理人员，都能认真地读一下这本书，从中吸取知识、智慧和力量，提升对职场的适应能力和把控能力，在掌握工作技能、提升职场核心竞争能力的同时，不断放飞自我，取得更大的进步和更辉煌的成就。

时光之河，川流不息，筑梦路上，风华正茂。未来已来，路就在脚下。职业生涯中每一个阶段性目标的达成，既是终点，又是新的起点。职场中的发展没有最好，只有更好！祝愿每一位职场人永远意气风发，敢闯敢干，敢为人先，在真刀实枪的职场上成就宏伟大业和卓越人生！

中国传媒大学党委书记、校长

教授　博士生导师

序篇 谋定而动——把握职场主动权

1 职场赢在"规划" // 003

1.1 职业与职业生涯 // 003
- 1.1.1 职业是人生的重要选择 // 003
- 1.1.2 职业生涯与职业生涯规划 // 006
- 1.1.3 职业与就业环境变化 // 008
- 1.1.4 职场生存与工作压力 // 010

1.2 影响个人职业成功的因素分析 // 013
- 1.2.1 关于职业成功 // 013
- 1.2.2 影响职业成功的因素 // 015
- 1.2.3 职业成功者的特点 // 016

1.3 不同人生阶段职业"规划"的重点 // 019
- 1.3.1 职业生涯发展阶段划分理论 // 019
- 1.3.2 不同年龄阶段的人生任务目标差异比较 // 021
- 1.3.3 职业生涯规划的三个重点 // 023

2 掌握职业生涯规划的实用理论与方法 // 034

2.1 职业生涯规划的原则 // 034
2.2 职业规划的实用理论与方法 // 035

- 2.2.1 职业锚理论 // 035
- 2.2.2 目标路径理论 // 038
- 2.2.3 职业规划三圈理论 // 046
- 2.2.4 创业的ABC理论 // 048
- 2.2.5 职业规划的罗盘定位技术 // 052

3 握紧人生幸福的钥匙
——阳光心态、事业与家庭的平衡 // 059

3.1 关于人生幸福 // 059

- 3.1.1 幸福没有唯一的定义 // 059
- 3.1.2 幸福密码之一：保持定力 // 060
- 3.1.3 幸福密码之二：化繁为简 // 061

3.2 培育阳光心态 // 062

- 3.2.1 阳光心态是幸福的第一源泉 // 062
- 3.2.2 消除负面偏差的影响 // 064
- 3.2.3 树立正确的名利观 // 065

3.3 如何做到家庭与事业的相对平衡 // 066

4 以梦为马，不负韶华
——创业者绘就的职场蓝图 // 073

4.1 "双创"的历史背景及重大意义 // 073

4.2 青年创业者"自画像" // 076

4.3 当代创业者的共同点与特质 // 078

  4.3.1 当代创业者的共同点 // 078

  4.3.2 当代创业者的特质 // 080

4.4 创业初期应该注意的问题 // 082

4.5 创业团队建设的策略 // 083

5 绽放特有的光芒
——女性在职场中如何赢得主动权 // 085

5.1 了解男女差异,做到扬长避短 // 085

  5.1.1 女性与男性的差异 // 086

  5.1.2 女性选择职业如何扬长避短 // 089

5.2 辨析优势与劣势,打造精彩职场人生 // 089

  5.2.1 女性在职场中的优势 // 089

  5.2.2 女性在职场中的劣势 // 091

5.3 顺应社会发展大势,绽放女性职场光芒 // 092

5.4 勇于直面现实,避免职场陷阱 // 094

上篇　入职前的储备与修炼

6 智商、情商与胆商
——影响职业生涯发展的基本要素分析 // 101

6.1 智商对职业发展的影响 // 102

6.2 情商对职业发展的影响 // 104

6.3 胆商对职业发展的影响 // 106

7 职场成功必须修炼好的能力 // 107

7.1 通识能力的培养 // 108

7.1.1 通识能力之一：沟通能力 // 109

7.1.2 通识能力之二：创新能力 // 112

7.1.3 通识能力之三：语言文字应用能力 // 114

7.1.4 通识能力之四：计算机运用能力 // 117

7.2 全面提升专业能力 // 119

7.2.1 专业能力是职场的核心竞争力 // 119

7.2.2 专业核心能力的培养与提升 // 126

7.2.3 通过实习和实践强化专业能力体系建设 // 128

7.3 强化自控能力——让你比别人更优秀 // 130

7.3.1 自控力的重要性 // 130

7.3.2 如何提升个人自控力 // 131

7.4 提升学习力——职业进步永不枯竭的动力源泉 // 137

7.4.1 校园学习对职业生涯具有决定性影响 // 137

7.4.2 进入职场后如何继续提升学习力 // 140

8 培养良好的习惯 // 147

8.1 拥有良好习惯的重要性 // 147

8.2 如何培养良好的思维习惯 // 148

8.3 如何培养良好的学习习惯 // 152

8.4 如何培养良好的工作习惯 // 153

8.5 如何培养良好的生活习惯 // 155

9 掌握自我认知的方法 // 157

9.1 自我认知的重要性 // 157

9.2 自我认知的基本内容、方法与工具 // 159

9.3 九型人格分析法 // 165

10 把握好实习实践机会 // 168

10.1 充分重视实习实践机会 // 169

10.2 通过实习和实践提升核心竞争力 // 173

10.3 实习中应注意的一些问题 // 174

10.4 实习后的自我评估和反思 // 177

11 入职前的关键点
——做好公司背景调查和撰写求职简历 // 178

11.1 做好拟入职公司的背景调查 // 178

    11.1.1 入职前为什么要做背景调查 // 178

    11.1.2 需要做哪些方面的背景调查 // 181

    11.1.3 对拟入职公司进行背景调查的手段与方法 // 183

11.2 撰写好个人求职简历 // 186

    11.2.1 个人求职简历的基本格式 // 187

11.2.2 制作求职简历的基本要求 // 189

11.2.3 其他建议 // 189

中篇　入职初的磨炼与成长

12 初入职场的注意事项 // 193

12.1 入职第一天的注意事项 // 193

12.2 试用期的注意事项 // 196

12.3 职场新人的十项行为准则 // 198

13 克服紧张焦虑，提升职场情商 // 211

13.1 如何化解职场中的紧张与焦虑情绪 // 211

13.2 怎样提升职场中的情商 // 214

13.2.1 提升个人亲和力 // 215

13.2.2 提升个人影响力 // 220

13.2.3 控制个人情绪 // 225

13.2.4 学会换位思考 // 229

14 职场快速成长要诀 // 232

14.1 做一个好的追随者 // 233

14.2 以事业心和业绩赢得信任 // 238

14.3 增强职场核心竞争力 // 240

14.4 学会高效沟通 // 243

14.5 有效提升工作效率 // 247

14.6 尽快全面成熟起来 // 250

15 学会"向上管理" // 254

15.1 "向上管理"的定义与难点 // 255

15.2 "向上管理"的内容和方法 // 256

15.3 "向上管理"的技巧 // 260

下篇 管理者的方法与艺术

16 不同层级管理者的工作重点和工作方法 // 265

16.1 管理和领导的区别与联系 // 265

16.2 哪些人适合当领导和高管 // 270

16.3 不同层级管理者的特征 // 272

16.4 管理层提升领导力的"3-4-8"模型 // 274

16.5 如何提升基层和中层管理人员的执行力 // 276

16.6 高层领导如何提升战略管理能力 // 279

16.7 管理者的领导方法概述 // 280

17 "新官"上任烧好"三把火" // 284

17.1 上任之初应注意的问题 // 285

17.2 尽快进入和扮演好自己的角色 // 291

17.3 多方面了解情况 // 292

17.4 怎样踢开"头三脚" // 294

18 "新领导"管理"旧同事"
——注重建立权威和有效指挥 // 297

18.1 权威从哪里来 // 298

18.2 怎样对下属布置工作 // 302

18.3 领导怎样检查工作 // 304

18.4 "新领导"要善于排除指挥障碍 // 307

19 如何处理好人际关系 // 312

19.1 与下级关系的处理艺术 // 313

19.2 正副职关系的处理艺术 // 315

    19.2.1 正职与副职相处的技巧 // 315

    19.2.2 副职与正职相处的技巧 // 317

19.3 与同级部门关系的处理艺术 // 318

19.4 高层领导与群众关系的处理艺术 // 320

19.5 家庭关系的处理艺术 // 321

20 高效领导的做事方式 // 323

20.1 如何集中精力干正事 // 323

20.2 如何应对忙乱现象 // 329

20.3 领导的工作习惯和生活习惯 // 334

20.4 如何既突出重点，又统筹兼顾 // 336

21 调动下属积极性的方法 // 340

21.1 掌握用人的艺术 // 341

21.2 掌握表扬与批评的艺术 // 349

21.3 处理好与下属的冲突 // 354

21.4 真诚帮助犯错误的下属 // 356

21.5 注重感情投资 // 357

21.6 构建利益共同体 // 359

参考文献 // 362

我的"五感"（代后记） // 368

序 篇

谋定而动
——把握职场主动权

1 职场赢在"规划"

1.1 职业与职业生涯

1.1.1 职业是人生的重要选择

职业是劳动者为获取主要生活来源或为实现个体的理想和价值而从事的社会性工作。社会分工是职业分类的依据。在分工体系的每一个环节上，劳动对象、劳动工具以及劳动的支出形式各有特殊性，这种特殊性决定了各种职业之间的区别。在你的家庭中，已经退休多年的爷爷原来可能是工厂里的一名技术出众的电工，奶奶在幼儿园做过近四十年的保育员，父亲是恢复高考后第二批跨入师范学院的学生，大学毕业后就一直在某高校任教，母亲是电大财会专业毕业生，现在是一家上市公司的会计师，而你呢，是一家互联网公司的程序开发员。电工、保育员、教师、会计师和程序开发员既是社会发展过程中劳动分工的职业，也是我们维系个人及家庭生活、赖以生存和发展的工作。

如图1.1所示，人生的整个历程可以简单分为成长、发展、成熟（成才）、精英和示范（榜样）等几个阶段。上面的三条曲线分别代表三个不同人生轨迹。其中细实线代表的人生轨迹在整个职业生涯过程中一直比较平顺，基本上从一开始就保持上升的发展势头；而粗实线和虚线所代表的两种人生轨迹其经历相对比较曲折，虽然整体上呈现向上态势，但也多次出现低潮时期。

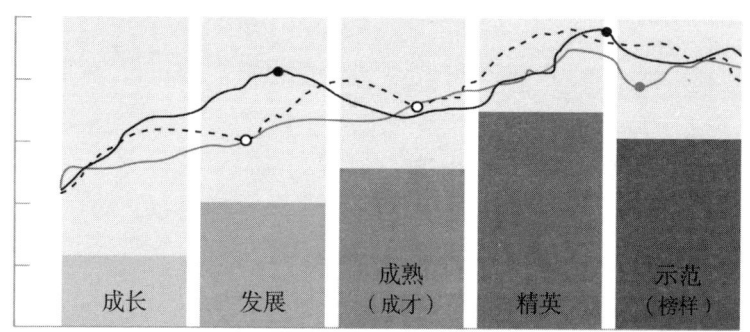

图1.1　人生的发展阶段示意图

具体来讲，人的一生都要经历幼年、少年、青年、中年、老年这样几个阶段。18岁之前的青少年时期是我们人生最为美好的一段时光，尽管有家长的管束、教师的严苛和中小学的学业的压力，但这个时期，每个人都在经历身体的发育变化、不断的学习进步和成长，同时，对周围一切未知事情的好奇、对未来人生的憧憬、童趣的快乐，青春期的叛逆和懵懂，对未来职业的向往都处于萌芽的状态，属于职业萌芽期（18岁前）。这个时期也会有烦恼、有困惑，但更多的是没有太大生活压力的快乐和喜悦。18岁以后，大部分青年人讲入校园继续求学和深造，这是一种有目标的学习的提升，系统的思维能力、广博的基础知识、紧扣专业的特殊技能、人际交往的基本方法等都是在人生最为重要的这一阶段培养和积累的，它是跨入职业生涯的"加油站"和"充电站"。这个时期我们称为个人储备期（18~22岁）。校园求学生活结束后，当务之急是找到一份自己喜欢同时待遇等各方面都过得去的工作——即职业生涯的第一份正式工作。之前也可能有各种各样的实习和实践机会，但那个时候的"工作"还不是正式的工作，只是你学习深造过程中的一段临时性的或暂时性的额外补充。这个阶段的"工作"，充其量也只是一种体验、适应和锻炼，虽然公司在你的实习期也会分配任务、提出要求、进行考核并给予相应的劳动报酬，但归根到底是将你作为"临时人员"去使用和管理的。而真正的入职，肯定是一种全职状态，需要你全身心地投入个人的主要精力，全神贯注去做好某件事情。在公司或组织中，有时还需要有团队成员相互间强有力配合才能达成任务目标，因此，团队的合作意识、共情能力就成为关键因素。随着工作经验的积累，在团队工作中通过个人才能发挥和组织的培养锻炼，不少人会成为业务骨干和管理人才，全面发展和成长，这个时期称为职业成长期（23~35岁）。随着时间的推移，经过自身努力和组织平台赋能，个人全面发展，能力和素质都会有脱胎换骨的变化，就会从基层工作中脱颖而出，成为单位或部门的中流砥柱，逐步走上基层领导、中层领导和高层领导的岗位，全面发挥作用，这个时期我们称为职业升华期（36~60岁）。如图1.2所示。

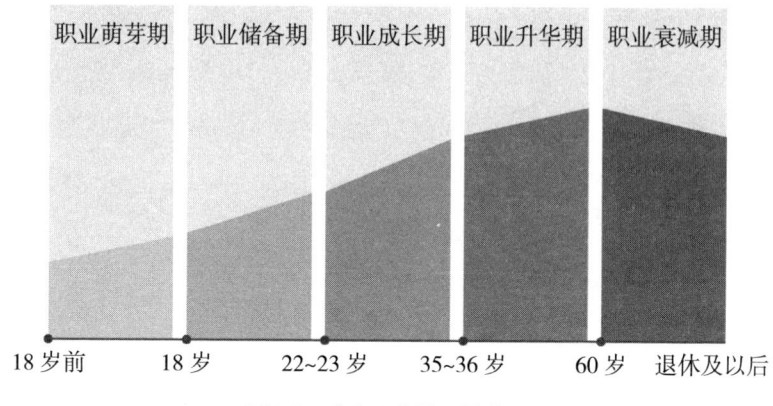

图1.2 人生职业阶段划分图

按照相关的制度和规定，60岁以后就会逐步退出工作岗位，离开职场，即使有部分指导、咨询或其他引领、示范的工作，多数也是阶段性或者临时性的任务。绝大部分的人会选择颐养天年，或回归家庭，或亲近自然，或拓展个人爱好，也有的参与社区工作发挥余热。这个时期可以定义为职业衰减期。

1.1.2 职业生涯与职业生涯规划

职业生涯（career），是一个人一生所有与职业相关联的行为与活动以及相关的态度、价值观、愿望等连续性经历的过程，也是一个人一生中职业职务的变迁以及职业目标的实现过程。简单地说，一个人职业发展的状态、过程及结果，构成了个人的职业生涯。2021年8月25日中央电视台《中国新闻》节目主播徐俐在社交平台上发文宣布自己即将退休，她表示："今晚将是我职业生涯最后一场直播。"徐俐出生于湖南临湘，毕业于湖南广播电视大学汉语言文学专业，1978年考入长沙人民广播电台。1986年调入长沙电视台，1992年调入中央电视台国际频道，任《中国新闻》主播。2006年，出版了第一本随笔《女人是一种态度》，全书共分"我的职场风云""我的爱情婚姻观""我的美丽心得""我的博客生涯"等四部分。2009年，出版了第二本随笔《优雅是一种选择》。在长达43年的职业生涯中，有29年在中央电视台《中国新闻》栏目中出任主播，以甜美的声音、优雅的姿态、鲜明的风格给听众和观众留下了难以忘怀的深刻印象。当晚的节目，在讲完最后一句主持词"各位观众，再见！"后，伴随着向观众们挥手致意，徐俐的职业生涯完美谢幕。徐俐的经历告诉我们：对自己职业生涯的发展，每个人都在某种程度上具有相应的把控力，个人的理想、目标，平台的赋能，以及一切遇到的和可以利用的机会，都能为职场增添一道亮丽的色彩。要以无畏的勇气面对现实，以卓越的努力赢得尊重，以艰苦的付出回报期望，从自己的职业生涯中汲取智慧，从平台赋能中获取力量，从家庭建设中增添动能，人生目标与时代价值就能得到最好的结合和体现。从某种意义上说，这就是最好的职业生涯规划。

职业生涯规划也叫职业规划。在学术界人们喜欢叫生涯规划，也有些人喜欢用人生规划来表述，其实表达的都是同样的意思。我们有些时候也称职业生涯设计。职业生涯设计是指个人与组织相结合，在对一个人职业生涯主客观条件进行测定，分析总结的基础上，对自己的兴趣爱好、能力、特点进行综合分析权衡，结合时代特点，根据自己的职业倾向，确定其最佳的职业奋斗目标，并为实现这一目标进行行之有效的安排。

1.1.3 职业与就业环境变化

职业是伴随人类社会发展，为满足社会发展需要、体现技术进步和劳动分工而产生的，并随着时代进步和科技创新不断调整。我国在1999年颁布了第一部《中华人民共和国职业分类大典》，对我国的职业分类进行了系统的阐述。2009年和2015年又进行了两次修订。最新版职业代码为《中华人民共和国国家标准GB/T 6565-2015：职业分类与代码》，把职业划分为大类、中类、小类三个层次，其中大类包含了8个方向，中类65个，小类410个。随着经济社会发展和科学技术进步，社会职业构成和职业活动也发生了相应的变化。一些传统职业逐渐消亡，新职业不断涌现。2021年3月人力资源和社会保障部（简称人社部）、国家市场监督管理总局、国家统计局联合发布新职业信息，包括集成电路工程技术员、企业合规师、公司经营顾问、二手车经纪人、汽车救援人员、调饮师、食品安全管理师、服务机器人应用技术员、电子数据取证分析师、职业培训师、密码技术应用员、建筑幕墙设计师、碳排放管理员、管廊运行维护员、酒体设计师、智能硬件装调员、工业视觉系统运维员等18个新职业。其中很多新职业都是随着互联网技术和数字化技术发展出现的新型职业。比如，随着我国人口老龄化程度持续加深，劳动年龄人口减少以及人力成本上升，各行业各产业对服务机器人的需求快速增加，服务机器人已广泛应用在教育、娱乐、物流、安防、巡检等领域，特别是新冠肺炎疫情发生后，服务机器人在医疗、餐饮等领域的应用迎来爆发式增长。服务机器人应用技术员直接负责服务机器人的需求反馈、应用与推广，是推动服务机器人产业发展的重要人才支撑。与此同时，许多专家和从业人员也都在预测未来几年内可能被淘汰的职业，包括税务稽查人员、印刷作业员、车床作业员、空服人员、伐木工、旅行社职员、报纸记者、水电查表员和邮差等。

就业是最大的民生，也是经济发展最基本的支撑。2021年8月23日，国家发布了《"十四五"就业促进规划》。规划提出，在"十四五"期间实现更加充分更高质量就业是推动高质量发展、全面建设社会主义现代化国家的内在要求，是践行以人民为中心发展思想，扎实推进共同富裕的重要基础。从目前的形势来看，我国人口结构和经济结构正在深度调整，劳动力供求两侧均出现较大变化。产业转型升级，技术进步，对劳动者技能素质提出了更高要求。就业难与招工难并存，结构性就业矛盾更加突出，将成为就业领域主要矛盾，城镇就业压力依然较大，特别是每年高校有800多万大学毕业生，100多万研究生毕业，其就业任务非常艰巨。在工业化城镇化进程中，还有大量农村富余劳动力需要转移就业，规模性失业风险不容忽视。同时就业歧视已然存在，灵活就业人员和新就业形态的劳动者权益保障亟待加强，人工智能等智能化技术加速应用，就业替代效应持续显现，国际环境日趋复杂，不稳定、不确定性明显增加，对就业的潜在冲击，特别需要警惕防范。

《"十四五"就业促进规划》提出，到2025年城镇新增就业5500万人以上，城镇调查失业率控制在5.5%以内，实现劳动力市场供求基本平衡,同时提出要缓解结构性就业矛盾,提升人力资源质量,更好地与产业转型升级和高质量发展的需求相匹配,劳动报酬提高与劳动生产率提高基本同步,覆盖城乡劳动者的社会保障体系更加健全,劳动权益保障进一步加强,劳动关系和谐稳定。在互联网新技术革命的时代,由于技术的发展,大量的机器人会取代简单劳动,可以预计在不远的未来,知识陈旧的人、技能单一的人、情商低下的人、心理脆弱的人、不善于学习的人都可能会被时代所淘汰。

1.1.4 职场生存与工作压力

1. 职场压力来源

职场上每一个人的成功都不可能一蹴而就,成功标准不一样,付出的代价也会不一样,人生轨迹也会千差万别。关键是,在职场中要尽可能清楚应该选择怎样的职业道路,在实现职业目标过程中如何走好每一步。或许你是初入职场,尽管涉世未深,也能慢慢体会了解职场中的人情世故;或许你在职场中已经打拼了多年,也经历过多次更换工作的苦楚,甚至渐渐地厌烦了职场的环境和职场中的人和事,几度考虑是否要跳出职场圈子去自己创业……通往职场的道路上没有一帆风顺的,在不断工作的同时,在实现自己目标的过程当中,既要朝着山顶勇于攀登进取,也要在登顶途中尽情地欣赏沿途美丽的风景。

理论上讲,每个人进入职场以后,通过自己的辛勤劳作、艰苦努力和打拼,都可以在公司或单位这个平台上,用自己的智慧、知识、能力和真心付出来获取相应的物质报酬、社会地位和荣誉，并实现自身的价值追求。看似这一切天经地义，实则其中的辛酸苦辣尽人皆知。初入职场，如果遇到的上司总是吹毛求疵，挑三拣四，既不能从根本上把控员工的思想情绪，同时在性格和管理方式上，也与大家期待的"好领导"格格不入，朝令夕改、揽功推过、任人唯亲、搞圈子文化，甚至对员工也内部拆台，那么在这样的环境当中，对职场"小白丁"来讲，确实也够可怜的。初入职场，遇领导"不淑"，既是一种悲哀和不幸，也将长久影响到个人在职场中发展的势头。即使对进入公司多年的职场"老手"来说，他们在职场当中也承受着很大的工作压力，具体体现在：

（1）工作负担重。工作长年累月的超负荷的运转，经常性的加班加点，"996"或"007"在一些互联网公司都是司空见惯的现象。新知识新技术的飞速更新，要求员工不断补充提升来应对，如果再不幸碰到一个不是那么通情达理的上司，工作压力就可能让他崩溃；工作忙完一回到家，操持家务、照料老人、抚养孩子都要牵扯精力，这点对职场中的女性而言更为突出；当一批又一批的年轻人进入公司和你并肩工作，形成竞争的时候，在这些叠加的压力下，你必须有良好的职场心态，认真调整你的心情，才能应对这些职场中的压力。

（2）人际关系复杂。每个单位都存在复杂的人际关系，下级对于上级授权的误解，同事之间互不信任，管理者领导方式的偏差，都可能会引起工作氛围不和睦。身在其中，你就会自觉不自觉地感到身心疲惫。特别是在应对这些关系的过程中，如果别人的行为、领导的作风和自己的价值观发生矛盾，就会给你的心理带来冲击，令你感到迷茫。

（3）职务升迁的问题。即使你工作能力很强，业绩非常突出，被破格连升两级，心里的负担和压力也会上升，更别说很多时候的情形是，感觉到自己付出很多，业绩也能说得过去，但是每次在公布提拔的消息时，榜上总是见不到自己的名字，情绪会近乎崩溃。因为职业发展不太顺利，超出了自己的掌控，就会怀疑自己是否能够真正胜任这些角色，时间一长，心里的负担就会愈加沉重，难以忍受。在公司内部得不到重视，自尊心得不到满足，这是职场上最令人压抑的事情。

2. 怎样面对职场压力

第一，要心态平和。公司中的员工和同事，大家都是一个战壕的战友，一定不能看作是眼中的对手，甚至是职场上的"敌人"。

第二，好胜心和嫉妒心不能太强。要正确看待其他员工升职和加薪，那是他们能力所在，劳动所得，就算自己获得了升职，也一定要照顾别人的感受，学会低调做人、踏实做事。

第三，真诚相处。工作中以团结协作做好事情为根本，对事不对人，微笑地面对工作，尽责尽力，作风严谨，诚以待人，认真踏实。

第四，练就强大的内心。干好自己的工作最重要，要在工作岗位上尽情展现你的才华和能力，不管外界的压力有多少，工作当中的阻力和障碍有多大，坚定信念和目标，一以贯之去坚持和努力，咬定青山不放松，这都需要强大的定力。

第五，不断学习提升。要把压力变成动力。工作中善思考，日常中多学习，学会不断总结经验，举一反三，融会贯通，全面提升个人素质和修养。

1.2 影响个人职业成功的因素分析

1.2.1 关于职业成功

我们所处的时代是人人追求职业成功的时代，也是一个成功标准多元化的时代。职业成功是指一个人累积起来的积极的与工作和职业相关的成果和心理上的成就感，有时也称为职场成功。职业成功可以分为客观成功和主观成功两部分。客观的职业成功指标，包括总体报酬、晋升次数和其他能表示个人成就的外部标志。主观的职业成功被认为是个人感觉到的，对于工作和职业发展的满意程度，职业成功的标准体现的是一个人的职业愿景和职业价值观，它具有时代性、多元性和社会性的特点。

人的需求是多种多样的，人对职业成功的评价也是多元化的。人们越是关注职业成功的主观标准，多元化的特点就越明显。我们在分析职业成功的标准时，可以从以下维度进行：

财富标准：通过职业工作获得更多的经济回报，发财致富和极大的价值满足是现代人的成功标志；晋升标准：认为职业成功就是晋升到组织等级体系高层，或者在专业上达到更高等级安全标准，期望长时间的稳定工作，以获得职业上的安全感；自主标准：强调职业的成功就是在工作中自由自主，对职业和工作保持有最大限度的控制权；创新标准：表现在能推陈出新，做出别人没有做出的事情；平衡标准：在工作、人际关系和自我发展三者之间保持有意义的平衡，这也包括个人事业与家庭生活的平衡；贡献标准：对社会、组织、家庭做出个人应有的贡献；影响力标准：在组织中、行业内、社会上有足够的影响力，能够改变他人的心理和行为；健康标准：在繁重工作的压力下依然保持身心健康。以上几种职业成功的标准不是完全独立、相互排斥的，在每一个人的心目中，职业成功的标准是一个有层次的结构，与其内在的价值追求和个人需求体系相对应。

职业成功标准的多元性还体现在个体职业成功标准的阶段性上。在职业生涯的不同阶段，人们所面临的任务不同，追求不一样，其评价也会有变化。在职业生涯的早期，养家糊口、成家立业都需要财力、物力，人们可能更注重财富标准；到了中期，人们可能会更关注职业发展的机会、家庭与工作的平衡、自我价值的实现；而到了晚期临近退休，人们可能更强调安全有保障和贡献。

总之，职业成功很难用一个绝对的标准来衡量。职业成功作为一个评价性的概念，不论从哪个角度对成功作出评价，都与评价者的职业价值观紧密连在一起，或者说它是职业价值观的重要组成部分。因此讨论职业成功的标准问题，实际上是在探讨职业成功价值观的问题。对于组织来说，了解员工的职业成功定位，有针对性地采取因人而异的激励方案，是留住员工的有效措施。这就是我们反思和探讨职业成功标准的目的所在。

1.2.2 影响职业成功的因素

职业成功的标准也可以从"自我评价"、"社会承认"和"历史判定"三个方面来考量。可以将职业生涯成功标准分为自我评价、家庭评价、单位评价和社会评价四类评价体系,如果一个人能在这四类体系中都得到肯定的评价,则其职业生涯必定是成功的。

一个人的职业成功与否,取决于个人能力、组织平台和环境这三个基本因素,是这三个因素的函数。其中,个人能力是主导要素,组织平台是客观要素,环境是居间要素。

$$职场成功=F(个人能力,组织平台,环境)$$

首先,"打铁要靠自身硬"。每一个在职场打拼过的人都有切身体会,职场的成功主要取决于个人的综合能力,特别是自身的核心竞争力。这些能力既是个人素养、知识、才华、品德、技能、专长的综合展现,也有个人的资源、人脉的助力,还有思维、观念甚至价值观的加持。其次,每个在职场发展的人,都会在一定的组织内开展工作,组织所提供的平台也非常重要。平台提供的资源、组织系统的赋能,都会对身在其中的每一位员工发挥独特的作用,影响其在组织中成长和发展的速度和空间,当然会影响个人职业生涯的发展。对一位播音员来说,在中央电视台或地方电视台工作对其个人影响力和知名度肯定会有不同影响,本人的成就期望、社会地位甚至相距很大。当然,个人能力与组织平台相适应和匹配是基本前提。最后,环境对职业生涯的发展也有很大的影响,在某些时候甚至会有决定性的影响。"时势造英雄"就是一个最生动的写照。改革开放后,国家大力提倡发展乡镇企业,多年后大浪淘沙,涌现出一大批农民企业家;在北京冬奥会筹办前,苏翊鸣一直把单板滑雪作为一项业余爱好,正是在北京申办冬奥会成功后,在家庭和社会对冰雪奥运的热切期盼的影响下,他决定成为职业单板滑雪选手,要"把自己最热爱的事做到最好,力争赛出好成绩,为国争光"。经过几年的刻苦训练,终于取得了骄人的成绩,为自己的青春增添了浓墨重彩的一笔,也为今后的滑雪职业生涯奠定了坚实的基础。

此外,职业生涯成功与家庭生活之间也有非常密切的关系。个人发展与家庭建设之间遵循着并行发展的逻辑关系,因为职业生涯的每个阶段都与家庭因素息息相关,或协调或冲突。职业生涯与家庭的责任之间的平衡,对于年轻员工特别是女性员工尤为重要。曾有人明确讲道:每个人在社会生命周期中都扮演着多种社会角色,但我们作为子女、父母的角色是不可逆的。我们能放弃一种职业,却不能放弃这些角色。相反,我们要设法完成好这些角色。因此,家庭成员的意见对职场中员工的工作成效也有重大影响。

综上所述,如果一个人的职业在自我评价、家庭评价、企业(或单位)评价和社会评价这四类体系中都能得到肯定的好评,其职业生涯就是成功的。否则,职业生涯就不能说完全成功,至少是存在某些方面的缺憾。

1.2.3 职业成功者的特点

职业生涯成功人士一般具备以下特点:

1. 有独当一面的专长和能力

职场中奉行的原则是绩效优先,一切用业绩说话。在一个公司或企业内能够站稳脚跟的前提就是,你一定得有独当一面的专业技能或特长,这是职场的立命之本。个人的专业能力或技能,一方面与自己接受教育或培训的背景有关,另一方面与自身在职场中的学习能力紧密联系,善于学习的人往往有较强的悟性,能在较短的时间内提升和完善自我。

2. 充满自信且与人为善

有自信的人总会充满正能量并且精力充沛。一个相信自己的人才会在待人接物时落落大方,这样的行为举止能增强老板或上司培养对你的信心,必要时对你委以重任。"你怎么对待别人,别人就会怎么对待你。"这就告诉我们,要待人如待己,与人为善,才能结交更多的朋友,为自身在职场上的发展维护好相应的人脉关系。

3. 勤劳并主动付出

职场取胜的黄金定律之一便是有责任心,凡事尽力而为,并且任劳任怨,主动积极。在工作上,永远不要试图去敷衍自己的老板。许多在事业上功成名就的人,有一个共同的特点——在工作上投入的时间及精力,远远要比工作本身所要求的多。不仅是勤奋,更重要的是对待工作从不消极被动,而是主动积极,心甘情愿付出。

4. 不断坚持且能正确面对挫折

想做成任何一件事情,都需要有锲而不舍的精神。不管我们想在哪个领域发展，只要认准了目标，就一定要坚持不懈地做下去。罗马不是一天建成的，只要你一天天用心地去做，总有一天，量变会转为质变。关于挫折，早有职场高手总结出"至理名言"："人在职场飘，哪能不挨刀？"这是一种洒脱的态度。面对挫折，稍微转换一下努力的方向，说不定会更好。困境中不断鼓励自己，不停歇脚步，目标总是会有实现的可能，或许就在不远的前方。

5.不惧怕竞争

在职场上，遇到竞争对手是再正常不过的事情。对待竞争对手，我们要有"多赢"的思维，秉持与人为善、和风细雨的心态，在相互合作中共事，在良性竞争中提升。即使遇到个别素质低下，甚至当众对你无礼的人，你也要报之以友善的话语或者笑容，这种宽容大度的表现，会为你的职场形象加分。

6.不轻易跳槽

在一个单位工作几年后，你已积攒起自己的工作资历和一定的人脉，这个时候千万别轻言跳槽。如果面前突然出现了"大奶酪"，需要反复确认和考察，在没有百分之九十的把握时，千万别轻易跳槽。当然，在每一次重新择业前，必须对拟入职的公司进行必要的背景调查，具体做法我们会在后面介绍。

7.把握并利用好时机

时机也是职业成功的要素。一件事情的完成，一段职业生涯的开始与结束，都会有一个循序渐进的过程。凡事都不能操之过急，拔苗助长的结果必定是欲速则不达。另外，世界上没有不费时间不耗力气就能拥有的东西，实力也需要积累，所以争取时间不断积累、厚积薄发、把握机遇都是职场中的关键要素。

8. 保持健康的体魄

"身体是革命的本钱"。为了适应社会的快速发展，各行各业竞争越来越激烈，职场中如果不能适时减压、适度调节，健康将会遭受危害。一个人如果失去了健康，即使雄心万丈亦难有成，有了健康的体魄，才有机会创造成功的事业。

1.3 不同人生阶段职业"规划"的重点

一个人对职业的选择是受多种因素影响的，这其中既有主观因素，包括个人兴趣爱好、价值追求、能力特长等，也有客观因素，如原生家庭、个人婚姻、就业形势、政策环境等。在人生成长与发展过程中，不同年龄段对职业的选择具有不同的考量因素。

1.3.1 职业生涯发展阶段划分理论

关于职业生涯发展阶段划分有多种理论，典型的有萨柏的职业生涯发展阶段理论、金斯伯格的职业生涯发展阶段理论和格林豪斯的职业生涯发展阶段理论。

1. 萨柏的职业生涯发展阶段理论

萨柏将职业生涯发展分为五个阶段：成长阶段、探索阶段、确立阶段、维持阶段和衰退阶段。成长阶段从0岁到14岁，分为幻想期（10岁前）、兴趣期（11~12岁）和能力期（13~14岁），受到家人、老师、同学、朋友的影响，逐步建立自我概念，对职业产生好奇、幻想和兴趣，开始有意识地培养职业能力。探索阶段从15岁到24岁，分为试验期（15~17岁）、转变期（18~21岁）和尝试期（22~24岁），积极地探索各种可能的职业，现实地评价个人能力和天赋，根据职业选择做出教育决策，最后完成择业和初就业。确立阶段从25岁到44岁，分为尝试期（25~30岁）、稳定期（31~44岁）和职业中期危机阶段（30~40岁）。经过早期的探索，确立稳定的职业，谋求发展，此阶段是职业生涯的核心阶段。维持阶段从45岁到64岁，这一阶段已获得一定成就，不再考虑更换职业，更多的是维持已取得的成就和社会地位，平衡家庭和工作的关系。衰退阶段从65岁开始，健康状况变差，工作能力渐渐衰退，即将结束职业生涯，权利和责任开始减少。

2. 金斯伯格的职业生涯发展阶段理论

金斯伯格将职业生涯分为三个阶段：幻想期、尝试期和现实期。幻想期指11岁以前的儿童时期，儿童对所接触到的职业充满好奇，幻想着自己长大从事什么职业，并极力效仿。但这只是单纯的兴趣爱好，没有考虑自身的条件和机遇，完全是幻想。尝试期从11岁到17岁，是从少年向青年过渡的时期，分为兴趣阶段（11~12岁）、能力阶段（13~14岁）、价值观阶段（15~16岁）和综合阶段（17岁）。此阶段的知识和能力得到增长，逐渐形成自己的价值观，初步了解社会，开始结合自身的条件和机遇考虑职业。现实期指17岁以后的青年期和成年期，分为试探阶段、具体化阶段和专业化阶段。这个时期能客观地将职业愿望和实现条件结合，有具体和现实的职业目标。

3. 格林豪斯的职业生涯发展阶段理论

格林豪斯从不同阶段所面临的主要任务的角度来划分职业生涯，将其分为五个阶段：职业准备阶段、进入组织阶段、职业生涯初期、职业生涯中期和职业生涯后期。职业准备阶段在0岁到18岁之间，主要任务是发展职业想象力、培养职业兴趣、选择职业、接受必要的职业教育和培训。进入组织阶段在18岁到25岁之间，主要任务是通过求职了解更多的信息，选择适合的工作，并获得较理想的工作。职业生涯初期在25岁到40岁之间，主要任务是适应组织和工作，不断提高工作能力。职业生涯中期在40岁到55岁之间，主要任务是学习新知识、努力工作，争取有成就的同时，对早期的职业生涯进行重新评估，决定是否需要重新择业。职业生涯后期从55岁到退休，主要任务是保持已有的成就，引导他人，准备退出。

不同学者划分的职业生涯阶段不太相同，划分的阶段、划分的年龄有差异，但是基本的规律一致，揭示了从兴趣到参与、从参与到熟练、再从熟练到衰退的过程。认识职业生涯规律、了解各阶段的特征，将有利于组织引导、协调、支持职业生涯规划。

1.3.2 不同年龄阶段的人生任务目标差异比较

从年龄上划分，在各个不同阶段的目标和任务有一定的差异：

20岁之前是培养兴趣爱好和增长知识、提升能力阶段。这个阶段的主要任务是在成长发育的同时，按照个人特点和喜好，经过学校系统培养和教育，同时在家庭和社会共同帮助下，全面充实头脑，提升知识素养，拓展个人能力，形成基本的人生观和价值观，为进入职场发展奠定全面的基础。

20~30岁之间，拼的是学习能力和专业经验。20~30岁是一个人职业生涯的起步和奠定基础的阶段，大部分人在这个阶段从学校毕业，开始积累工作经验，确定了职业的方向和领域。这个阶段能够脱颖而出的人往往是学习能力强的人，是在职业发展的前几年积累了很好的专业经验的人。学习能力一方面是教育背景，另一方面是实际工作中观察总结、自我学习提高的能力。从实际中接触的大量人群看，教育背景好、现实学习能力强的人在职业发展的第一阶段明显占有优势。对于20~30岁的人，招聘官看的往往就是教育背景、学习能力和专业经验。这个年龄段的人，重点要加强学习，有效积累专业经验。

30~40岁之间，拼的是人脉和资源。这是职业生涯发展的黄金十年。很多人通过第一阶段的发展，已经有一定的成绩，走上了基层和中层管理岗位。而在30~40岁这个阶段，有进一步发展潜力的人拼的已经不是学习能力和专业经验，而是人脉和资源。30~40岁往往是从中层管理岗位走上高层管理岗位的关键阶段。很多中层管理人员专业能力很强，上不去往往是因为没有支持自己的人脉，能进一步发展的往往有上层人脉及自己独特的资源。这个年龄段的人，除了专业能力外，重点要考虑其在一个领域的人脉积累和资源整合。比方说，招聘一个区域的负责人常常会考虑其是否有这个区域的销售资源，能否快速组建一支队伍，打开局面。

40~50岁之间，拼的是身体和不犯错。到了40~50岁，已经经历了20年的职业生涯，专业经验和人脉都已积累到一定程度。人和人的职业发展差异往往体现在两个问题上，一个是身体，另一个是有无犯错。到了这个年龄，很多人想进一步发展，但身体不允许了，只能提前退下来。在这个年龄段的高层比拼中，专业经验、人脉关系相差不大，比的往往是谁稳得住，谁在决策中不犯错或尽量少犯错，可能犯一个较大的错误就很难有再翻身的机会。

50岁以上，就不应该再投简历找工作了，而是凭借专业经验和人脉资源，在一个地方有着稳定的工作机会或者有大量外界邀请的机会。如果在这个年龄段还在找工作，就说明前两个阶段没有做好基础的积累。

了解职业生涯不同阶段的重点并提前做好准备，不断提升实际工作中的学习能力，丰富专业经验和能力，积累一定领域的人脉和资源，同时锻炼好身体，未来的职业之路一定更能符合自己的期望。

1.3.3 职业生涯规划的三个重点

在人生发展过程中，职业生涯的规划有三个重点一定要特别重视：

1. 从上学的专业选择来"规划"职业生涯

一个人完成基础的高中或初中学习，准备进入大学或职业学校选择某一特定专业学习，为今后做职业准备的阶段，是个人职业生涯的起步阶段，是决定能否赢在起点和取得今后职场成功的重要阶段，某种程度上说也是人生的第一个转折点。虽然一个人最初选择的专业并不代表他未来的职业，但基于职业生涯规划的有针对性的选择，会为人一生的事业奠定基础。所以处在初高中阶段的学生就必须开始"规划"自己的职业生涯。其核心就是根据自己的现状，确定是沿着提高职业技能方向发展，还是上大学。对个人而言，既符合自己的能力特点，为自己兴趣所在，又是社会所需要的专业方向，是较为理想的选择。

在这个阶段的选择要弄清楚一系列的问题：

一是想干什么，未来希望干什么。西方有一句谚语说，"如果你不知道你要到哪里去，通常你哪里也去不了"。同样，一个不知道自己想干什么的人，通常什么也干不好。所以，确立一个具体的职业目标和专业方向，清楚地知道自己未来想干什么，是选择专业的前提条件。做到这一点的关键就是认清自己，找到自己的兴趣点，这是核心问题所在。俗话说，兴趣是人最初的动力，是最好的老师，是成功之母。从事一项感兴趣的工作，本身就能给人带来满足感，职业生涯也会从此变得妙趣横生。一代球王贝利，因为视足球为生命的执着，才成为世界瞩目的球星。当今许多企业家从小对经商都有着强烈兴趣，从而开启创业征程，这也说明浓厚的职业兴趣是一个人事业腾飞的引擎，对兴趣的无悔追求是事业成功的巨大推进力。对处在职业准备阶段的初高中毕业生来说，虽然其兴趣会随着年龄增长而逐渐清晰，但兴趣不稳定的因素是存在的。所以处在这一阶段的中学生要在父母、老师，甚至心理专家的帮助下，找出自己的真正兴趣所在，据此选择专业方向。选择自己感兴趣的方向是职业规划成功的前提。

二是考虑清楚能干什么和适合干什么。仅凭兴趣选择是不全面的，感兴趣并不代表有能力去做。宇航员杨利伟、央视名主持徐俐、球星姚明等人所从事的职业，可以说是众多年轻人的兴趣和梦想，但从事这些职业所必备的个体能力和特征，决定了不是只有兴趣就能干好的，因此要清楚自己能干什么、适合干什么，是选择专业的必备条件。因为不同能力优势的人适合学习的专业和未来从事的职业是有区别的，如空间能力强的人适合学习机械制造、工程设计、建筑等理工科专业和艺术方面的专业，从事与这些专业相对应的职业；语言能力强的人适合学习语言文学、文字编辑、新闻、翻译、文艺创作等专业和从事相应的职业。爱因斯坦思考方式偏向直觉，就没有选择数学，而是选择了更需要直觉的理论物理作为学业和事业的主攻方向。每个人都有自己的能力、优势及自身特点，明确自己的强项、弱项，在充分认识自己的前提下，才能恰当地选择适合自己的学业和专业方向。如果能找到天赋和兴趣的完美结合点，未来的职场也一定会相对完美些。

三是还要了解社会需要什么。在明确自己想干、能干的专业领域和事业方向的同时，还要兼顾考虑社会的需求和未来发展前景等外在因素，这是专业选择是否成功的基本要求。如果所选择的专业自己感兴趣又符合能力要求，但似乎没有需求或者需求极少，未来就业机会渺茫，这样的职业生涯规划，一开始就是失败的。

由于社会人才需求、劳动力市场变化发展的不确定性，衡量社会需求以及发展前景不是简单的事情。因此在选择专业时，应综合权衡，统筹考虑，正确分析处理好专业的冷与热、目前就业市场需求的大与小、名校无特色专业和非名校特色专业等矛盾，力争做到在择己所爱、择己所长的同时，适应社会所需。

2.大学期间的职业生涯规划

大学生在校期间如何做好职业生涯规划是一项十分重要的任务。现在几乎所有高校在大一或大二都开设"职业生涯规划"课，对学生未来的职业选择予以指导和帮助。大学校园生活是人生成长非常重要的一个阶段。不仅能够吸收知识的营养，获取专业技能，更重要的是，大学是每个人的世界观、人生观和价值观形成的主要阶段。同时在大学期间还有许多参加社会实践的机会，使我们能够跳出原来封闭的圈子，感受社会现实，了解世界信息，通往未来职场。从高中进入大学，非常重要的一点就是要尽快适应大学校园生活，转变在中小学传统教育当中几乎由家长包办、老师督导的模式，逐步形成自我管理、自我掌控的能力，使大学阶段的美好光阴变得更为充实和丰富多彩。从进入大学伊始，就应该仔细认真地做好自己的职业生涯规划。

（1）大学生职业规划涉及的基本方向。大学生职业生涯规划应多关注以下4个方面：

①准确自我评估。常言道，"知人者智，自知者明"；"知人不易，自知更难"。个人的兴趣爱好，对未来的职业选择起着至关重要的作用。要根据家长、同学和老师们的评价，借助职业兴趣测验和性格测试，确定自己：究竟是一个自驱型的人，还是一个他驱型的人；性格是外向开朗，还是内向稳重；对经济问题还是管理问题怀有更多的兴趣；擅长哪些技能，是善于分析或者对数字敏感，还是在语言表达方面能力出众。自然也要分析自己在个性、能力、背

景方面存在的弱点，比如文字表达能力不足、考虑问题深度不够、不善于交流沟通、合作意愿和能力较弱、抗压能力不强等，这些弱点对未来选择职业都具有很强的参考意义。

②确立职业目标。对大学生而言，目标导向是非常重要的一种思维方式。一定要在大学期间确立人生每一阶段的短期目标和长期目标，并且以目标为导向，脚踏实地地按照目标的实现路径去完成各项任务。长期目标一般是以后职业规划的顶点，也是未来的人生、事业和梦想，在大学期间要将长期目标细化为具体的子目标。比如毕业以后想进入国际知名管理咨询公司，从事研究分析咨询工作。确定长期目标以后，就要以短期目标的实现为起点，坚持不懈，不断努力。因为短期目标一般是素质能力的提升，或者各种职业资格证书的考试，以及相关的背景知识补充和职业能力的提升，等等。

③制定行动计划和措施。在确定了职业生涯目标后，行动变成了关键的环节，没有脚踏实地的行动，目标就难以实现，也就谈不上未来职业生涯的发展和事业的成功。

这里所指的行动是指落实目标的具体措施，主要包括学习、训练、实习、分享、感悟等方方面面的措施。例如，为了达成一定的目标，在学习上从哪些方面采取什么措施来提高专业能力和素养，通过哪些途径来掌握职场必备的技能，提升业务能力和潜能，采取哪些实际措施来不断拓展知识领域和视野。这些都要有具体的计划和方案，并制定出明确的措施。在这些计划当中，要有详细的计划指标，以便定期检查，适时考核，因势而异，采取有效的方式和途径，一步步地实现目标。

（2）大学阶段在职业规划方面的递进关系。大学阶段，在职业生涯规划上有一个循序渐进的过程（以四年学制为例）：

一年级为适应期。要初步了解职业和职业发展趋势，特别是自己未来想要从事的职业和与自己所学专业对口的职业。同时在一年级时要提高人际沟通能力。具体来讲，可以与师哥师姐们进行充分的沟通交流，向他们询问就业市场的情况，以及本专业的就业现状。

如果能比较好（甚至轻松）地完成学习任务，就可以多参加学校的各项社会活动，包括公益活动、实践活动等，增加人际交往的机会，学习掌握人际交往的技巧。同时可以适当考虑，如果有更好的专业志向和更多的学习兴趣，可以为一年后转专业做好准备。同时，要多了解学校及相邻的其他院校的双学位、辅修学位、留学计划的一些基本情况，及时地收集整理相应的资料，了解相关的规定，为下一步发展做好充分的准备。

二年级为定向期。应逐步考虑清楚未来是要继续深造还是就业，了解相应的制度规范和要求。在完成好日常学习任务的同时，要以提高自身的基本素质为主要目标，通过多参加学生会、社团等举办的活动来锻炼自己的各种能力，检验自己的知识和本领。也可以开始尝试兼职，参与社会实践活动，比如在课余时间从事一些与自己未来职业或本专业有关的兼职工作，提升自己的专业认知度、职业敏感度和心理承受能力。要加强英语的训练和学习，增强英语口语能力，强化计算机应用能力，通过英语和计算机相关等级证书考核，并开始有选择地辅修其他专业的知识来充实提高自己，为未来的职业选择打好基础。

三年级为冲刺期。这一年，专业课学习任务繁重，要在丰富专业知识和提高职业技能方面下大功夫。与此同时，基本锚定职业方向，重点在收集职业信息方面做好文章，特别是要认真思考自己是否需要考研。在准备撰写毕业论文或者搞设计的同时，也要结合自己的专业知识和实习经验在毕业论文或毕业设计上提出自己独到的见解，锻炼并提升自己独立解决问题的能力和创造性。三年级期间可以参加和专业有关的暑假社会实践工作，和同学交流求职、工作心得体会。

四年级为入职准备期。重点要收集整理好各种求职资料，要尽可能加入校友的网络，多和已经毕业的校友、师哥师姐交流沟通，了解往年的求职情况，为自己搭建良好的人脉关系。希望出国留学的学生可多接触留学服务机构、留学顾问单位，多参与和留学相关的系列活动，准备托福等外语考试，向国外有关高校和研究机构索取简章和参考资料。四年级为分化期，大四期间考研的考研，出国的出国，该找工作的就要下功夫去找一份适合自己的工作，不能再犹豫不决。大部分学生的目标应该锁定在工作申请，即成功就业上，这时候可以对前三年在职业生涯规划方面的准备进行一个系统梳理和总结，确定目标后就要着手完成具体事项。参加各种招聘会、双选会等，在实践中检验自己的积累和准备，并思考面试的应对策略。当条件许可时，可以进行一些必要的模拟面试训练。要积极利用学校提供的条件，了解就业指导中心提供的各种用人公司的资料信息,尽可能在充分准备的情况下,努力找到一份与自己的兴趣、爱好和职业素养相匹配,同时发展前景较好,能得到有效锻炼的踏踏实实的工作。

3. 进入职场后的职业生涯规划

进入职场以后的职业生涯规划可以分成5个阶段(如图1.4所示),这些阶段的时间划分是初步和大致的,没有绝对的分界线。我们要把握住每个阶段可能出现的问题,提前规划,审慎应对,才能让自己掌握职场主动权。

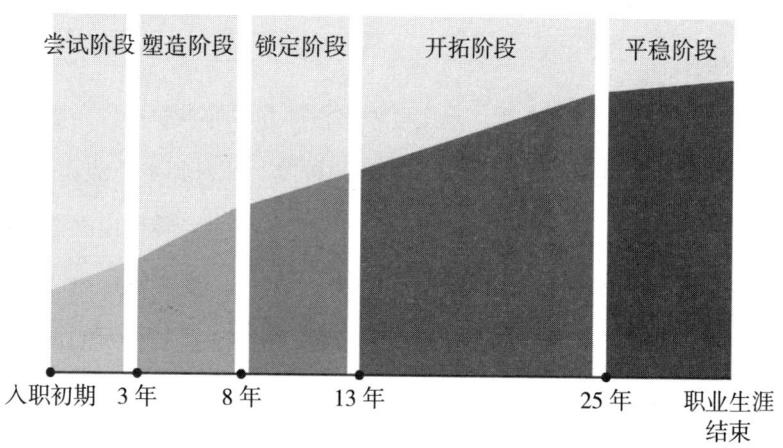

图1.4 进入职场后职业发展阶段示意图

第一阶段:职业尝试阶段。进入职场1~3年是职业生涯"尝试阶段",既不像刚毕业时那样"单纯",又不像有5年以上工作经验的老员工那样能"独当一面",正处于"一瓶不满,半瓶晃荡""心里经常发虚""事事穷于应付"的适应和学习状态。期间最需要解决的问题是自我怀疑——"我是谁?""我能做什么?"之所以会自我怀疑，主要原因是在职场中缺乏自信心和社会经验。这段时间最好不要轻易跳槽，因为如果这段时间的"尝试"较为"安静"和"平稳"，职场新人往往能够积累到一生中第一次"从学习迈向工作"时段内宝贵的工作技能和坦然的就业心态。许多人爱跳槽的"毛病"，往往都是从这个阶段"稳不住心态"开始养成的。

第二阶段：职业塑造阶段。职场工作的3~8年，是"职业塑造阶段"，逐渐熟悉组织内情，建立初步的人际关系网络。这时候职业性格特点就充分体现出来，哪些是特长，哪些是不足，这些都会有明显的表现。进入"职业塑造阶段"，就要对职业方向进行合理的调整和校正。这个阶段面临的主要问题是："怎么样来进行合理的调整和矫正？"笔者的建议是，最好在工作的相关领域适当地进行一下工作方式的变换。比如在同一个公司的不同部门，适当地进行换岗和轮岗，这样不仅能开拓视野，增添新鲜感，还能测试出自己究竟最适合做什么样的工作。如果性格和特长与现在的工作偏差较大，那么一定要当机立断，马上改行，千万不要贪恋现有的工作薪水有多高，工作环境有多好。

第三个阶段，职业锁定阶段。工作5~8年以后，随着自身优势、劣势和性格特点日渐清晰，以及不断的实践锻炼，渐渐从"职业塑造阶段"走向了"职业锁定阶段"，开始认定"你最适合干哪一行"。在这个阶段，大多数人都积累了比较丰富的工作经验，能完全承担起工作的职责，发挥并发展自己的能力和专长，会不断提升自我，或为进入其他职业领域打好基础。这个阶段主要的困惑在于对自己的工作成果不太满意，产生了"理想与现实不相符""我是不是需要重新选择""为什么这么多年来和其他人相比我仍然一事无成"等疑虑。产生迷茫的主要原因是：个人的发展目标以及组织所提供的机会和职业通路不一致，甚至会有一些冲突。这个时候就需要沉下心来，仔细认真地去思考是否要坚持下去。如果依然愿意尝试这份工作，就应该端正态度，调整心态，绝不能整天愤世嫉俗、怨天尤人，而应该更多地把工作精力投入到职场上，在实践中不断提升和修正自我，认真厘清思路和发展方向。即使是已经锁定了职业种类，也千万不要每天得过且过混日子，还是要更加勤奋地不断寻求自我突破，不断跨越新的职业生涯的高度。

第四个阶段：职业开拓阶段。工作了10~13年及以上，个人的"职业"可能会成为终身的"事业"，意味着你开始从前期职业阶段中的技能、经验及资金积累走向人生事业的开拓历程。在这个阶段依然要保持原来的职业状态，仍然是每天在为"老板的事业"而奔波，但年龄和阅历已经将你推向了事业发展的新起点，进入"事业"的状态，就会身不由己，工作的压力、家庭的压力、事业的成就都决定了你要不断开拓进取。这个时候人们遇到的主要疑问是：接下去的岁月应该再做些什么？人到中年，很多人在机会面前不敢贸然决定，因为从内心深处理解了人生有限，事业无限，而自己也开始重新衡量事业与家庭生活的平衡，在思考人生的意义和幸福的价值。在大约33~43岁之间，往往有相当一部分的职场人会发生"职业生涯危机"。

第五个阶段：职业平稳阶段。在工作了20年到30年以后已经步入不惑之年，前期职业阶段和事业开拓阶段，已为你留下了许多积淀，在这个阶段你所需要的是如何使你的事业在平稳的过程当中持续上升。这期间你要不断地去观察市场、了解市场，不能有丝毫的松懈，而且面对来自工作、社会、家庭方方面面的压力也能够从容应对，游刃有余地去处理事业、家庭、生活、人际关系之间的平衡，曾经的一切豪言壮语和海誓山盟在这个阶段都变得相对"现实"，但也不乏会有"一览众山小"感觉，毕竟这时也站在了事业的巅峰。不过这一切美妙结果的前提就是在前面几个阶段，都表现得很努力、很用心，每一步职业生涯的规划都十分到位，环环入扣，同时能持之以恒，坚持到底。"世间自有公道，付出定有回报"，也一定能在你的身上得到充分的体现。

2 掌握职业生涯规划的实用理论与方法

职业生涯规划的作用在于帮助我们树立明确的目标与规划，运用科学的方法和切实可行的措施，发挥个人的专长，开发自己的潜能，克服困难，避免人生陷阱，不断修正前进的方向，最后获得事业的成功。职业生涯规划的最终目的，不仅仅是帮助个人按照自己的资历条件找到一份工作，达到和实现个人目标，更重要的是帮助个人真正了解自己，筹划未来，进一步详尽评估主客观条件和内外部环境的优势和限制，在"衡外情、量己力"的基础上，设计出符合自身特点的合理而又可行的职业生涯发展方向和行动路径。

2.1 职业生涯规划的原则

进行职业生涯规划时，一般应遵循以下原则：

实事求是原则：从自身条件出发，依据个人能力、兴趣和外部环境，结合在不同阶段的具体目标，进行系统规划。

扬长避短原则：要依据个人情况，在自我认知明确的基础上，充分发挥自身特点,坚持发挥自身优势,不断克服并补齐短板。

动态目标原则:所有的事情都具有不确定性,规划需要有一定弹性,以便在不同的人生阶段,都能够随环境变化而适时调整。

时间梯度原则:规划要考虑到职业生涯发展的整个历程,每个发展阶段应有相应的时间限定和发展目标,同时对各个阶段的目标及实施目标的路径都要有时间节点的具体设定。

顺势而为原则:个体所处的环境对每个人都会产生影响。必须因势而动,顺势而为,应势而变,才能保证规划的真正落地。

全程推动原则:职业生涯管理是持续推进的过程,是贯穿人生的一项系统工作,不可能一蹴而就,需要在各个阶段不断持续发力。

2.2 职业规划的实用理论与方法

职业生涯规划有多种理论与方法。笔者根据自己多年的教学实践,重点介绍以下几种。

2.2.1 职业锚理论

美国麻省理工学院斯隆商学院的著名职业指导专家埃德加·施恩(Edgar H. Schein)教授的职业锚理论指出了个人意愿倾向对个人就业选择和职业生涯发展的重要性。职业锚,又称职业系留点。锚是使船只停泊定位用的铁制器具。职业锚是指当一个人不得不做出选择的时候,他无论如何都不会放弃的职业中的那种至关重要的东西或价值观,实际就是人们选择和发展自己的职业时所围绕的中心。职业锚强调个人能力、动机和价值观三方面的相互作用与整合。如何根据自身特点做出正确的职业选择呢?职业锚理论有助于我们对这些问题的解决。我们根据SWOT模型进行自我分析(目标取向、能力取向)和环境分析(机会取向)之后,有以下五种类型的职业锚供参考。

1. 技术职能型职业锚

倾向技术职能型职业锚的人在进行职业选择时,主要注意的是工作的实际技术或职能内容,他们会在自己的领域不断地提高专业水平。他们的认同感来自在专业领域不断地得到锻炼和挑战,直到成为该领域的专家。他们总是围绕特定领域安排自己的职业,虽然在其技术或职能领域也会接受管理职责,但他们对管理职业并不感兴趣。在许多岗位上都会有倾向技术职能型职业锚的人,如咨询公司的项目经理、工厂的技术副厂长、企业中的研究开发人员、统计人员和会计人员等。

2. 管理型职业锚

倾向管理型职业锚的人把管理本身作为职业目标,而具体的技术工作或职能工作仅仅被看作是通向更高的管理层道路上的必经阶段。他们倾心于全面管理,掌握更大的权力,肩负更大责任,他们具有强有力的升迁动机和价值观,以提升等级和收入作为成功的标准,他们具有分析能力、人际沟通能力和情感能力的强强组合。管理型职业锚的主要职业角色是政府机构、企事业组织的主要负责人,如市长、局长、校长、厂长和总经理等。

3. 创造/创业型职业锚

倾向创造/创业型职业锚的人时时追求建立或创造完全属于自己的成就。他们要求拥有自主权、管理能力和施展自己才华的特殊能力，创造是他们自我发展的核心。他们意志坚定，敢于冒险，个人的强烈需要是能够感受到所发生的一切都是与自己的创造成果联系在一起的。他们希望用自己的能力去创建属于自己的公司或创造完全属于自己的产品（或服务），而且愿意去冒风险，并克服面临的障碍。创造/创业型职业锚的主要职业角色是发明家、冒险性投资者、产品开发人员和企业家等，这种职业锚同其他类型的职业锚存在一定程度的重叠。

4. 自主独立型职业锚

属于自主独立型职业锚的人希望随心所欲安排自己的工作方式、工作习惯和生活方式，追求一种能最大限度地摆脱组织约束，施展自己职业能力的工作环境。他们追求在工作中享有自身的自由，宁愿放弃提升或发展机会，也不愿意放弃自由与独立。只有当某一项工作允许他们有弹性的工作时间和方式时，他们才愿意继续留任。这种职业锚的主要职业角色是学者、科研人员、职业作家、个体咨询人员、手工业者和个体工商户等，与其他类型的职业锚有明显交叉。

5. 安全稳定型职业锚

倾向安全稳定型职业锚的人喜欢追求安全、稳定的职业前途，比如工作的安全、体面的收入、有效的退休方案和津贴等。对他们来讲，工作挑战性、丰富性和其他内部动机并不重要，因为他们关注的是工作的情境（如发展前途、工作条件、福利等）而不是工作内容本身。他们依赖组织，倾向于根据组织要求行事，寻求组织的认同和高度的情感安全，没有太大的抱负，认为成功的标准是一种稳定、安全、良好而合理的家庭和工作环境。这种职业锚的主要职业角色是公务员或稳定性非常强的企事业单位职员。

2.2.2 目标路径理论

美国管理大师彼得·德鲁克（Peter F. Drucker）于1954年在《管理实践》中最先提出了"目标管理"的概念，其后他又提出了"目标管理和自我控制"的主张。后来这一管理理论在实践中不断发展，逐步形成了各种以目标管理理论为基础的不同应用场景。

职业生涯中的目标路径理论，就是以职业生涯的多重目标（可以划分为当下目标、短期目标、中期目标、长远目标等）为导向，以全面发挥个人专长和能力为基础，以识别在达成目标的过程中存在的各种障碍（存在的问题、制约要素）为手段，以寻求实现目标的最佳路径为根本的一套管理个人职业生涯的系统理论和方法。运用目标路径理论，可以使个人职业生涯管理取得良好的成果。

1. 目标管理的重要性

目标管理的重要性体现在目标管理与个人职业成功的关联度上。一项针对美国20世纪90年代的社会调查得到了一个有趣的结果：每一个职场人当下所处的状态并不完全取决于个人经历的机遇，它更是过去的生活及工作目标锚定的特性所产生的自然结果。具体表现在：

（1）大约有3%的人处于社会顶层，属于非常成功的阶层。追踪其过往，他们基本都有明确而清晰的长期目标，一般为10~20年。这些顶尖的成功人士虽然未必会一成不变地恪守这些长期规划，但是他们都不会轻易调整自己制定的方向，所有的工作、努力都按照这个设计好的方向不断向前推进，一以贯之，持之以恒，并且在实施过程中能根据具体情况进行调整优化。

（2）10%的社会中上层人士则有比较清晰但也比较短期的目标。他们乐于随环境的变化而调整大的方向，不断适应新变化，这些懂得随机应变的人也非常成功。但总体的状况不如恪守大方向、始终坚持如一的成功者。

（3）60%左右的人群生活舒适，但是并没有非常明确的目标和计划，他们足够聪明，虽不善于明晰地规划人生，但为了应对生活的挑战经常能制定阶段性的计划。这样的人构成了美国社会的大多数，也是美国普通大众的典型代表。

（4）27%的底层人群是没有任何目标的，他们的生活就是消磨时光，只要一顿美食、一个好梦，一天就可以消磨过去。这些人如果机遇不好，或者天资不利，则往往处于美国社会的最底层，大多数被社会边缘化，有的甚至靠救济金度日。

从这个调查结果来看，个人目标的长远性以及执行情况和个人的成功度直接呈正相关。

2.目标管理对个人职业生涯规划的作用和影响

目标管理对个人的职业生涯规划有着重要的影响作用，具体体现在以下几个方面：

（1）进一步明确方向。目标管理实质上是一个自我检视的过程，确立目标可以在这个过程中弄清楚自己究竟想要什么、能做什么、自己的价值追求是什么，从而坚定理想和梦想。

（2）提升自我管理效能。目标管理实际上也是一种自我管理的方式。在实施目标管理过程中，作为主体，每个职场人都主动积极思考和分析，并对相应的环节做出安排，强化自主意识和自控能力，提升自我管理的效能。

（3）强化自我激励。各种职业目标都是个人自己亲自制定的，对其有充分的理解和考量，于是个人总是希望通过一定的努力达到预期的目标，从而产生强大的内在动力。目标管理之所以能发挥作用，是因为它大大增强了责任感和紧迫感，而责任感又是一个巨大的激励因素，紧迫感则会提升个人执行力。

（4）分清轻重缓急。可以帮助我们在理清现状的同时，对接下来应该的事做出正确的判断和决策，特别对职业生涯中遇到的各种事项有一个轻重缓急的区分，以便在统筹兼顾的基础上，集中精力去完成相对更重要的事项。

3. 设定职业生涯目标的原则

人生各阶段职业生涯目标的设定，应遵循SMART原则：

S：必须是具体的（specific）；

M：必须是可以衡量的（measurable）；

A：必须是可以达到的（attainable）；

R：要与其他目标具有一定的相关性（relevant）；

T：必须具有明确的截止期限（time-bound）。

4.有效识别实现生涯目标的障碍

从影响个人职业成功的三项要素（即个人能力、平台、环境）分析，为实现不同阶段的多重生涯目标，需要从以下几个方面对存在的障碍进行识别和分析：

一是个人能力方面。包括个人性格、兴趣爱好、专业能力、职业素养、工作态度、人脉资源、创新思维等。

二是平台资源。包括平台高度及个人利用程度，资源供给强度及个人整合资源的力度。

三是环境要素。包括影响职业发展的大环境，如政策因素、社会变革、经济形势、就业形势等；中环境，如行业发展态势、同业竞争压力等；小环境，如工作单位状况、家庭因素、个体心理变化等。

职业不同，个人所面对的行业定位、岗位特征、技术演进、从业环境等都会有比较大的差异。同时，个体在组织中的地位和影响，特别是自身的整体状况与职业发展的需求之间的匹配度等，都会形成影响职业发展的多种多样的障碍。对上述因素进行有效的识别，并在具体工作中及时排除不利影响是非常必要的，这些都需要根据具体情况进行具体分析。

5.寻找实现目标的最佳路径

所有目标的实现都需要有切实的方案和翔实的计划步骤，同时要采取最佳也就是最为有效的措施，从某种程度上也可以理解为具体的执行计划和实施途径。

比如，一位在校大三的学生为准备考研（目标——成功考研）

会从提升知识结构（全面复习专业课）、顺利通过大学英语六级考试、每天关注时事新闻等各个方面有针对性地认真准备，甚至在冲刺阶段会拿出相当的时间和精力去强化英语口语练习、反复刷试卷题，这些都是达成目标的重要方法和行动路径。路径是否明确、恰当、简捷和高效，直接决定事情的成败。

案例　博士后小李现阶段职业生涯的目标路径管理清单

小李出生在湖南一个知识分子家庭，作为家里唯一的男孩，从小受在大学当老师的父亲的影响，学习能力强，头脑反应快，对社会问题和各种自然现象有强烈的探究欲望。高考时以全班第二高分考取上海某985高校，学习汉语言文学专业。四年中学习认真刻苦，大学毕业时经"推免"程序被本校接收为汉语言文学专业的硕士研究生。在三年的学业时期，他除了完成本专业的课程、撰写学术论文外，还投入相当多的精力去研究自本科大二起就开始感兴趣的新闻传播学。硕士研究生毕业前他根据自身对新闻传播学的兴趣和爱好，经过深思熟虑，决定报考北京某著名传媒高校的新闻传播学博士，经过努力，最终如愿以偿。小李在攻读博士学位期间听了不少各类学术前沿讲座，同时用相当多的时间参与了其导师主持的国家社科研究项目和教育部、国家新闻出版广电总局的科研项目。四年后按期参加毕业评审和答辩，以较好成绩拿到新闻学的毕业证书和学位证书。博士毕业前他共投寄了五份个人应聘简历，也曾在网上参加了两所大学的招聘，由于专业方向、入职待遇等条件不太匹配，求职无果。考虑到博士期间的导师又在不久前成功申报一项国家社会科学基金的重大项目，也期望他能继续留在科研团队，于是小李选择了在本校进行博士后研究工作。

该校博士后培养期限为两年，分为师资博士后和科研博士后两种，小李按照自己的特点选择了科研博士后。入站后小李才全面了解到，学校对科研博士后的出站标准要求较高，在科研计分上非常严格，即使达到出站标准，将来留在本校工作也不是板上钉钉的事情。所以在刚刚入站并了解了实情的一个月中，小李感到有些茫然。同时，在个人性格方面，由于小李长期在学校进行专业学习和从事研究工作，与社会的深入接触不多，加之性格比较内向，不善言辞，从硕士研究生阶段开始谈过三次恋爱，由于种种原因，最终都无疾而终。对于年龄已过32岁的小李来说，压力还是很大的。进入2022年3月开学的新学期，处于压力下的小李也在反复思索该如何开启下一段学习生活和职业生涯，并对目前的情况从个人目标和实现路径上进行了一番细致梳理。

目标：

短期目标：

（1）两年出站。任务：完成各项科研博士后考核指标。

（2）找对象，谈恋爱。任务：多创造机会，增加与异性的接触。

（3）两年出站后解决就业。任务：全面了解接触不同职业，并投递求职材料（特别是本校人事部门）。

（4）其他。

阶段性目标：

（1）申报并入选"青年拔尖人才"项目。

（2）三年内参评副教授（或副研究员）。

（3）申请自然科学、社会科学基金资助项目。

（4）其他。

中期目标：

（1）成为院校专业带头人。任务：专业研究成绩突出。

（2）入选"金核桃人才计划"（该校高端人才培养计划），成为学术带头人。任务：完成系列标志性成果。

（3）参评正高职称。任务：教学科研贡献突出。

长期目标：成为本领域知名专家、学术领军人物。

当下目标：完成参研课题任务、指定教学任务、申报博士后基金科学项目、寻找国际合作指导教师等。

障碍：

短期障碍：

（1）时间短、任务紧、压力大；

（2）个人问题没解决很影响士气、情绪；

（3）研究方向不太明朗。

阶段性障碍：

（1）缺少博士后基金项目和以本人为主的国家级研究项目；

（2）项目团队成员不够。

中长期障碍：

（1）智商有余，情商不足，不善于和人打交道；

（2）资源人脉不够；

（3）参与国际学术交流能力不足。

当下最大问题：为寻求研究领域的专业方向而苦恼。

实现目标的路径与安排：

短期：

（1）润色已有论文，投寄新刊物，5月底前；

（2）按期完成各前沿讲座老师布置的作业，按要求，并提前3天上交；

（3）准备各项出站考核材料（包括到2022年年底的中期考核和2023年6月出站前考核）；

（4）2022年暑假前落实国际合作导师；

（5）2022年10月通过英语专业八级考试；

（6）……

阶段性与中期：

（1）加入学院某科研团队，成为科研主力，截止期限2022年12月；

（2）参加创新思维工作坊，提升创新能力，截止期限2022年11月；

（3）参加本研究领域内2~3项高水平国际学术会议，并落实会议时间、经费，提前撰写英文学术论文，2023年7月前；

（4）申报各种教改、课程思政、产教融合项目；

（5）参评学校及上级组织的各类优秀论文，并申报各级教学成果奖项；

（6）参加口才与演讲培训班，提升自信力和语言表达能力；

（7）参加学校组织的各项活动，增加与女生接触机会，力争在博士后期间找到心仪的女孩；

（8）其他。

解决当下最重要的两个问题：一是提升英语读写能力，制定每周计划和每天时间安排；二是加强人际交往，每周都抽出一定时间与学院的有关老师和博士后同学进行各方面的交流和接触，包括去听部分老师授课和参与饭前饭后和同学们的交流。

2.2.3 职业规划三圈理论

职业规划中常用的一个理论方法，就是职业规划三圈理论，如图2.1所示。

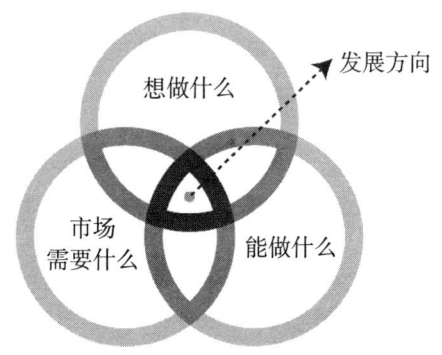

图2.1 职业规划三圈理论图

江文雄在《生涯规划：活出快乐人生》一书中说，"悲观者抱怨风向，乐观者期待转向，聪明者调整风帆"。所以，职业生涯的方向设计非常重要。职业生涯的设计取向一般从目标取向（想做什么）、能力取向（能做什么）和环境取向（市场需要什么）三个维度进行分析。

目标取向，即要考虑：我想往哪里走？我想干什么？我的梦想是什么？我对什么最感兴趣？我做人和做事的价值观是什么？比如，李开复说："我必须听从我心中的声音，追随我心的选择！"

达尔文自幼就对动植物有强烈的兴趣，他狂热地搜集昆虫与植物标本，采集贝壳、化石之类的东西，他的卧室就像个博物馆。在父亲和老师眼里，他是个不求上进、智商不高、成绩低下、不可救药的孩子。在父亲的训导下，他先后前往爱丁堡大学和剑桥大学学习医学和神学，但他的兴趣始终在自然科学上，经常把采集到的昆虫新物种送给学者去命名。1831年，达尔文获准以自然科学家的身份参加了贝格尔舰的环球航行，5年之后，他发表的《物种起源》震惊了全世界。由此可见，遵循内心的想法，实现自我梦想，把喜欢的事作为一项工作、作为个人的事业追求是最理想的状态。

能力取向，即要考虑：我能做什么？从工作经历、知识结构、年龄、技能、个性特点等角度对自己的能力与潜力进行全面总结，看自己究竟能做什么。

当一个人自身的素质和其工作职位的要求有很大重叠时，人们就容易成功。特别要思考的是：我具有哪些特殊的天赋？如果能将自己的天赋和职业结合起来，那就更完美了。

环境取向，即要考虑：我可以往哪走？要对社会环境、行业环境、经济环境和组织环境等进行认真分析。为什么要对环境进行分析？环境，乃舞台也。环境是职业活动的背景，环境是职业生涯规划的限制条件，"环境支持、允许你干什么"，这也是必须考虑的问题。职业生涯规划最重要的是适应环境，顺应环境变化。正所谓

"识时务者为俊杰"。

有多少职业曾经辉煌一时？有多少职业曾伴我们在成长的过程中走过？有多少职业正在逐步消逝，正在淡出我们的视线？时光荏苒，刻在年轮上的最大印记之一，便是众多职业的交换更替。随着时代的发展，相当一部分旧的职业会逐步消失，一些新型职业则会应运而生。

所以人生幸福就是选择你喜欢（目标取向）并擅长（能力取向）做的事，同时又沿着社会所需（机会取向）的大方向走。

2.2.4　创业的ABC理论

在"双创"活动如火如荼的当下，人生是否要创业、何时创业、怎样创业是摆在许多人面前的十分重要的选项。创业的ABC理论正是从不同的方面对这些问题进行分析解决的工具（如图2.2所示）。

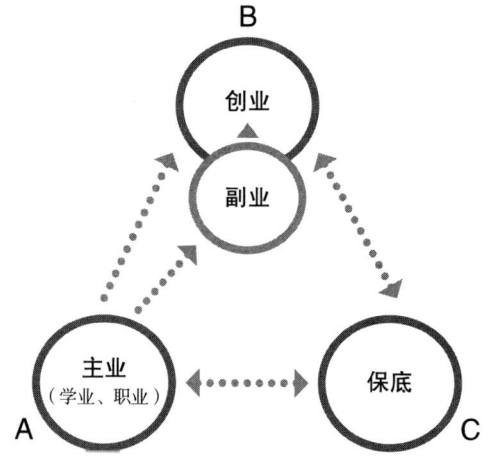

图2.2　创业的ABC理论

其中，A代表了现在的职业，可能是正在高校（或职校）学习的大学生，也可能是在职场中已拼搏多年的工作经验丰富、人脉资源积累较多，且有一定经济基础的比较成功的人士所在的管理职位。大学生也好，后者也罢，对于是否要下海创业、什么时间去创业都是需要认真考虑的。B代表目前是进入创业阶段，但初期最好在从事原来职业的同时，把未来可能创业的内容作为一项副业来对待。C是代表创业时要树立底线思维，要有保底策略。下面分别加以论述。

1.找准自身定位选择是否创业

在经济发展转型的重大时期，"双创"为社会有识之士提供了更多的机会和更广阔的舞台，国家鼓励各种人士、社会精英，甚至草根群众，包括大学生、务工返乡人员等大胆创业，主动创新，抓住机遇，踏实奋斗，靠自己的奋斗获得稳稳的幸福和更好的未来。

准备进入职场的大学生和其他阶层的人士，都要结合自身能力与喜好，对职业发展目标进行可行性分析。面对"双创"带来的巨大机会，需要找准自己的定位，选择是否创业和在什么时间去创业。

在"是否要创业"的选择上，首先，要秉承实事求是的原则，充分考虑自身的条件，了解自己的能力和职业选择偏好，认真分析自己到底适合不适合创业。对于创业者来说，创业是一项艰苦的工作，大量的事情千头万绪，任何一项工作的失误都有可能造成不可挽回的败局，这要求创业者不能心存侥幸，任何时候都不能放松、偷懒，要始终保持谨慎。创业是带着一群未知的人去一个未知的地方干一件未知的事，再有能力的创业者也无法在出发之前就想清楚所有的事情。创业的这种特性决定了创业之路开始容易，过程很难，收场更难。煎熬是创业的典型状态，创业路上，最常见的不是成功和失败，而是长时间的苦苦挣扎。

其次，创业成功率低且机会成本高。据统计，在美国新创公司中存活10年的比例为4%，第一年以后有40%破产，5年以内80%破产，活下来的20%在第二个5年中又有80%破产。哈佛商学院的研究发现，第一次创业的成功率是13%，而已成功的企业家再次创业成功的比例是34%。这些数据充分说明，创业能够取得成功相对而言是小概率事件，大多数创业者都有过创业失败的经历。同时相关研究还表明，以下几类人员不适合创业：

（1）逃避就业的人不要创业；

（2）不愿意打工的人不要创业；

（3）没有思想，没有主见的人不要创业；

（4）追求平稳，不愿冒险的人不要创业；

（5）不能吃苦，老想着短期暴富的人不要创业；

（6）不愿借钱，不能整合资源的人不要创业；

（7）不愿与人沟通，缺乏领导力的人不要创业。

2.因人而异选择创业时机和创业方向

解决了"要不要创业"的问题后，面临的下一个问题就是"何时创业、怎样去创业"了。

首先，确定创业的大方向。创业必须扬长避短，结合自身的特长、平时所学和具备的专长，比如有些人本身处于科研领域，愿意投身研究方向，那么高新科技的创业方向可能更合适。有些可能是复合型人才,在管理、营销、市场等方面具有良好的潜力,那就应该扬长避短,与经营管理结合较紧密的创业方向就是重点考虑的。依自身特长、扬长避短是基本的原则。

其次,创业时机的选择,也要因人而异,顺势而为。根据杰弗里·蒂蒙斯的创业模型理论,创业活动主要由三个要素构成,包括创业机会、创业团队和创业资源。就创业机会而言,一定要看好大势,找准风口。时机选择不当,会极大影响创业成功的概率。2020年新冠肺炎疫情发生后还有少部分人看不清大势,认为这次疫情会像上次非典一样很快过去,匆忙投资教育培训,未曾想,不仅疫情阴霾挥之不去,而且紧接着国家实施"双减"政策,各种培训班只能挥泪停办。创业资源在创业活动中举足轻重。每个人都需要在正确认识自己、认识社会、了解社会需求的变化的同时,不断积累资源,整合资源,只有在有效资源供给十分充足时,才能让创业变得相对容易一些。这就需要不断打磨和提升自我能力。对在校大学生来说,还是提倡在扎实完成学业后,经过一段时间的实践锻炼,积累相应工作经验后再下海创业。对已参加工作的人员来讲,也提倡在能力不够强大、资源不十分丰富、条件不太成熟的情况下,为提高创业活动的成功率,可以把已经选准的未来创业方向或职业作为自己的兼职工作,拿出一部分时间在积极参与的情形下,多实践、多总结、多提升,在充分认识这一兼职工作特性的基础上,逐步积累经验,结合自身实际和市场需求的变化,来打磨产品,加快迭代,提升核心竞争力。等时机和条件成熟,就可以全面投入创业中去。社会时刻在变迁,只有拥有广博的知识,构建起强大的团队,积累充分的人脉和资源，才能在创业的征程中走得更远。

3. "保底"思维应当成为一项基本准则

每个创业者都向往成功，实现"时间自由、金钱自由和思想自由"也都是每个创业者追寻的梦想。但现实是成功者毕竟是其中的很小一部分，对大部分创业者，特别是第一次创业的人员来说，创业失败是必须面对的现实。尽管大多数创业者在个性特征上都或多或小有些偏执，追寻创业成功和个人价值实现的意愿十分坚定，也很自信，甚至会走火入魔。正是基于这些现象和情况，笔者特别提倡在创业这件事上，创业者一定要有"底线"思维，做到"尽力而为，量力而行"。我们不能为了追求人生的事业成功和创业的辉煌，而抛家舍情，一心投入创业之事，对家里的事，甚至大事也不管不顾；为了创业的发展不仅到处举债，甚至连全家人唯一遮雨避寒之屋都豁了出去，这种"赌徒式"心理和作为是不可取的，应该引以为戒。

2.2.5 职业规划的罗盘定位技术

1. 基本定义

职业规划的罗盘定位技术是借航海中轮船行驶需要罗盘定位之喻，说明职业发展亦需要尽早做出整体前行规划，明确目标方位和行进路径（路径目标理论），以期少走弯路，实现人生总目标或阶段性目标。罗盘定位确定以下几点：

（1）目前身处何方、面临的主要问题和挑战有哪些。

（2）看得见的阶段性目标和终极目标是什么，如何实现这些目标。

（3）现有能力及提升方向、现有资源及资源整合方向。

（4）实现目标的策略、规划与具体方案。

2. 罗盘定位技术的分析工具

（1）SWOT分析法。这种方法主要运用于对个人特长、能力、喜好和职业机会的分析。包括自身主要优势和劣势、竞争环境与面临的机会和挑战的分析。

（2）目标路径分析法。这种方法以目标路径理论（参见前述）为指导，依次对未来职业发展的短期、中期和长期目标进行锚定，并依据现实环境、条件和对将来发展趋势的判断，对实现各种目标的基本路径进行研究、规划和设计，提出实施的基本方案和策略。

案例　小周的职业发展定位

转眼到了2019年年底。忙了一整年的小周，刚刚写完部门的年度工作总结，周六稍有点儿空闲，就又一次思考起了自己职业发展的定位问题。

小周本科就读的院校是东北某师范大学，学的是广播电视工程专业。虽说学校属于普通本科，但广播电视工程专业却是该校的明星专业，要求文理兼通，还要有些艺术细胞，因此2012年入学的分数还是比较高的。由于这些年电商、互联网媒体等行业的兴起，该专业的就业情况在当地还是蛮不错的。在四年的大学生涯中，小周同学在本专业学习上认真刻苦，综合成绩在全班名列第一，创作的作品多次获得全国大奖。同时，由于基础好、底子厚，小周从大三开始便选修了从高中阶段就非常喜欢的市场营销作为辅修学位专业。2016年大学毕业后她凭借在校期间良好的学业成绩（包括辅修的双学位）和应聘面试时对互联网时代电商行业发展的独到见解以及优秀的策划能力，被一家有名的科技产品营销公司（下称X公司）下属的一家分公司聘为行政专员，负责公司内部活动的策划与传播。

非常幸运的是，小周一入职就遇到了一位好的部门领导。他是一位很有领导魅力的管理者，平易近人，善于与员工交流，能及时了解员工对自身职业发展的想法和现阶段的需求，也经常能出点子来激发员工团队协作的能力以及大胆做事的信心。部门领导这种对工作充满热情、干练有魄力、善于沟通交流、重视每位员工个人需求的工作作风，很好地影响到了小周的工作状态。在领导的支持下，她专注于精心组织好每场活动，得到了大家的一致认可。在行政部沉淀了10个月后，由于小周良好的工作表现以及对市场领域的独到见解，2017年11月转岗到了生态链分公司市场营销部，负责整体市场运营工作。两年多来，她带领团队认真研究市场发生的新变化和消费者的新需求，逐渐构建起了快速培养营销人才队伍、大胆尝试运用新的营销手段、优化全方位市场营销矩阵的新格局，工作业绩有了比较明显的提升。

在思考中，小周明显感觉到，近一年来，无论是政界、商界还是学术界对数字营销这股新潮流越来越重视，自己在工作中也深有感触，真的到了认真思考究竟该往哪里去的时候。此时，她想到了前些日子自己在参加"职业生涯规划的实用理论与方法"培训时老师讲到的"职业生涯规划的罗盘定位技术",于是赶紧拿出纸和笔,从SWOT分析法和目标路径分析法入手对自身的状况开始了细致的梳理。

1. SWOT分析

(1)竞争优势。

①全面、系统、扎实的专业知识体系:文理兼通,比较精于传媒,市场营销也有理论与实践功底。

②对于职业发展领域无尽的求知欲与学习的探索欲:在校期间兴趣广泛,工作期间关注新媒体发展趋势和营销传播的策略;进入职业赛道上手快,转换岗位后后劲足,愿意尝试新工作。

③有实干精神:一年多来主导参与了多次电商大促活动,帮助公司产品占领了更大的市场份额。

④勇于探索,善于分享:在参与电商大促活动过程中,总结出了有规律有成效的传播打法,逐步摸索出从传播框架梳理、人员分工执行、大促战报宣发的有效工作方法;有很好的复盘习惯,通过交流分享,团队成长更快。

⑤信念坚定,心态阳光:无论何时都保持乐观向上,永不服输。

(2)竞争劣势。

①市场营销思维及管理能力亟待提升:在复杂项目推进过程中,时常有力不从心的感觉;思维不够开阔,经验不足。

②市场营销知识和管理方略需要补充和提高,带团队还缺少经验和方法,目标管理、项目管理等运用还不十分熟练。

③沟通能力、交际能力和协调能力不足,经常会影响团队合作。

④国际化、全球化视野不够宽广。

（3）面临的机会。

①数字营销主导商业运营，将开启新的更广阔的营销领域。

②个人努力与领导培养已使自己站稳脚跟，为未来转型奠定了基础。

（4）面临的挑战。

①需要拓宽视野，提升专业能力。特别是在数字经济时代，为应对挑战，必须加快步伐去适应。

②在解决职业遇到的瓶颈和家庭事务上面临如何平衡的挑战。

③如果开启新的学业，会面临工作压力、学习时间和精力分配的难题。

做完SWOT分析后，小周脑海里第一个想法就是尽快把自己由目前的市场运营岗位转型到市场营销岗位。紧接着就做出了一个重要决定：抓紧准备去读一个MBA！以前也有人给她建议过读一个MBA，全方位提升一下，但那时她毕业不满两年，不符合报考条件。现在考虑到工作、家庭等方方面面的实际情况，一边工作，一边学习，两边都不耽误。自己基础好，肯用功，只要坚持应该没啥问题。有了目标，她就按照"目标路径理论"的要求，随后把各项目标和实施路径都写了下来。

2. 目标路径分析

（1）短期目标：准备考取MBA，扩充知识储备；与此同时由市场运营岗位转到市场营销岗位。

考取MBA的具体执行计划及实施途径：

①厘清目标。通过对于自身职业规划的正确评估，结合工作要求及对于市场营销领域的专业需要，选定自己喜欢的大学。确立合适的目标才会调动自己的学习潜能。

②借助外力帮助实现目标。在备考中，通过人脉关系及收集整理相关信息，积累考试经验，提升复习效率；同时全面了解应试学校的材料提交及面试要求等，力争考出好成绩。

③按部就班执行计划。下年的4月至7月，准备提交材料，每天下班后留出2小时进行逻辑、数学、英语的第一轮基础学习；8月至10月，每天下班后留出2小时进行各科的复习、拔高及真题刷题；11月至12月，每天下班后留出2小时继续刷真题、学习中文写作套路，并且每天早上留出1小时背英语作文模版；再下年2月至4月，准备复试，并进行模拟练习。

（2）中期目标：未来1~3年，积累行业实战经验。继续在市场营销领域历练，保持对数字营销的敏锐度，提升行业的洞察力和业务的把控力，强化理论实践相结合，快速提升自身知识储备与能力。如能顺利考上MBA，通过与各行业老师、优秀同学的交流，进一步强化自己跨行业、跨学科的综合性知识实践应用能力，实现从行业宽度到行业深度的转型。

（3）长期目标：经过未来4~5年的努力和拼搏，全面提升自身能力和素养，成为数字营销方面的实战专家，职务上晋升为市场营销经理，成为公司高管。进而努力实现从参与者、执行者和策划者逐步变成决策者、市场方向的引领者。

经过一年的艰辛努力，小周成功考取了目标大学的MBA，如愿开启了新的学习生涯。与此同时,岗位也顺利转型。她带领部门下属员工,通过建立新媒体账号矩阵,探索电商直播、短视频种草等多种传播形式,使公司产品在市场上有了更大份额,空气净化器市场占有率同比上长12个百分点,业绩有了大幅提升。

3 握紧人生幸福的钥匙
——阳光心态、事业与家庭的平衡

人生幸福对于个人、社会发展都具有重要现实意义,是当今社会每个人都会面临的一个课题。正确理解人生幸福,建立阳光心态,做好事业与家庭的相对平衡是创建幸福生活的基础。

3.1 关于人生幸福

对关于"人生幸福"这个词,一千个人心中有一千种解释。维基百科中对于"幸福"的解释是这样的:"幸福是一种持续时间较长的心灵的满足。"也有人说:"幸福就是:猫吃鱼,狗吃肉,奥特曼打小怪兽。"

3.1.1 幸福没有唯一的定义

小的时候觉得幸福的事就是能买到自己喜欢的零食和衣服;长大后,幸福就变成了跟自己喜欢的人在一起,窝在沙发上看着喜欢的剧;再往后,幸福应该就是家庭财富自由,子孙满堂。不同的个体在不同的人生阶段对幸福的定义有很大的不同。一个人自己觉得很幸福，但在旁人的眼里却觉得很一般，甚至不幸福。因为大家评判的标准都带有主观色彩，或拿一些外物或者标准来衡量。然而，幸福属于主观感受，旁观者是无法正确感知的。

由此可见，无论外界对于幸福怎样定义，幸福最终还是要回归主观感受这个维度，它无关钱财、无关地位、无关他人，只忠于自己的内心。就算周围所有人都觉得你幸福，你自己觉得不幸福，那就算不上幸福；哪怕其他人都觉得你不幸福，可自己觉得幸福，那就比其他人都过得幸福。

3.1.2　幸福密码之一：保持定力

有一种叫河豚的动物，只要一有东西碰它，它就能够快速地将水或空气吸入极具弹性的胃中，在短时间内膨胀至数倍大，就像一个圆鼓鼓的球。这种生物体受到外界刺激而产生的非特异性生理和心理反应也叫应激反应，是出于自我保护本能形成的。试想一下，如果人类跟河豚一样，每次都对外界的动作产生如此大的反应，那这人的身体和心理上承受的起伏，算得上是一种折磨了。有人会觉得像河豚一样的人生是幸福的吗？我想答案应该是否定的。偶尔这样保护自己没错，过于频繁、过度的自我保护就会让人经常处于焦虑和紧张的状态之中，就远离了幸福人生。

其实在我们每个人的人生经历中，都无法脱离外界而存在。身处复杂的关系网，要真正做到不受外界影响不是一件容易的事情，这就需要有比较强大的定力。

什么是定力？举个例子来讲。在影视剧中，大家都看到过僧人练功的镜头。这些僧人很专注，看他们练拳，会让你觉得整个世界都安静了，仿佛这个世界上只有僧人和他的拳。用他们的话说，就是达到了"禅我合一"的状态。僧人为什么会有这种状态？修炼功夫，不仅需要外在的拳法，更需要的是内心的修炼，他们每天都会打禅，"武练体，禅养心"，练习时间久了，内心修炼达到沉稳的状态，这就是定力。

只有专注于自己的内心，才能最大限度地降低外界对自己的影响。听到自己内心发出的声音和诉求，才能去追逐和完成内心的期待，在这个不断求知且完成的过程中，就会获得幸福的体验。

因为生活中的不如意是常态，没有那么多万事如意，只有专注内心，保持定力，才能抵御外界的影响，完成自己的理想或目标，这样自然就会远离掉那些压力、睡眠障碍、焦虑等。这就好像打开了人生幸福的大门，可以尽情享受幸福的人生。

3.1.3　幸福密码之二：化繁为简

获得幸福需要有一定的方式和方法。如果把这个问题看作一道数学题，它的解法是很多的，而不是唯一的。关于人生幸福的理论和说法多种多样，其中有"积极心理学之父"Seligman提出的幸福模型——PERMA模型，也有清华大学赵昱鲲"关于幸福的科学研究"。他们提出了很多关于人生幸福的方法论，笔者认为，每个人都可以去吸取一些对自己幸福提升有帮助的养分。

有过生活历练的人都会逐渐明白，幸福是一生的主题，有的时候要把握一个"道",这个"道"就是"化繁为简"。大道至简,老子就把万物归结为阴阳两道,能把世间万物看清看透。我们对人生幸福也应该简单地看待。将简单的事情明了化,复杂的事物简单化,人生幸福的秘密不在于外界,而在于自身的内心。

人生于天地之间,都想获得一个幸福的人生。可是人生幸福究竟是什么呢?是奔波劳碌多半生,追求年轻时自己设定的目标?是及时行乐,管他春秋几何?是虚无缥缈,佛系一生?还是一点一滴地品尝人生百味,一点一滴积累人生成果?芸芸众生,都活出了不一样的人生,冷暖自知。不一样的人生,会有不一样的幸福。活在当下,努力拼搏的同时又懂得量力而行,"化繁为简",在简约中体验生活及工作的幸福快乐。

3.2 培育阳光心态

3.2.1 阳光心态是幸福的第一源泉

一个拥有阳光心态的人,一般会:

(1)对自我的评价客观准确;

(2)生活态度乐观向上;

(3)个人理想和目标切合实际;

(4)对事物认知客观、理性;

(5)能与他人和睦相处并能换位思考;

(6)能有效管控个人情绪,化解压力;

(7)懂得感恩知足,乐于助人;

(8)相对成熟稳健,心态平和。

讲到阳光心态,先来分享一下一位职场女性打车的故事。

作为每天上班通勤的职场人,相较于坐地铁,A女士更喜欢打车。打车时遇到的司机态度千差万别。一次拼车时,A女士第一个上车,后面两个拼友先后上了车,这样这一辆车就拼满三单了,按道理来说,司机师傅应该很开心,毕竟拉三个乘客肯定比走一单盈利更多。然而恰恰相反,从一上车,A女士就听司机师傅不停唉声叹气,反复跟他朋友发语音,抱怨今天倒霉,说没想到早高峰居然还有人拼车,这一下子两三个小时没了……这让坐在副驾位置的A女士非常清晰地感受到了他哀怨的情绪。后来又有一次拼车,一路上没有其他拼友,A女士花了拼车的钱却享受了专车的待遇。这一路上她的内心还是挺忐忑的,生怕这位司机师傅也一直抱怨。结果这司机一路高歌,唱累了就听会儿收音机,听到好听的歌再跟着哼唱几句,嗨到不行,A女士都不由自主地被他的轻松快乐所感染。

这个小案例充分说明,两位司机师傅的心态是完全不一样的。后者的心态更加阳光积极,即使情况不乐观,他也不受影响;前者的心态比较消极,遇事悲观,即使情况再好,他也总是只看到不如意和不满意的地方,在当天的工作中哀怨情绪占了大半。

保持阳光心态对于我们的人生有着重要影响。对于世界的看法,决定了我们自己的感受。很多人说,对外界的看法,决定于我们的内心。人生漫长,其中少不了遇到荆棘满地,我们该如何面对这一切？是苦恼地面对，还是积极地面对？因为该来的总会来，不该来的总不会来，我们何苦纠结于眼前的一切，而忘记了未来可期？我们需要明白人生的目标是什么，明白之后，就不会拘泥于眼前的一点得失，更不会因其而变得郁郁寡欢。如果我们以阳光心态面对人生，对一切都朝着积极的方向去思考，很多问题就会迎刃而解，很多烦恼的事就不复存在。仿佛抓到了人生幸福的钥匙，自己也会变得逍遥快活。

3.2.2　消除负面偏差的影响

心理学有一个专业术语叫负面偏差，是指人们在接触纷繁事物的时候，更倾向于关注负面的消息。美国著名心理学家Roy Baumeister曾经发表过《坏比好强大》一文，主要观点是：对于人类的心理来说，坏的方面事件所形成的冲击比好的事件要大。由于个人受负面偏差的影响，造成现在社会上相当一部分人都有焦虑情绪：对于现在和未来的事情感到焦虑，对于已经发生的事情总是从坏的角度去思考。

我们要明白，负面问题其实并不那么严重，而那些正面的和负面的加起来才是我们每个人每天都在面对的生活真相。就像前面案例中的第一个司机，本来不想接拼车单，结果却在早高峰接了，时间成本增加了，利润却没有对应增加，而他只关注了这个负面的影响，并没有想到其他方面。人生的幸福其实就存在于类似这样的生活真相之中，有苦有甜，有好有坏。重要的是，你能在关注负面影响的时候，想到它一定会有"硬币的另一面"，那就是积极的一面。比如第一个司机师傅因为拉了远途拼车单，平台还给了他三单的补助，这样比接快车单还能赚更多钱。同样，关注积极消息的时候，要想到它也会有消极的一面，事情的好坏并不会以你的关注为转移。明确这一点后，无论外在的环境如何变化，事情多么错综复杂，只要不被这些好的坏的所左右，保持自己内心的独立与富足，就能拥有阳光心态。就像后面那位司机一样，无论拉到几个乘客，赚多赚少，都能自己嗨起来，因为他知道这些好事坏事都不以他的主观意志为转移。这就是阳光心态。

3.2.3 树立正确的名利观

拥有阳光心态的第一步就是正视负面偏差，保持内心的独立与富足。除此之外，对比前面案例中的两位司机，心态存在如此差距还有一个很重要的原因，那就是第一位司机的功利心太强，更看重经济上的得失，而第二位司机更多是享受做司机这件事情，并能从中找到乐趣。

每个人都有自我价值实现的需要。对于职场的名与利必须保持清醒的头脑。很多人就是因为不能正确看待名与利，最终走上了一条不归路。这样的例子很多，比如前央视主持人芮成钢，因为过度追名逐利，利用职务之便，走上了经济犯罪的道路。回顾他成名之前的经历，可谓一路顺风顺水，从学校里的学霸到电视台的新秀，他体会到了名利带来的快乐，或许是因为这一切来得太快、太突然，加之在工作中可以接触各种名流政要，更加激发了他内心中的欲望，他开始急功近利，变得不择手段，想方设法走捷径，最终等待他的就是身陷囹圄。由此可见，树立正确的名利观是很重要的，它不仅能让你保持头脑清醒，又能在处境困难时带给你阳光积极的心态。

3.3 如何做到家庭与事业的相对平衡

我们经常讲到的"成家立业"乃人生最重要的二件大事。对于"先成家还是先立业"这一问题，不同的人会有不同的看法。大多数人都会认为"男生立业在前，成家在后"这种选择是正确的。他们认为，一个男生如果在职场上没有立足之本，没有一份可靠的职业收入作为保障，何以养家糊口？何以让心仪的另一半过上安心体面的生活？对"女生是先立业还是先成家"，不同的人会有不同的答案。有的人认为女生同样需要先立业，只有经济上独立，才能在人格上独立，才能不依附于男生，而活出一片新天地。也有人认为"女生应该先成家，再考虑需要不需要立业的问题"，"嫁得好比干得好更为重要"，"对于女生而言选择比努力更重要"。这些都代表了人们的不同观念。对于在职场已滚爬摸打多年同时已经成家的人来讲，家庭与事业之间的平衡对提升个人幸福感具有举足轻重的影响。

1.树立事业和家庭不可偏废的理念

千万不要以为我们可以在一生中不同的时间段分别达成我们的职业目标和家庭目标，多数情况下，人生事业与家庭生活是齐头并进的，这两个方面的目标不能偏废，必须同时完成。如果我们牺牲职业目标以求实现家庭目标，就失去了平衡。同样，如果我们只专注于事业，忽略家庭，一样也失去了平衡。有时候，你可能觉得你必须在成功的事业和家庭生活之间做出选择。但是广泛的调查显示，你可以两者兼顾，不必放弃优先级同等重要的两件事中的任何一件。这里首先就要树立这样一个信念：既要事业有成，也要家庭美满。

2. 主动负起责任

在寻求并保持事业和家庭生活的平衡这一过程中，必须积极主动地负起责任。做一位成功人士需要对事业的投入，这使得维持事业和家庭生活的平衡尤其富有挑战性。事业成功意味着需要满足许多额外的其他要求，这往往使生活复杂化。比如在工作中既要面对领导，也要应付客户以及供应商，同时也可能需要参加更多的会议、面对更多的商务谈判，这样留给家庭的时间相应减少。但是，每个职场人士都应明白，职场的成功对于维持事业和家庭的平衡而言，应该是一项资产，而不是一桩负债，它是起积极作用的。这是因为，成功的最大价值在于它给我们提供了展示的舞台，帮助我们实现自我价值。在事业上获得丰厚回报所需要的那些素质、能力和技巧对于建设一个相对稳固的家庭关系而言也是必需的。平衡就是不断适应各种变化进行调整的过程，在这一过程中，我们力求使生命中最重要的两样东西——家庭和事业保持一种和谐关系。因为不断有挑战和变化对我们的生活造成冲击，只有主动负起责任，持之以恒地付出努力，才可以保持这种平衡。

3.注重创造平衡的过程

平衡是一个过程,而并非某种状态。平衡不是平均,平衡并不意味着精力或时间在事业和家庭间的五五平分。有些人觉得将60%的精力投入工作、40%的精力投入家庭生活是平衡的,而另一些人可能会选择将更多的注意力投入家庭。事业和生活的平衡不会凭空而降,也不会自动达成,需要有目标地寻求、去努力实现,特别是要用心去经营。

首先要及早设定工作和生活各自的边界。工作可以像水,充满你赋予它的空间。这意味着,你必须设定边界,保持一定的弹性。要明确知道哪些事是最重要的,必须认真去做,哪些事必须放弃。选择过程中,我们既要从事业的视角去考虑,也要从家庭的角度出发。

其次不必患得患失。对于生活中哪些是我们真正想要的,我们要做出重大抉择并至少在一定时间段内持之以恒。做出选择应当无怨无悔,同时要懂得取舍。中意一辆新车,那么新屋的计划就可能泡汤;想再生一个宝宝,一份新的工作就可能成为泡影;想要一份新工作,那么进一步的深造可能不得不放弃……放弃你不是迫切想要的东西,那你决定放弃时不必有任何遗憾。幸福生活的秘诀就在于必要的取舍,对那些我们无法求得完美的事情不必遗憾。

有些时候,你已有的平衡状态可能会被打破,所以有必要定期审视你所处的平衡状态。那些可能会打破平衡的事件有:家庭成员遭遇事故、疾病或死亡;你的公司与其他公司合并、减员或破产,等等。当你需要新的平衡时,你必须明确要从哪些方面入手。

4. 选择一份能两者兼顾的职业

想寻求事业和家庭的平衡,需要对所从事的职业进行甄选。在选择工作和职业时,有必要考虑一份能确保工作性质允许我们有足够的时间照顾家庭的工作。有些职业会更利于实现家庭和事业的平衡。而像投资银行业(通常工作时间很长)或者咨询业(多会频繁出差)则难以实现事业和家庭的平衡。即使在某一行从业已久,难以改弦易辙,也可以在公司内部调动转换到更适合你的新岗位。

5. 关注家庭婚姻脆弱的节点

婚姻里的几个关键时刻,其实也是婚姻最脆弱的时刻,作为职场人应给予充分的注意。

脆弱时刻之一:爱情过早耗尽之时。当爱情变成亲情之时也是婚姻面临最为重要的考验之日。

脆弱时刻之二:孩子出生之时。小宝贝出世会打破家庭原有的平衡。

脆弱时刻之三:职业生涯的第一个高潮。高光之时会让人惊喜不已,当你全身心投入工作时,对家庭的关注很可能会减少。

脆弱时刻之四:一方充电之时。充电会带来价值观、人生观的变化,如果另一方没有及时跟进,有可能逐渐变为"糟糠"。

脆弱时刻之五:被认为没有问题的时候。太多人一直到婚姻已经病入膏肓才急忙想着补救,其实为时已晚。

家庭中婚姻如果出现问题将是致命的,所以夫妻之间加强沟通与交流,保持相互之间的频繁互动非常重要。比如把每天的晚餐作为生活中的十分重要选项,下足功夫,与家人一起精心准备,学习并实践烹饪，尽情享受；每到周末要留出时间同家人一起郊游、野餐，增进情感交融，这些都好的方式和方法。

与此同时，让你爱的人和你一起来创造事业和家庭的平衡也是可行的办法。靠自己一个人很难取得事业和家庭的平衡，如果发动你的主要家庭成员和工作伙伴一起来改进你的平衡计划，你会有更大的成功把握。从某种程度上讲，如果夫妻双方都能平衡好事业和家庭，是最完美最理想的情况。

6.将调整天平的砝码握在自己手中

与大众相比较，明星们会面临更大的挑战。他们中很多也都是精神独立的代表，在这件事情上的处理方式有很多可借鉴之处。比如电影演员高圆圆，她的选择相对比较有参考价值。她是在不同的时间，把事业和家庭的天平做了调整，而这个调整的砝码就掌握在她自己手里。高圆圆在与赵又廷结婚后，就把天平倾向了家庭的一侧，减少了广告和拍戏，专心生子育子，在采访中她明确说过，"我以家庭为重"。在生完孩子之后，她已经有三四年没有出现在大众视野中，2021年她又复出了，"当妈是我最重要的角色，但是我也一直要告诉我自己，我其实还有别的角色身份，就一直在跟自己说也要同时兼顾一下别的角色。比如说演员这个角色"。由此可见，她也面临着家庭和事业的平衡问题。在备孕到生孩子这一段时间内，她把家庭放在了第一优先级。如今孩子3岁了，她开始慢慢把天平往事业这侧倾斜。这样的选择既做到了陪伴孩子成长又继续了自己的事业，身体也得到了恢复。在家陪伴孩子的几年，她对母亲这个角色有了更深的感悟，人生经历也立体了许多，对于事业来说何尝不是一件好事呢？正可谓一箭三雕。

人的精力是有限的，鱼与熊掌不可兼得，家庭和事业本身存在一定的矛盾。既然认准了人生的基调，明白了自己的幸福是什么，就应当义无反顾地勇敢去实践。当发现自己在家庭中更加幸福的时候，就可以把更多的精力投入到家庭；当发现自己在事业中更有收获的时候，就可以把更多精力投入到事业。而一旦做出选择，就应该勇敢实践，遇到困难解决困难，遇到幸福享受幸福。这样就握住了幸福的钥匙，可以尽情地享受幸福。

7. 男女协同，共创美好

人生幸福不仅仅是女性面临的问题，同时也是男性所面临的问题。男性在社会中遇到的问题与女性面临的虽有不同，但总结起来其应对方式是一样的。男性同样需要明确人生幸福的真正含义，同样需要具备阳光心态，同样需要把握分寸，做到家庭与事业的平衡。

很多男性往往为了给家庭提供优厚的物质条件而全身心投入到事业中，对家庭不管不顾，忽略了与妻子的交流，不履行教育子女的义务，闹得家庭内部鸡犬不宁，最终失去了自己人生幸福的钥匙。也有很多男性很顾家，却少有事业心，过着平庸的生活，若拥有一个挑剔的妻子，家庭内部同样会纷争不断，人生自然不会幸福。

男性如何把握家庭与事业的平衡呢？相对比较简单：做事业的同时，尽可能投入精力到家庭中，给予家人有品质的陪伴。人生短短几十载，男性需要顾及父母，顾及妻子，顾及子女。所以男性需要明白的是，事业或许并非那么重要，家人对他陪伴的期待或许并不是那么少。无论男性女性，在面临家庭与事业的重心选择时，同样需要具备勇气，具备独立人格精神，具备在特定时期倾斜到家庭或者事业中的一面，而在另外一个时期回到事业或者家庭中的判断力与执行力。

4 以梦为马,不负韶华
——创业者绘就的职场蓝图

2014年9月,李克强总理在夏季达沃斯论坛上首次发布"大众创业、万众创新"的号召,"双创"一词由此而来。随后又被国务院引入2015年政府工作报告予以推动,明确指出"推进大众创业、万众创新,是发展的动力之源,也是富民之道、公平之计、强国之策,对于推动经济结构调整、打造发展新引擎、增强发展新动力、走创新驱动发展道路具有重要意义"。

"大众创业,万众创新"激发了广大青年的创业梦想,为有理想、有抱负的年轻人提供了最为广阔的舞台。

4.1 "双创"的历史背景及重大意义

2014年"大众创业,万众创新"概念提出时,正处于全球经济下行、中国GDP增速首破7%的大背景下,鼓励创新创业成为拉动经济的重要引擎。面对国内国外的复杂形势,"双创"有着重要的现实意义,也极大地释放了生产力,促进中国经济从要素驱动转向创新驱动。从就业角度看，鼓励"双创"有利于在就业形势不理想的情况下，解决更多人的就业问题；从产业发展角度看，"双创"为推动产业结构调整，带动大数据、互联网等技术的发展和应用，为创新发展提供了良好土壤。

截至2022年，"双创"走过了8年发展历程，我国创新创业的高质量发展态势已逐步形成。统计数据表明（见图4.1），至2020年下半年大学生创业者达到82.3万人，增幅同比2019年上涨11.1%，这两项数据连创5年以来新高。"双创"政策极大地激发了以大学生为代表的青年群体的创新创业动力。

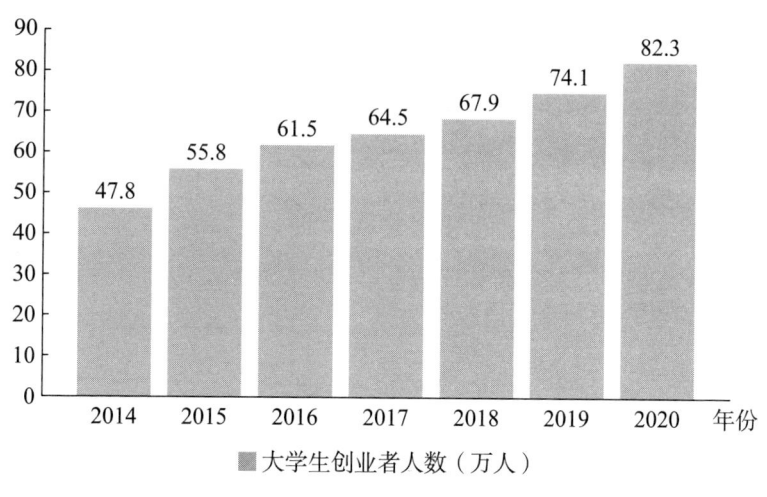

图4.1　大学生创业规模

来源：《2021全国双创数据》，《中国经济导报》2021年10月26日。

同时，"双创"引导下科技创新投入快速增长，产出成果丰硕。2020年我国科技创新成果十分显著，专利申请授权数363.9万件，商标注册量576.1万件,发明专利申请授权量53万件,PCT专利授权受理量7.2万件,科技成果登记数7.65万件。技术市场成交合同金额实现加速增长,达到2.83万亿元。

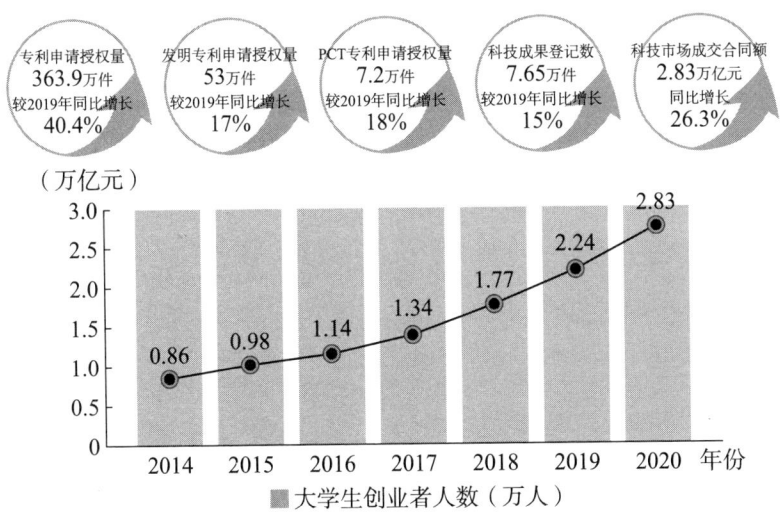

图4.2 科技创新产出成果丰硕,技术市场成交合同金额加速增长

来源:《2021全国双创数据》,《中国经济导报》2021年10月26日。

"双创"的作用体现在:

第一,"双创"有助于推动我国经济结构调整,打造发展新引擎,增强发展新动能,走创新驱动发展道路,使经济实现健康持续发展。

第二,推进"双创",既可以在最大范围内推动人财物等各种市场要素自由流动,更可以倒逼不合理的体制机制实现改革突破,最终提升整个经济的运行效率。

第三,"双创"可以促使各类人才快速成长。创业能使各种奇思妙想变为现实,涌现出更多方方面面的专业人才,让人力资源转化为人力资本,更好地发挥我国人力资源雄厚的优势。

第四,"双创"成为促进更充分更高质量就业的重要发力点。开展"双创"活动,在强化新兴业态牵引、促进校企结对共建、抓实创新型中小企业培育等一系列政策措施下,一批"隐形冠军"企业加速崛起,高校毕业生、农民工等重点群体就业保障有力。

第五,"双创"活动有力促进了"乡村振兴"计划的全面深入开展。大批进城务工人员带着技术、资金和热爱家乡的赤热之心,返回故土,建设社会主义新农村,每位返乡创业者平均可以带动6~7名乡亲一起就业,使乡村面貌发生巨大变化。

4.2 青年创业者"自画像"

"双创"为中国创业创新的力量提供了施展的舞台,通过政策制度、投资环境等一系列举措为创业者保驾护航。"双创"是创业者实现自己梦想的一个绝好的平台。在创业与创新中,青年既是最主要的生力军,也是最广大的后备军。在科研、技术、商业、艺术等诸多领域,青年都源源不断地涌现出创造力与创新力。每年,出自青年之手的科技发明专利、商业模式创新、优秀艺术作品数不胜数。众所周知的腾讯、京东等"独角兽"企业,其创始人也都是在自己的青年阶段为日后的事业打下了坚实的基础。

青年创业型人才应该具备哪些基本素养和个人特质呢?我们来看美团创始人王兴的创业之路。

4 以梦为马,不负韶华——创业者绘就的职场蓝图

截至2021年7月30日,美团点评市值达到1.15万亿港元,成为中国市值排名第三的互联网公司。根据2021年福布斯富豪排行榜数据,王兴最新身家高达145亿美元,排在中国富豪榜第17位,超过雷军和刘强东。从青年时代,王兴就展现出了明显的创业型人才特质。

典型的"学霸",拥有极强的专业能力

王兴在高考前从福建龙岩一中保送至清华大学,就读于电子工程系。毕业后获得奖学金前往美国深造,学生时代的王兴就是典型的"学霸"。

善于把握机遇,充满冒险精神

2004年初,25岁的王兴看准机遇,毅然中断了在美国特拉华大学电子与计算机工程系的博士学业,回国创业。王兴回忆说,"当时除了想法和勇气外,我一无所有"。

理性、坚韧,永不放弃的精神

王兴先后创立校内网、饭否网、海内网,但均因种种原因未取得理想成效。2010年3月4日,王兴推出美团网,自此开启了他成长为中国互联网大佬的传奇之旅。

超强的学习能力和终生学习的习惯

纵观王兴与美团的发展史,王兴至少在团购、电影票、酒店、外卖、景区门票这五个领域里做到了深度学习,不断后发制人。在美团的发家史上,很多种全新的运营模式都是王兴在学习中探索出来的。王兴的深度学习和融会贯通的能力有目共睹。"风投女王徐新"曾经这么评价王兴:"他是一台深度学

习的机器,他做的很多业务,都不是第一个,却能后来居上,把前人PK掉。"高瓴资本创始人兼首席执行官张磊评价王兴:"他是一个永远充满好奇心和爱思考的人,喜欢读书,爱问问题,学习能力极强。"

未雨绸缪,目光长远

红杉资本全球执行合伙人沈南鹏认为,王兴理性而坚韧,目光长远。他评价说:"王兴是少有的对野蛮生长的中国互联网格局有着清晰认知的思考者,是将思辨精神运用到企业管理中最好的企业家之一,这也是美团不断越过山丘,获得更大成功的原因。"

回顾美团的成长历程我们可以看到,王兴从青年时代就胸怀梦想,脚踏实地,拥有非常强的个人特质。在中国"双创"走过的八年中,也涌现了一批优秀的青年创业者、成功的企业家。这些成功的青年创业者都体现出与时俱进、不断拼搏的可贵品格。

4.3 当代创业者的共同点与特质

4.3.1 当代创业者的共同点

(1)动机积极。成功的创业者有改变社会的激情,对公司有清晰的愿景,创建公司的愿望绝不是一个简单的动机,不是为了创业而创业。创业者都有远见、有激情,相信自己能够改变社会。

(2)富有远见。比如一个风险投资者,会从宏观层面去观察发生的事情,然后选择合适的方向进行投资。优秀的企业家不仅仅能够看到机会，还有能力在别人认识模糊时看清楚市场模式，先人一步觅得良机。

（3）信念坚定。大部分创始人心中都有信念，相信自己的想法是正确的。一旦创业，心中不会有丝毫迟疑，和团队一起前行时，能展现信念，让大家相信团队一定会成功。这是创业者的最大优点。

（4）善于把握细节。创业时，许多人会说这样一句话："市场还没有出现的情况下，该如何做市场分析？"要知道，当把时间、精力和荣誉投入创业时，这已经是很大的投资。在此之前，需要做好功课：知道竞争者在做什么？市场有多大？成功之前你需要克服的障碍有哪些？以及思考凭什么才能成功。如果把握不好这些细节问题，成功的概率就会大大降低。

（5）率先示范。并非所有企业家都是伟大的领袖。只会讲战略讲目标的人，一般只是表面上的领导人。优秀的企业领导人一定能起到表率作用。如果每天都是最后一个到、最先一个离开的，而员工则加班加点，那公司命不久矣。但如果团队看到老板比他们更辛苦，他们也一定愿意与你一起努力，将公司做好。

（6）愿与优秀者为伍。成功的创业者心中很清楚，成功并非自己的成功，而是团队的成功。他会努力找到优秀的人，给他们足够的信任，并承认他们的成功，而非与团队争功。伟大的人希望与优秀的人一起工作。

（7）善于吸纳众之所长。成功的创始人往往都能够在关键问题上吸纳别人的建议，然后做出正确的决定。"兼听则明，偏听则暗"，一个伟大的创业者会从不同的角度征求意见，然后处理收集的信息，并做出决定。最关键的是，在很多相关的信息中，挑选出正确的信息，并及时做出决策。

（8）心理承受能力极强。创业者有各种不同的品味、个性及道德水平，但有一点是相同的，就是他们从不放弃。创业者经常在极大的压力下工作，首先要让公司生存下来，然后再考虑成长。因此，极强的心理承受能力也是创业者的重要素质。

（9）团队意识及社会交往能力出众。创业者不会单打独斗，他们会建立一个团队，给予团队成员适当的权责和充分的信任，使他们成为能完成任务的英雄。他们会以自己愿意被对待的方式去对待别人，会和真正有贡献的人分享财富。这种团队精神，使得事业可以变得更大更好，凝聚更多的团队成员形成共识，一起为共同目标努力。

（10）富有创造力和自信心。面对高度的不确定性及非常快速的改变，创业者必须做出快速、有效的反应。创业者相信自己，他们相信成就来自自我的控制力、影响力，并相信自己能影响结果。成功创业者能看到最细小的地方，并且具有概念化的能力。研究结果也显示，创业者是行动者，他们愿意承担营运的成败责任，愿意采取行动去处理没有人能解决的问题。

4.3.2 当代创业者的特质

（1）敏锐的商业嗅觉。当今社会信息传播非常迅速，商机稍纵即逝，所以在当今社会要创业需要足够灵敏的商业嗅觉，能在第一时间通过碎片化的信息觉察到某种市场需求，然后提前布局提前规划，这种碎片化信息可能来自国家新政策、新导向，可能来自某种满足不了现在大众需求的过时技术，也可能来自能够快速让大众认可的新的服务，等等。敏锐的创业者会早早地发现其中商机，这也是当今社会创业者必须具备的快速灵敏的商业嗅觉。

（2）敏捷的行动力。当觉察到商机来临能够快速制定商业计划，将想法付之于书面文字，再通过反复的理论评估确认计划的风险性、可落地性和成功概率。如果敏锐的商业嗅觉是第一步的话，将商机转化为行动则是非常关键的一步，也是十分艰难的一步，敏捷的行动代表创业者要正式进入艰苦创业的奋斗期。

（3）坚韧的心理素质。具有充分的适应力；能充分地了解自己，并对自己的能力做出适度的评价；生活的目标切合实际；不脱离现实环境；能保持人格的完整与生活的和谐；善于从经验中学习；能保持良好的人际关系；能适度地排解情绪和控制情绪；在不违背集体利益的前提下，能有限度地发挥个性；在不违背社会规范的前提下，能恰当地满足个人的基本需求。

（4）灵活的做事思维。思维灵活性是思维的品质之一，指善于根据客观实际情况的变化，及时改进原来的工作计划或解决问题的思路，并提出新的符合实际情况的思路和方案。思维灵活是一种很重要的品质，因为客观事物总是处于不断运动、变化之中，一切都以时间、地点和条件为转移。思维的灵活性表现为：不囿于过时的方案，而善于根据实际情况的变化灵活地改变原有的方案，采用新的方法、途径去解决问题。

（5）实事求是的处事原则。做任何事情根据自己的实际能力，本着实事求是的原则，不虚伪、不狡诈，不损害他人的利益，脚踏实地，认认真真去做事情。这类创业者往往会受到大家的尊重和支持。

4.4 创业初期应该注意的问题

（1）创业合伙人的选择一定要谨慎。创业成功的要素很多，选择恰当的合伙人关系重大。总的原则是，几个合伙人要达成同频、共振和互补。

（2）人员数量不能太多。从公司成本、人员差距、团队士气、工作内容等方面考虑，创业初期的团队人员能满足基本的需求即可。

（3）团队人员之间的差异不能太大。包括在执行能力、社会资源能力、思维创新能力等方面，相互间的匹配很重要。

（4）团队人员的学习能力要强。能分析、会复盘，能看到项目差距和觉察到存在的缺陷，尤其是学习互联网思维，能掌握并运用新技术。

（5）创新能力要突出。不但要保证项目的执行能力，找到项目的问题并去修改和弥补，同时，还要不断创新。一个有创新能力的团队才可能获得关注并走向成功。

（6）保持主动的工作态度。作为一个创业团队，需要面对的是从无到有的过程，因此需要的是可以主动积极自发地去踏实工作的团队成员。

（7）追求更高的工作效率。在创业的早期，每位成员都可能同时兼做几个岗位的事情，就要求工作效率更高些，再高些。

（8）加强信任。对于创业团队来说，团队成员之间有足够的信任是做好各项工作的基础。增强信任的前提是高效沟通和真诚分享。

（9）有足够的耐心和毅力。在创业的过程中，项目内容和达成方式一定会经过无数次的更改和完善，就需要有足够的耐心和毅力去面对这些情况。

（10）保证沟通顺畅。要及时将自己的工作结果交流给大家，这样更有利于对结果的计算和考量。

（11）始终保持信心和士气。信心是成功的基石，团队中始终要保持积极乐观的工作气氛，对于那些消极的想法和持有消极想法的成员，必须尽快解决。

4.5　创业团队建设的策略

（1）明确团队目标。打造一个良好的创业团队，首先需要明确创业目标和团队目标，要让每个人有努力的方向，大家一致向前，才能达成团队目标。

（2）明确团队任务。有了奋斗的目标，还要有具体的任务目的，否则一切都只是空想。既然在思想上已达成一致，在行动上更要一致，劲往一处使，明确任务，积极奋斗，不断提升，向最终目标靠近。

（3）合理划分团队职能。团队职能和责任必须划分明确，每个人要有明细的分工，才能达到最佳的效果，事半功倍。

（4）培养团队领导。重点培养，全面指导。让有能力的人充分发挥其才能，并循序渐进引领团队进步。让一个人带领一群人，向着正确的方向奋斗。

（5）健全团队制度。一个成功的团队需要有良好的团队文化和相应制度作为精神支柱。制度的建立健全，关乎一个创业企业的生死。建设人性化的企业制度，让每个人自觉遵守，自愿服从，不但能降低团队管理的成本，对团队提升也有很大的帮助。

（6）打造团队文化。团队要进步，良好的文化引领是基础。良好的口碑，过硬的品牌，优秀的文化，都是不可或缺的要素。优秀的文化能引领团队发挥每个人的能力，提升企业价值观和团队核心竞争力。

（7）优化奖惩机制。要管理好团队，就要有合理完善的奖惩机制，对积极奉献的员工给予奖励，激励进步，对于损害团队利益的，坚决给予惩罚，鼓励员工积极奋进，而不是消极散漫。

（8）提升员工福利。福利待遇是员工积极发挥才能的重要因素，个人积极努力了，团队才能有提升的价值。所以，福利待遇的好坏是一个团队能否具备吸引优秀人才加入的关键。

（9）拓展员工发展空间。鼓励员工参与组织和团队建设，积极提升个人能力和发展空间，既要让员工看得见自己的工作成果和价值，更要让员工感受到自我成就、有上升空间以及发展的方向。

5 绽放特有的光芒
——女性在职场中如何赢得主动权

男女分工与人类社会的发展变迁息息相关。在相当长的一段时间里,女性仅充当全职家庭主妇的角色。随着社会变迁、权利平等化,女性可进入的职业种类增多,"职业性别隔离"逐渐减少。

5.1 了解男女差异,做到扬长避短

在农耕文明时代,男性在体格与力量上相对女性优势更为明显,因此,男性往往在狩猎、耕地、战争等活动中展现出更强的竞争优势。随着科技进步和社会文明变迁,尤其是在知识经济时代,除一些重体力劳动岗位和特殊岗位之外,大多数岗位对男性和女性从业者的身体素质要求没有显著差异。当男性和女性的差异与经济发展、技术进步交互作用时,就会通过社会影响男性和女性的角色,进而表现出非父权制主导的劳动分工态势。由于男性和女性存在天然的生理构造区别,再加上几千年来不断传承的社会文化传统以及性别固有印象,我们对不同性别员工在职场中的差异仍然无法

回避。[1]

5.1.1　女性与男性的差异

二者主要差异体现以下几个方面：

1. 岗位匹配差异

在经济和科技迅速发展的今天，虽然大部分行业中性别分布比较均衡，但仍然存在岗位匹配差异，如在服务行业中女性从业者人数较多，建筑行业中男性从业者人数较多等。据相关统计，幼儿园老师、医院护士都是女性占绝对多数；煤矿工人、矿山救护队员、森林防护员等往往男性居多。这主要是由男女先天生理差异和职业岗位的具体要求造成的。

2. 社会分工差异

在我国漫长的历史发展与融合之中，家庭分工与社会分工两者相互作用、密不可分。一般来说，女性心细手巧，更有耐心；男性更富有力量和进攻性，因而男性的分工更多是解决家庭外部的事务，女性多处理家庭内部事务。然而，随着社会的进步，女性的受教育程度不断上升，整个社会的观念也在不断更新，更多的女性步入职场，更多的男性也开始承担家务劳动，但总体上仍然是"男主外，女主内"的分工倾向。当然，现在也出现了新的社会现象，在女性收入显著高于男性的家庭中，男性主动或被动承担起更多家务

---

[1] 刘镜,赵晓康.职场性别差异化管理的难点与领导者的统筹艺术[J].领导科学,2021(9):71-74.

劳动的现象也多了起来。

3. 生活压力差异

在中国传统观念中，养家糊口的责任主要在于男性，所以男性往往承担着更多的生活压力。虽然同一工作岗位对于男性和女性的要求相同，但总体来看，女性挣钱的思想压力小于男性。由于社会未对女性挣钱养家及事业发展形成较高的期望，所以一部分女性在生活中存在"挣到钱更好，挣不到也无所谓"的心态。男性的生活压力则是个人期望和社会期望的双重叠加造成的，这种期望来自长期的社会文化对男性观念形成的根深蒂固的影响。

4. 社会舆论压力差异

男性之所以承担较大的生活压力，除传统的社会及家庭分工模式之外，还有社会舆论压力。在中国，对男性成功的定义更多聚焦于事业层面，所以男性在经济收入及社会地位方面会感受到来自周围舆论评价的压力。或许是由于男性对于成功的渴求更加强烈，在职场中男性往往较多占据着领导岗位。而女性事业发展的黄金期与婚育期重合，导致她们对事业投入的精力被分散。加之社会对女性事业发展的期望相对男子而言不高，女性在事业方面的社会舆论压力要小于男性。随着社会的进步，大多数中国家庭男女地位比较平等，但是当一个家庭呈现女强男弱的结构时，身处其中的男性的心理可能会由于社会舆论压力而发生微妙变化，这种变化可能会导致婚姻关系和家庭关系失衡。另外，在当今社会中，很多非常优秀的女性反而在择偶时面临困境。这些现象都是传统社会分工带来的性别固有印象所致，并对不同性别员工形成了相应的社会舆论压力。

5. 行为特点差异

社会传统文化、性别刻板印象和大众传媒引导是固化性别行为特点不可忽视的因素。一旦男性或女性的行为超出了性别形象和行为的预期，就可能会受到周围人的校正或惩罚。因此，职场男性的特征体现为身材高大、刚强，具有更强的攻击性；女性体现为细心、温柔、有耐心，更富有同情心。而性别行为特点又进一步主动或被动地强化了其职业选择方向以及岗位选择方向。

6. 思维特点差异

有研究表明，男性的逻辑思维能力相对强于女性，女性更倾向于感性和故事性思维方式，比较容易受到个人情感的影响；男性发散思维的流畅性要优于女性，但女性的语义测验结果优于男性。男性和女性的思维的确存在差异，但并无高下之分，而是各有千秋。当然，男性和女性的思维方式并不是简单的二维划分，他们也会随着社会环境、组织文化、个人情况等方面的变化而不断调整。

7. 社交方式差异

职场女性和男性的性别差异还体现为社交方式上的差异。相比较而言，多数女性在职场社交中处于边缘化的状态，因为她们工作之余更多考虑家庭需求，不仅包括家务需求，还包括照顾老人、养育孩子的需求，也就形成了女性相对应酬较少的社会固有印象。当女性员工脱离了社会固有印象，表现出男性常见的竞争性和独立性，并在事业方面积极进取时，往往会被贴上"女强人""女汉子"之类的标签，对于一些职位高、能力强的女性而言，过多的社交活动会使其在平衡工作与家庭之间关系时具有更大的难度。

5.1.2 女性选择职业如何扬长避短

（1）要找准切入点。首先要根据自身特点，确定一个入职大方向，尤其是在当下就业形势不乐观的情况下，要适度降低入职的预期。要选择教育、策划、保险等技巧性比较强的行业。

（2）能发挥个人专长。个人的喜好和职业倾向是择业最重要的参考标准，因此能发挥本人专长和技能，工作中得心应手至关重要。

（3）适应社会需求。社会在不断变化，选择一些既符合自身特点，也有较大社会需要的职业也能比较保险一些，如育儿师、收纳师等职业，社会需要量一般都较大。

5.2 辨析优势与劣势，打造精彩职场人生

作为男人之外的"半边天"，现代职场女性用实力证明了自己的价值。近些年关于我国女性在职场的发展，有部分专家进行了研究。秦俭（2021）从女性职场发展的"痛点"与"着力点"出发，对女性在职场中的优劣势进行分析[1]。

5.2.1 女性在职场中的优势

第一，女性具有优秀的学习能力。随着女性接受教育的比重提高，且在语言、识记、表达、运算、心智发育较早等方面的优势，

---

[1] 秦俭.女性职场发展的"痛点"与"着力点"[J].中国大学生就业,2021(19):13-15.

在教育阶段的学习能力和考试能力优于男性。

第二，女性比男性更加敏感、耐心，富有危机意识。数据显示，我国女性专业技术人员持续增加，2017年，公有制企事业单位中女性专业技术人员所占比重已达到48.6%，尤其在医疗、教育、科研学术等领域涌现出一大批女性科技者。女性科技工作者具有细致、敏锐、有韧性和想象力丰富等优良品质，且对权力欲望较低，这都是女性从事科研工作的优势所在。中国空间站首位女航天员王亚平、中国首位诺贝尔医学奖获得者屠呦呦、中国工程院院士陈薇等这些卓越的女性科技人才无疑是最好的证明。

第三，女性更有直觉力。男性和女性思维不一样，其实和大脑结构有关系。科学家用核磁共振发现，男生说话的时候，左脑前区亮，女生说话两边的脑区都会亮，情绪在右边，语言在左边，所以女生比较喜欢用言语表达情绪（也就是我们常说的第六感），也是有迹可循的。女性的潜意识里的信息要比男人更广泛，而潜意识会影响个人的决策，尤其是对做出复杂的决策更具有优势。

第四，善于平衡。女性因为生育本能而具备冒险精神，又因为养育本能而具备"平衡多面"的潜质。美国一家银行在分析了超过一万份公司人力资源报告之后发现，职业女性能够创造更多的经济价值；而美国两所大学的一项研究中发现，拥有子女的女性经理人，她们在情绪管理，冲突解决等方面拥有明显的优势。

此外，社会发展与进步，为女性进入高层领导岗位提供了更为广阔的舞台。英国前首相撒切尔、德国前总理默克尔、芬兰总理桑娜·马林、挪威首相埃尔娜·索尔贝格等女性国家领导人都具有强大的女性领导力，女性主政，会全方位推动妇女解放运动和实现男女平等。研究人员研究发现，男性领导者的气质特征体现为果敢、有野心、竞争意识强等，而女性领导者在同理心、观察力方面显现出优势，具有更强的共情能力、协调能力，有利于促进社会的合作、包容和民主。

5.2.2　女性在职场中的劣势

第一，女性的角色冲突。女性所承担的各种社会角色间的冲突多于男性，家庭对其依赖程度更大，而生理结构所造成的如孕期、哺乳期也会对职业生涯产生直接影响。因为要照顾家庭与育儿，女性相应在职业发展与规划上投入的时间要少很多。兼顾家庭的职场女性往往被认为无法全身心投入工作，因此不太容易被领导重用。还有一些职业女性在婚育后放弃工作转而全职照顾孩子，但全职母亲重新回归职场的难度颇大。由于长时间脱离职场，这期间没有技能上的突破，没有经验的累积，没有资源的加持，职业技能日渐退化，几年后再就业时可能和职场新人的能力水平差不多。而同等条件下，用人单位基于学习能力、社保缴费率等因素更愿意招收职场新人。

第二，受传统思想影响，女性相对"野心"不足。中国传统家庭观念中"男主外、女主内"的思想根深蒂固，社会评价女性"成功"的标准往往是能够平衡事业与家庭，因此，当女性没有足够的时间兼顾事业与家庭时，常常会优先选择放弃事业。因为照顾家庭和抚育孩子的责任往往加诸母亲，所以，选择放弃更好的就业机会与晋升潜力,是很多职场婚育女性的无奈之举。

第三,女性职业自信不足,不利于职业发展。《2019年中国女性自信报告》显示,四成中国女性低估自己。由于很多家庭教育对女性的惯性偏见,导致女性容易成为低自信者,即使有能力也不敢争取领导职位,从而影响职场发展。全职母亲重新回归职场时往往也缺乏职业信心,由于几年的履历空白与社会脱节,在回归职场前常常陷入焦虑、自卑、迷茫、害怕的状态,从而影响女性重新履职。

第四,易情绪化。女性在直觉方面非常具有优势,但情绪控制能力较弱。易情绪外露,带来有时遇事不够冷静和理智,容易忽略问题的根本原因无法做出科学决策。

第五,存在依赖感。在荷尔蒙的影响下,女性往往比男性温和,大多给人柔弱、顺从、需要保护等印象,容易存在依赖性。

在职场中发展,女性就要做到"知彼知己",要在和他人比较中,明晰自身的长处,也要对自己的不足有明确的认知,做到"扬长避短",就能迸发出自身的最大能量。

5.3 顺应社会发展大势,绽放女性职场光芒

时代的发展与变化给女性带来极大的解放,使其不仅精神面貌发生了显著改变,而且社会地位也发生了深刻变化,为女性的职业生涯增加了无数光彩。

(1)女性角色有了较大改变。近年来,随着社会、政治、经济

和文化的快速发展,女性的角色也有了根本的转变:从封建社会遵从"三从四德",守家辅业,到今天成为家庭和社会的"半边天",其社会功能和作用得到全面加强和显现。据相关资料统计,到2020年年底,中国女性劳动参与率达到70%,高校中女性专任教师比例高达50.75%,在校女研究生占比50.6%,女性运动员占比78.8%,女性纸质书阅读量占比69%,在家庭购房的决策权上女性拥有80%以上的话语权,等等。这都说明,女性传统上的家庭主妇的角色已发生了翻天覆地的变化。

(2)"她"经济日趋显著。随着我国改革开放进程的加快,人民生活水平不断得到提高。女性成为消费主力军。据有关统计,中国近4亿20岁至60岁的女性消费者每年发生多达10万亿元的消费支出;2020年北、上、广、深四大城市职场女性的月均工资收入为8173元;与此同时,女性在家庭购买的决策中拥有更多决策权,除数码产品、家用电器、机票和酒店旅游三大品类由男性拥有较大决策权外,其余消费品类——包括食品生鲜、服装鞋帽、家居用品、化妆品等,女性拥有较多决策权。在近年来形成的直播购物节中,女性消费也是引人注目的新潮流,"双11""双12"等购物大节中来自女性消费者的贡献是有目共睹的。

(3)女性创业令人刮目相看。在国家"双创"的推动下,女性创业已成为社会的一个时尚,占比已达到创业总数近40%,像董明珠、陶华碧等就是其中的杰出代表。2020年,女性创办的公司在企业服务咨询行业占比最高,为19.1%,包括企业招聘云平台、信息搜集平台、财务供应链平台等;第二位为医疗健康行业,占比为16.3%。除此之外，教育、消费和文娱传媒，甚至大数据、先进制造业、区块链等技术性公司也是女性创业的重要领域。从地点上讲，北京、上海、深圳、杭州是女性选择创业地的前四个理想城市。越来越多的女性通过抖音带货等方式开启了生活的新篇章。女性参与创业从整体上提升和优化了创业人群素质和结构，更为女性实现"时间自由、财务自由和思想自由"提供了沃土，极大释放了女性的潜能。

（4）社会地位显著提高。随着时代的发展与进步，女性的社会地位显著提升。表现在：一是女性参与职场的工作的比例在逐步提升，2020年女性占职场总人数的55.9%，相当多的女性依靠自身能力在职场打拼，经济上进一步独立。二是随着女性角色的转换，在家庭生活中的地位也在提高。许多女性从过去的家庭主妇附属角色成为引导家庭建设的主导者，在家庭财产支配、购物决策、子女教育方向把控上有了更多的主导权。三是女性参与社会工作的层次在不断提升。随着女性受教育程度的提高和女性思想的进一步解放，涌现出大批高学历、高层次、高素质杰出人才，参与社会治理和国家治理人数逐年上升。近年来，各级人大代表中女性比例都有明显增加，这就是最好的例证。

5.4 勇于直面现实，避免职场陷阱

新中国成立后，国家通过立法等相关措施，充分保护妇女的权利和权益，实行男女同工同酬，培养和选拔妇女干部。改革开放以

来，经济的不断发展，为女性步入社会和职场，更多地参与经济建设、社会治理和民主政治提供了基本保障。但不可忽视的现实是，职业女性发展仍然面临诸多困难和问题。唐有财（2011）站在职场权利控制的角度对我国职场女性现状进行剖析[1]，鲁萍（2017）在男女平等语境下，对我国职场女性目前所面临的问题进行分析[2]，靳宇晖（2021）专门就女性平等就业权的保护展开研究[3]。归纳如下：

1.就业准入遭遇性别歧视

虽然我国劳动法等法律法规明确规定，录用职工时，不得以性别为由拒绝录用女性或者提高对女性的录用标准。但从各项调查研究、监测报告中可以看出，现实中仍有用人单位在招工、用人过程中存在明显的就业性别倾向。例如，在招聘信息中标注"限男性"或"男性优先"，而针对女性，有的用人单位直接不给予参加复试的机会，有的则是通过提高条件或者增加附加要求将女性求职者排除在外。又如，针对女性提高学历要求，增加身高、相貌、孕检等诸多附加条件，近两年有的用人单位增加"已生育二胎"的要求，限制女性求职者结婚或者生育等自由。相对于以上显性歧视，女性求职者还会遇到一些隐性歧视。比如，女性求职者会被问及婚恋事

---

[1] 唐有财.中国城市职场的性别不平等：基于权力的视角[J].妇女研究论丛,2011(4):20-26.

[2] 鲁萍.男女平等语境中当前我国职业女性所面对的职场不公正及突破[D].曲阜:曲阜师范大学,2017.

[3] 靳宇晖.女性平等就业权保护研究[D].北京:外交学院,2021.

宜,是否为独生子女以及生育二孩意向等问题。有些用人单位会特意强调求职者需要经常性加班、出差或要到条件艰苦的边远地区工作,变相拒绝女性求职者。

2.职业发展遭遇不公待遇

最常见的是职业性别隔离。职业性别隔离是指,根据对适合于男性与女性工作的普遍理解,将男性和女性分配于不同的职业,其实就是对工作进行性别化。一定数量的职业女性从事的工作岗位大多是较为简单的、服务性的,而男性从事的工作岗位则有更高的技术技能、职业等级要求,这就使男性占有了相应更多的社会优势资源。在从事同样性质的工作中,女性的职位往往低于男性,女性大多为中低层管理人员和普通工作人员,而高层管理人员多数为男性,而且女性在晋升方面会遭遇"玻璃天花板"。前程无忧网对职业女性调查报告的研究显示,"67.8%的职业女性认为,在女性与男性学历等各方面条件相同的情况下,男同事的升职机会大。而在受访的男性中,55.3%的认为与女性相比,自己升职机会更多"。

3.职业角色与家庭责任时有冲突

我国职业女性在日常生活中,一边是家庭,一边是工作,每天都要进行多次角色的转换。在工作岗位上要掩饰家庭生活里的行为特征,在家庭生活里要掩饰工作岗位上的行为特征,高频转换不可避免地让她们感到疲惫。时间、精力、能力等限制,使职业女性在现实生活中很难做到两者兼顾,即使能做到,职业女性本身也承担了巨大精神压力与身体负担。因此,很多职业女性都表示角色冲突感较为强烈。社会调查结果也表明,职业女性普遍感到由于竞争压力大,导致身心疲惫,难以协调好工具性社会角色和情感性角色。因此,要求当代职业女性必须兼顾家庭和事业,由一个主体扮演两种不同类型的角色,很难两全其美。

4.职场性骚扰频发

职场遭遇性骚扰是职场女性最担心的事情。自媒体曝光2021年8月初阿里女员工遭遇上级主管和客户的性骚扰和茅台酒厂女员工酒后疑遭性侵两个事件以后,一场围绕"职场性骚扰""酒桌文化"等关键词的舆论风暴,席卷了整个互联网的公共舆论空间。

基于上述提到的女性在职场遇到的各种遭遇,学者李晓凤、龙嘉慧、李永娇(2021)对此类现象从社会工作的角度对女性职场如何应对不公平待遇和性骚扰进行了相关的研究[1];雷萌(2021)专门针对职场女性的可持续发展进行系统分析[2]。基本结论如下:

一是女性应当加强维护自身权益的意识。很多女性并没有意识到因为性别而在职场遭受不公平对待的问题,或认为身为女性本该遭受这种对待,甚至出现自暴自弃、得过且过的想法。因此,想要改变这种现状需要女性加强学习劳动法的相关知识,认识到公司的就业性别歧视不仅会对个人,更会对整个女性群体和社会造成不利影响,在自身劳动权益受到侵犯的必要情况下敢于运用法律武器捍卫自身权益,同违法行为积极斗争。而且女性应当加强认同感,敢

---

[1] 李晓凤,龙嘉慧,李永娇.破茧蝶变:社会工作介入女性职场性骚扰的理论及实践策略[J].中国社会工作,2021(24):12-14.
[2] 雷萌.职场女性的可持续发展分析[J].现代商贸工业,2021,42(18):53-54.

于肯定自我，而不是认为女性无法得到公平就业、在职场晋升上受阻就是理所当然的。要善于挖掘自身的优势，发扬自信、自强、自立的新时代女性精神，以积极昂扬的精神面貌和勇往直前的奋斗姿态去追求事业的发展，实现自己的人生价值。

二是女性应当不断提升自身的实力。当前就业竞争的环境越来越激烈，只是依靠政府和社会的努力来改善女性的就业状况是远远不够的，女性必须增强自身实力，加强专业知识的学习，增强就业能力和适应职业变化的能力，才能满足日新月异的社会变化需求。女性劳动者要努力进入知识密集型、高科技前沿领域工作，改变人们对女性从事职业的固有观念，争取在就业领域越来越有话语权，从而为女性劳动者更多发声。

三是女性面对职场性骚扰，要勇敢拿起法律武器为自己抗争。受传统父权社会思想的影响，会有男性领导试图将这种传统影响带入到工作中，以升职、加薪、合作、培养、开除等手段逼女下属就范，作为一种权力的展示。作为职业女性要加强维护自己安全的意识，面对职场诱惑，要坚定健康的职业发展靠的是个人奋斗，而非性别"优势"，同时面对职场威胁，要勇敢拿起法律武器维护自己的合法权益。"自尊、自爱、自强"是女性在职场的基本格言，要提高警惕，不给任何人可乘之机，要学会自我保护，对一些不怀好意者的一切试探行为要坚持拒绝。

上 篇

入职前的储备与修炼

 智商、情商与胆商
——影响职业生涯发展的基本要素分析

一个人在职场中发展的好坏，与其个人的知识、能力密切相关。更确切地讲，个人的智商、情商和胆商是职场中的立足之本。高智商的人能较好地适应工作的挑战，应对环境的发展与变化；高情商的人能够在团队中与他人进行良好配合，会释放出凝聚人心的较强的影响力和领导力；高胆商的人能更好地在面对复杂多变的内外部环境下，承受压力，接受挑战，创造地利人和的有利条件，聚焦组织变革和文化创新，带领组织或公司走出困境，迎来新生。职场中个人的智商、情商与胆商分别对应的是其个人的能力、魅力和魄力，见图6.1。

个人能力包括通识能力、专业能力、自控能力和学习能力；个人魅力包括亲和力、凝聚力、影响力和感召力；个人魄力则包含前瞻力、抗压力、创新力和竞争力。许多人认为，智商、情商和胆商是成功领导者不可或缺的三大要素。若想成为一名具有竞争力的优秀职场人士，需要在不断了解自己的同时，提升自我的智商、情商与胆商，"三商"相辅相成，才能进一步挖掘自己的潜能，全面提

高自己的综合素质，在职业生涯中创造辉煌。

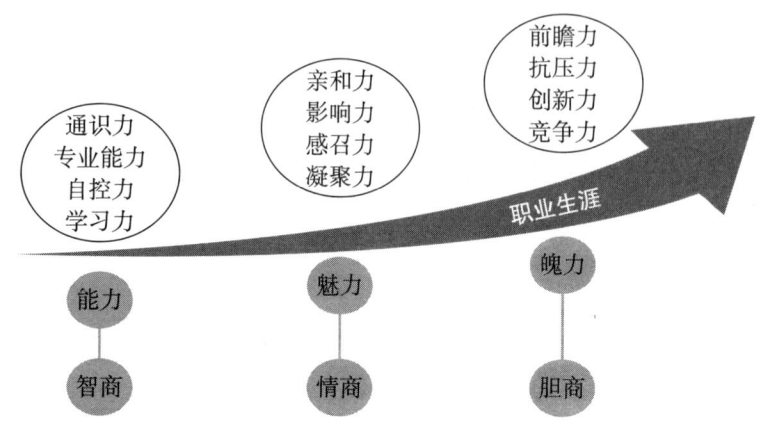

图6.1 影响职场发展的相关因素图

6.1 智商对职业发展的影响

智商，即智力商数，是衡量个人智力高低的标准。智力又称智慧，也叫智能，是人类对客观事物的认识，并运用知识、经验等解决实际问题的能力，它包括观察力、记忆力、想象力、分析判断能力、思维能力、应变能力等。有的人认为智商是先天的，但近年研究中的普遍观点是，后天因素对于智商的培养以及学习能力的提升也极为重要。

1.智商较高更易接受新知识、新技能

拥有较高的智商对学习以及掌握各种知识和技能都具有先天的优势，可以与他人拉开生存质量的差别，容易获得后续更好的教育机会。比如智商高的人考取研究生的概率更高，这就意味着其可以拥有更为先进的教育资源、更为合理的制度保障、更为专业的教学

实践设施、更为雄厚的师资力量和更为丰富多彩、积极向上的校园文化等，在学以致用的同时积累更多的人脉资源。相关研究表明，在中国，接受高等教育的人会拥有相对高的收益。以中国城镇居民调查数据为样本，用匹配法对其进行估计，就毕业于"211"院校的劳动者而言，上"211"院校使其年工资上涨了37.5%。对于工程师培养而言，能接受高等教育也是非常重要的途径，对未来职业发展水平具有显著正向影响。

2. 在校成绩好对职业发展前景有正向影响

智商高的青年往往学习成绩不会差，在校学习成绩的优劣也会一定程度上影响青年的职业发展。学习成绩是教学效果以及学习成果的体现，学生需要把知识融会贯通，最后通过专业考试、毕业设计、学术论文等形式呈现出来。大量研究结果显示，学校成绩对职业发展前景有正向影响。比如，研究生在校期间平均课程成绩越好，获得大赛奖励证书越多，其之后的职业生涯发展前景会更好。所获成绩和荣誉都代表其学习能力和综合能力素质较强，这间接影响了职业发展前景。

3. 智商高企或许可以改变命运，但并不绝对

美国麻省理工学院的一项调查中统计了1000个智商高于125的高中毕业生的职业成功度。该调查显示，在毕业25年后，他们中只有略多于30%的人成为公司高级主管、政治精英或者其他领域出色的人。另外不足70%的人，跟大多数智商在90~120之间的人相比没有显著差异。由此可见，智商的高低并不能决定事业的成功。

无数案例证明，各行业的领导者、精英并非都出身高校或名校，也并非都是智商高企的人。相反，很多智商平平的人却在自己的行业内闯出了一片天地。因此，智商只是职业发展的一个重要方面，而性格以及性格与职业的结合点——情商，才是成功的关键。

6.2 情商对职业发展的影响

情商，即情绪智力，是情绪、意志、性格、行为习惯组成的商数，包含自制、热忱、坚持，以及自我驱动、自我鞭策的能力。美国耶鲁大学的心理学家Peter Salovey和新罕布什尔大学的John D. Mayer于1990年左右首次提出了情绪智力理论，可以简单概括为：准确地识别、评价和表达自己和他人的情绪；适应性地调节和控制自己和他人的情绪；适应性地利用情绪信息；以便有计划地、创造性地激励行为。他们认为，在个体成功中起主要作用的不是智力因素，而是情绪智力，前者占20%，后者占80%。相较于智商而言，情商起着更为至关重要的作用，更能决定人的成功甚至命运。

研究表明，初入职场所需要的职业发展能力主要包括较强的岗位胜任力、岗位适应力和可持续性发展力，能应对企业内部以及行业内的岗位变迁。对于青年来说，拥有较高情商的人表现为认知明确，情绪稳定，更易察觉自己与他人的情绪情感；善于社交，外向愉快，不易陷入抑郁或伤感，对事业较投入；为人正直，乐善好施，无论是独处还是共处都能怡然自乐，更可以使自身的职业发展能力更强，也就意味着在职业发展中会更好。

1. 情商决定职业能力

职业能力会影响青年职业的发展。对于青年来说，好的职业能力不仅表现为知识充沛，而且表现为所学的知识、技能和态度等多种能力的综合。如果拥有较高的情商则可以将自身的智商优势最大化，正确地评价自我的能力，明确自己的优劣势，客观地认知自我，使自身的潜能得到最大限度的发挥，提高自身的综合素质与能力。

2. 情商决定适应能力

进入职场之后，如果拥有较高的情商，则可以保持稳定的自我感知能力，在把控好自身的情绪波动的同时尊重他人的情绪，更容易处理好与同事、领导的关系，更好地融入企业环境。相反，如果一个人拥有较高的智商而没有较高的情商，则易受到外界环境的影响，心理素质差，适应能力差，团队协作能力差，无法展开良好的社会交往，这样的人在企业中往往是孤立无援且不受喜爱的。因此，要想拥有更好的职业发展前景，青年人有必要提升自身的情商，快速适应环境的变化。

3. 情商决定职业可持续性

在职业发展中，每个人都会有自己的工作态度、期望等，行为往往由其动机所决定。良好的动机可以激发主观能动性并且是人们朝一个好的目标去努力，相反，消极的期望则会产生抑制作用，阻碍个人职业发展。

在职场中，情商较高的人会展现良好的反应能力以及应变能力，工作顺利时自我激励，工作失意时正确看待，更容易取得成功。情商不高的人则会在顺境时沾沾自喜，在逆境时怨天尤人。因此,情商的高低可以决定职业发展的可持续性。

6.3 胆商对职业发展的影响

胆商,即胆识能力,是一个人胆量、胆识、胆略的度量,体现了一种冒险精神。胆商高的人,有胆量和魄力,有敏锐的直觉与洞察力,善于发现机会并准确的把握机会,为自己创造更多的财富。很多成功的商人和社会精英,都具有较高的胆商。对于青年来说,拥有胆商就在某种程度上拥有了创新创造的能力,也就拥有了创业的能力。

创业者能否成功,很大程度上是由其胆商决定的。一些研究者经过测验和观察发现,创业者大多具有五大人格特质,包括:勇敢性、指导性、柔软性、行动性及持续性等,他们的共同点在于都有一往无前、持之以恒、脚踏实地的创业精神,再锦上添花地匹配充分的资源、可行的理念、合理的战略、广泛的人脉,从而踏上成功的创业之路。

个人的智商、情商和胆商,都在不同维度上影响个体的职业发展。智商反映的是一个人的智力水准,即知识与技能的留存水平,代表个体认识客观事物、解决问题的能力,是青年职业发展中的基础;情商则是与人打交道的能力以及在变化环境中的应变能力,决定青年职业发展的延续性和可持续性;胆商是在职业发展道路上的胆量与勇气,决定青年的职业发展高度与广度。三者相辅相成,缺一不可。关于如何提升智商、情商和胆商,我们将在后面的相关章节分别论述。

7 职场成功必须修炼好的能力

职场人的能力,可以归纳为个人通识能力、专业能力、自控能力和学习能力四大类,如图7.1所示。其中通识能力是职场中从业人员的基础能力,专业能力(包括专业资源)是个人竞争的核心能力,自控能力是职场杰出人才区别于其他一般人员的关键能力,学习能力是个人发展中所有其他能力和技能开发与提升的源泉。

图7.1 职场能力环

7.1 通识能力的培养

美国培训和开发协会认为,职场中员工的非专业技能包括六大类别和16项技能(见表7.1)。其中前四项——基本技能、沟通技能、适应能力和自我发展技能都属于通识能力的范畴。本书结合职场实际工作需要,将通识能力划分为沟通能力、创新能力、语言文字运用能力、计算机运用能力四部分进行介绍。

表7.1
职场中员工非专业技能分类

基本技能	阅读
	写作
	计算
沟通技能	听
	说
适应能力	问题解决能力
	创造性思考
自我发展技能	自尊
	动力
	目标设定
	职业生涯规划
群体交往技能	人际关系技能
	团队工作能力
	协调能力
影响能力	理解组织文化
	分享领导能力

7.1.1 通识能力之一：沟通能力

沟通能力是一个人获得自我认知、理解和调节他人情绪以及与他人合作的能力。进一步讲，在职场中不仅要有深厚的专业知识和过硬的专业本领，更要有较强的沟通能力。如果一个员工不会沟通，不善与他人合作，即使一技之长再出色，也很难有用武之地。因此学会善于与人沟通，掌握必要的沟通技巧十分重要。

1. 当代青年在沟通中存在的问题

对当代青年而言，普遍存在沟通意识淡薄、沟通技巧缺乏等问题。产生这些问题的原因，既与家庭教育因素有关，也与学校与社会教育有关。

（1）不愿主动沟通。在家庭教育中，许多父母在生活上对独生子女很娇惯，但是并未真正与孩子平等相处，去鼓励孩子自由地表达自己的想法。更多的是以长辈自居，进行说教，使孩子处于一种思想压抑的状态，更谈不上有意识地教育孩子要有自己独立的见解了。在学校教育中，通行的是灌输式的教育，基本上都是老师讲、学生听，而且多数教师并不喜欢同学提问题，也不太鼓励学生有自己独立的思想，造成学生缺乏沟通的主动性。这样的教育导致学校、家庭和学生的沟通意识都比较缺乏。

（2）沟通技巧缺乏。从人际关系的角度来说，沟通需要艺术，需要技巧，需要知识储备，而这些都是当代年轻人普遍欠缺和亟须弥补的。有相当多的青年人习惯以自我为中心，在大学集体生活中，由于缺乏沟通技巧，不能换位思考，造成人际关系紧张，极大地影响了人际交往的正常发展，进而影响心理健康。特别是现代互联网的发达，使很多年轻人沉迷于网络世界，或聊天，或打游戏，将自己大部分时间和情感寄托在虚拟的社会中，减少了实际生活中与他人面对面沟通的时间，在一定程度上疏远了现实中的人和物。时下流行着这样的说法："世界上最遥远的距离，莫过于我们面对面坐在一起，你却在玩手机。"当下人们越来越依赖网络，在任何一种情境下，不论是朋友相聚还是大小会场，不论是坐车还是排队，人们都会掏出手机，上网、聊天、刷微博……"手机控"越来越多，e-mail、qq、手机微信、钉钉等已成为年轻人的主要沟通工具。尤其是走在虚拟沟通手段应用前列的大学生，由于缺乏与真实社会的实际沟通，渐渐习惯于虚拟的沟通环境，沉溺于虚拟的交往可能让他们更加疏远亲朋、远离社会。

2.沟通能力培养的策略与途径

一是培养主体沟通意识。沟通意识作为人自觉、积极、主动沟通的倾向，是行动准备和行动过程中不断呈现在意识中，而能指导和改进行动的一种思想。从认知角度看，培养沟通意识就是培养人的社会性。通过沟通教育或自我训练，培养沟通主体意识，树立一种科学的沟通观念，改变传统的思维习惯，形成一种沟通思维方式，把无意识的沟通变为有意识的、科学的沟通，提高主动沟通意识、角色换位意识、双赢沟通意识、自我形象塑造意识。

二是开设必要的沟通课程。在西方一些发达国家的高校，沟通课是基础必修课，而在我国，专门为提高沟通能力的课程在大学并未普遍开设，即使有沟通课程，也仅是选修课而已，没有作为必修课。沟通课程的学习对于沟通能力的提高是十分必要的。高校应当以必修课、选修课的形式，开设诸如人际沟通、管理沟通、跨文化沟通、应用礼仪等课程，合理安排教学内容，采用案例、角色扮演、讨论等教学方法，强化就业面试、演讲等训练，让学生更好地接受系统化的训练，使他们有健康的人格、良好的社交心理素质与人际交往技巧，提升他们认知自我、理解他人并与他人顺利沟通和合作的能力。对准备进入职场的人士来说，加强这方面的学习和培训也是非常必要的。

三是为青年人创造更多的沟通实践机会。要充分发挥学生会、班级、社团等学生组织的作用，积极开展演讲、辩论比赛等活动，扩大活动覆盖面，让更多的学生参与到活动中来，以加强学生相互间的沟通，培养团队合作精神。学校应该通过建立校企合作关系、社会实践基地以及开展社区志愿者活动，安排学生进行各种实习、勤工俭学，加强大学生与企业、社区的联系，促进大学生与社会的深层次沟通。

3. 在人际沟通中注意的问题

一是学会沟通。沟通是表达感情、增进友谊的重要手段。在交往中主动制造机会，引起对方注意，自然地与对方进行初步接触，进而保持进一步接触的过程。尽量找一些轻松愉快，大家都感兴趣的热门话题切入，真诚地去了解和理解他人，加上适当肢体语言，包括神情、语调、语气等，更容易达到良好的效果。

二是学会倾听。倾听是获取别人相关信息的主要来源，是沟通最必要的环节，也是一门艺术。现代社会快节奏的工作、生活，很少有人愿意听别人说话。因此,我们要学会用心去听,在别人的意见还没表达完之前,要耐下心来,用一种平静的心态去听。倾听别人的心事或故事时,多给别人耳朵,这样会给人一种亲切友好的感觉,这有利于更好地沟通。

三是正确对待和使用虚拟的沟通方式。不能沉迷于虚拟网络沟通而冷落了最基本的亲情、家人和朋友。人与人之间的相处,最重要的是语言与情感的沟通。要多创造机会与现实的家人、同学、同事交往沟通。

7.1.2 通识能力之二:创新能力

职场中的工作经常会面对多方面的挑战。在多数情境下,仅仅是完成基本的工作,达成相应的工作绩效还远远不够,还需要在复杂多变的环境中不断开拓进取,才能取得突破。这就要求员工要具备一定的创新能力。"创新驱动"已成为当今社会及企业发展的第一驱动力,唯有创新,才能突破瓶颈,不断实现新的目标。

创新能力培养的对策包括:

1. 强化创新意识

要提高创新能力,首先要培养创新意识。一个没有创新意识的人是谈不上创新的。因此,培养学生具有积极的创新意识是培养学生创新能力最重要的一步。在培养学生创新意识方面,帮助学生从不敢创新到敢于创新。鼓励学生相信自己有能力能够创新,对学生的"好创意""好想法"要多加注意、予以重视,善于引导并给予帮助。鼓励学生克服权威效应与从众心理。一些学生认为自己不是创新人才，也不是发明专家，能够完成大学学业已经很不错了，对于这样的学生要多鼓励，激发他们参与创新活动。还有一部分学生，从进大学开始，就为考研究生做准备，对于创新思维能力的养成不感兴趣。对于这类情况，学校可将有发明创造成果的学生免试录取为研究生，以鼓励创新，使学生在本科阶段就能注重创新能力的培养。

2. 训练创新思维

创新思维即打破常规定式的思维，如发散思维、逆向思维和系统思维。绝大多数学生从小学到大学都在训练理论思维、分析思维、逻辑思维，很少进行发散思维、逆向思维和系统思维的训练，这是学生缺乏创新能力的一个重要原因。发散思维是对同一问题探求不同的答案的思维方法和思维过程。这种思维方法不受过去知识的束缚，不受已有经验的影响，但有一定的思考方向，从不同的角度去思考问题。这种思维不易受思维定式的影响，能举一反三、触类旁通。因此，训练学生的发散思维可以开阔他们的思维视野。逆向思维法就是不采用人们通常思考问题的思路，而是反过来，从对立的、完全相反的角度去思考问题的方法，通俗地讲就是"背道而驰"。这种方法看似荒唐，实际上是一种非常奇特而又美妙的思维方法，常常能够激发突破性的发明创造。系统思维就是把认识对象作为系统，从系统和要素、要素和要素、系统和环境的相互联系、相互作用中综合地考察认识对象的一种思维方法。系统思维以系统论为思维基本模式的思维形态，它不同于创造思维或形象思维等本能思维形态。能极大地简化人们对事物的认知，塑造我们的整体观。

3. 掌握创新方法

有了创新意识、创新思维，还要掌握一些创新的方法。常见的有头脑风暴法、优缺点列举法、组合法、属性列举法、目录法、借鉴法、讨论法、定位法和TRIZ理论（发明问题解决理论）等。对于这些创新方法，要尽可能全面了解并能够运用，这对今后工作中的创新是大有益处的，其中TRIZ理论和头脑风暴法尤其值得了解和学习。

4. 构建创新环境

创新活动的开展是培养创新思维能力的一个有效的实践活动。学校有针对性地、定期或不定期开展创新大赛活动也是调动和培养学生创新思维的一种实践方法。学生也要积极融入学校构建的创新环境，主动参加各类创新实践活动，包括小发明、小论文、小制作和各类创意大赛等。学校可以为学生的科研提供一定经费，鼓励学生开展有益的科研活动。

上述对策从培养学生的创新意识，训练创新方法、思维方式，优化教学方法和调整课程结构及教学计划等方面入手，同时，配以举办小发明、小论文、小制作等各类创意活动、创新大赛等活动，能对学生创新能力的提高有切实帮助。

7.1.3 通识能力之三：语言文字应用能力

在职场中，除了要具备较强的专业技能外，熟练地把握和运用语言文字也至关重要，对某些职业工作，如文秘、导游、老师、行政管理等更是必须反复训练，精益求精，才能做好本职工作。

从现实情况来看，有相当部分年轻人在学习和工作中不能完全使用普通话交流，尤其是在同乡较多的小团体中，大家都习惯用方言作为交际语言。随处可见的海报、广告、电视节目等，都出现了不规范语言文字，包括外语标识等，语言环境较为混乱。同时网络语言的负面影响也比较突出，网络语言的大量出现和使用、用语音代替文字的表达使许多年轻人不仅不会使用规范的汉语言文字表达，甚至许多新入职的员工连最起码的日常应用公文，如请示、申请、报告等类别都搞不清楚，更不用说撰写公文了。

1. 提升语言文字应用能力

一是要提高认识，重视语言文字应用能力价值。一直以来，学校和学生对语言文字应用能力的价值认识不足。很多高职院校以就业为导向，更多强调如何培养和提高学生的专业技能。但学生未来职业生涯发展除了过硬的专业技能，还需要其他辅助技能，而语言文字应用能力是工作学习的基础技能。因此，学校和学生都应该提高认识，重视对语言文字应用能力的培养。

语言学家吕淑湘先生说："我认为对祖国语言的理解、欣赏、热爱，这也是爱国主义教育。"德国著名语言学家威廉·冯·洪堡特认为："语言仿佛是民族精神的外在表现，民族语言即民族精神，民族精神即民族语言，两者的统一程度超过了任何人的想象。"语言作为社会文化的传播工具，对于培育民族精神、发扬民族优良传统有着极强的凝聚教化作用。学好语言文字，提高应用能力是传承民族文化的一个前提。在这样的思想高度下，学生会无形中增强爱国感、自豪感和优越感。

二是从自身出发提升语言文字能力。首先，要努力讲好普通话，勤学多练，不断突破自身条件，达到讲话语音标准，语速适当，字正腔圆，不出现错音别字；其次，要学习和提升口头语言文字能力，做到思维敏捷，表达清晰，演讲生动；最后，要提高应用文写作能力，通过不断学习、刻苦磨炼，对常见的公文写作熟烂于心、运用自如、信手拈来。

2. 提高文案工作能力

公司中做好文案工作，需要有雄厚的文字功底，离不开长期的经验积累。除此之外，提高文案工作能力，还要从以下方面加以认真对待：

一是勤奋好学。要善于挤时间学习，克服工作繁重、任务繁重的困难，挤时间看书读报、上网阅读，把学习巧妙地寓于工作之中，在学习中干好工作。

二是拓宽知识面，不断丰富学习内容。只有学得多、看得多，想问题才会全面，看问题才会深刻，写材料才有深度。

三是讲究学习方法。通过通读、摘读、精读相结合，博览广学，兼收并蓄，不断提高自身的文字表达能力、政策理论水平和专业领域知识，从而不断增强写作的预见性和创造性。

四是注意收集积累。也就是说，要十分注重广泛收集，点滴积累写作素材。重点做好路线、方针、政策等理论知识的积累，广泛收集政治理论书刊、党报党刊发表的理论文章和领导讲话等，掌握政策依据，把握政治方向，有针对性地为我所用。

五是具有灵活性。要想收集到全面、有价值的素材，必须灵活运用多种方法，多渠道、多角度、多形式地吸收、归纳和整理。

六是注重针对性。尤其要细心留意，仔细观察各行业的发展情况、重大决策和重大事项的信息动态，同时针对本部门、本单位的情况提出个人视角的见解。

七是善于思考。要学会换位思考。善于对接领导思路，站在领导的高度、角度思考问题，做到吃透上情，掌握下情。

八是学会借鉴。经常对公文起草工作认真回顾、反思、分析和总结，尤其要反复揣摩、思考领导修改过的稿件，从而准确把握领导的思路和语言风格。

九是勤于实践。要提高以文辅政水平，必须深入基层，深入实践，调查研究，详尽地掌握第一手资料。要深入基层，认真调研，与不同岗位的员工多沟通、多交流，倾听他们的呼声，采集他们的建议，从中挖掘出有价值的东西，汲取营养，丰富自己。

十是精益求精。首先要用心。对于各种写作任务，无论是草拟公文、讲话报告、汇报材料，都要把它当成一次练笔的良机，尽可能写出有分量、有价值的文稿。其次要精心。按要求，精心组织，斟字酌句；注意讲究结构，做到层次分明。最后还要细心。对写完的公文、材料进行仔细校对，确保不出纰漏。

7.1.4 通识能力之四：计算机运用能力

1.职场中计算机运用能力十分重要

在职场中有相当多的工作需要借助计算机和互联网来完成，如大数据挖掘师、平面广告设计师、园林规划师、教师等，几乎每天都与计算机打交道，计算机运用能力成为工作中必不可少的技能。

网络时代的全面到来，互联网经济的快速发展，数字化技术的全面渗透，对职场人士的知识结构提出了更高的要求。要求人们不仅要具有坚实的专业基础，同时必须将计算机应用于工作当中，将计算机应用技能作为一项工作基本技能储存于知识库中，以适应时代发展的步伐，肩负起经济建设和人类文明发展的重要使命。数字化时代的全面到来结束了单纯要求人才"术业有专攻"的时代，开始对人才的综合应用能力提出更高要求，希望社会分工的各个角色都能够将计算机应用能力、市场应变能力、管理能力、创新能力等全方位能力系统有机整合，形成适应现代化生产发展的综合型、应用型人才。

针对就业市场竞争日趋激烈的现实，高校应更加注重对非计算机专业大学生的计算机应用能力的培养。首先教学内容要科学设置。在课程设置上，以计算机基础理论为出发点，将突出系统性、专业性、实践性三者有机结合。其次是构建实践性教学环境。实现对课内实践和课外实践"两手抓，两手都要硬"，使课内、课外两个实践性教学环境相辅相成，从而提高大学生的计算机实践应用能力。

2. 提高计算机应用能力的途径和方法

首先，在校学习期间要充分利用学校的有利条件，在选课时力争系统全面地把握计算机的理论体系和知识结构，特别是在实操上下足功夫，力争熟练运用各类办公操作系统。其次，要根据自己的专业和未来职业需求，选择与其相关联的计算机专业领域的相关课程进行辅修或自费学习。最后,对计算机技术等级考试也要给予充分重视,在多学习、多操练的同时,也可以多拿证,以备职业应用之需。

7.2 全面提升专业能力

7.2.1 专业能力是职场的核心竞争力

美国经济学家普拉哈拉德(C. K. Prahalad)和哈默(Gary Hamel)提出,大学生的核心竞争力是其综合素质的集中体现。随着社会发展变化和人才需求,对大学生综合素质的需求也越来越明确,大学生核心竞争力应包括良好的思想道德素质,扎实的科学文化素质,较强的专业能力及学习创新能力,较强的语言和文字表达能力,良好的人际沟通和交往能力,一定的工作经历和实践能力,良好的心理素质和就业心态。

1. 不同职业要求具备不同的专业能力

专业是指人类社会在科学技术进步、生活生产实践中,用来描述职业生涯某一阶段、某一人群用来谋生而长期从事的具体业务作业规范,也指高等学校或中等专业学校根据社会专业分工的需要设立的学业类别。专业的形成有其内在的必然规律。一方面,社会分工的需要是专业的生命之源;另一方面,自然科学和社会科学的分化与综合推动了专业的形成,而近现代高等教育的发展也对专业设置提出了要求。

专业能力是从事某一职业的前提和基础。比如,具有从业资格的医生，必须经过4~5年的医学院本科或6~7年本硕连读的专门学习，在掌握基础理论、通用医学知识、从业技能、临床实践的基础上，经相关部门的考试合格取得医师从业资格才能执业上岗。外科医生对疾病的诊断和对病情的判断（头脑思维）与疾病的真实情况之间联系非常直接，往往需要马上得到印证，错就是错，对就是对，所以对外科医生的要求更高，手和心（头脑）须有高度的协调和配合才行。所以西方外科医生有这样一句话，即外科医生应具备"狮心，鹰眼，妇人手"（lion's heart, eagle's eye and woman's hand）。"狮心"要求外科医生具备坚毅、沉稳的品质，无论遇到任何事都有条不紊，遇险不惊，遇难不退。外科医生还应具有悯伤怜病之心。"鹰眼"要求外科医生在病理诊断上看问题既精准又敏锐，既看表象，也晓病理；在诊断、治疗过程中将解剖学、生理学、病理学、生物化学、药理学等学科融会贯通，举一反三，从各个方面综合判断、正确处理。"妇人手"以妇人的手为参照对象，要求外科医生的手具备纤细、灵巧的特点，尤其在当前手术微创化的趋势下，手术切口向小型化发展，又细又长的手更便于探查和操作。

打好坚实的理论基础对任何一个医生而言都是必不可少的，但是仅仅死记硬背课本知识远远不够，要在学习中不断思考，不断联系，将各门课程串联起来，学会从不同方面解释同一问题。成为真正的医生后，当接触临床病例时，在诊断、治疗过程中能够综合评判、优化处理。同时还能把基础科学的新成果和新技术应用到临床，并不断用实验、研究和总结的方法加以探索提高。此外，了解新设备、新器械和新技术在外科专业的应用，将辅助设备创造性地应用于病人的病情诊断和治疗，比如诊断方面以影像学为主，辅以改进的超声诊断技术、CT、螺旋、MRI（磁共振成像）、DSA（数字减影技术）等，适用于各种解剖部位的内窥镜和腔镜，诊断及定位使用的同位素示踪技术，立体定位使用的乳房活检技术设备等。由此可见，对一名合格的外科医生的要求是非常全面的，除了系统的专业知识、广博的医学常识外，对病症的准确诊断、对手术方案的详细制定，对愈后可能出现的风险控制，对辅助诊断设备和医疗设施的熟练运用等，都是一名令人信服和崇拜的"一把刀"外科医生的核心业务能力的重要组成部分。

那么，作为一名客户经理应具备哪些专业能力呢？客户经理应该是客户与自己公司的沟通纽带。要全面了解客户需求，然后利用公司的优势帮助客户解决问题。责任心强，主动热情，有毅力；为人开朗，有较强的学习适应能力；真诚细心，有较好的思考分析能力；有较好的语言表达和交流沟通能力应成为客户经理的基本特质。

具体而言，客户经理所应具备的专业能力为：

一是沟通能力。沟通是客户经理的一个重要能力。和客户进行有效的沟通，是客户经理日常市场拜访中的一项重要工作。

二是协调能力。客户经理要协调电话订货员、送货员、市场管理员和稽查员等，促使他们形成合力来共同实施对零售客户的全方位服务。

三是承受能力。客户经理要对客户具备一定的心理承受能力。在日常的拜访工作中，面对形形色色的客户，遇事要头脑冷静、三思而后行，不感情用事，不武断行事，面对失败和挫折不气馁，面对困难不推委，不能因一点小事而闹情绪，更不能与客户争论不休。

四是表达能力。语言表达生动、完整并有较强的说服力。要让客户感觉到你有一定的文化素养，广博的知识，灵活的语言表达技巧。

五是分析能力。能够对市场情形的变化进行认真分析，以便在纷繁复杂的因素中理出头绪，摸出规律，准确地抓住问题的本质，积极稳妥地解决问题。

六是创新能力。要具有创新的思维、开拓创新的精神。能够通过思考、分析、总结，对当前的工作提出创建性的工作思路和方法，并具前瞻性、可操作性及过程的延续性。

七是理解能力。体现在对于政策要求，要做到充分理解、严格落实，并追求效率；对客户需要，能换位思考；对上下级和协作部门做到尊重、协作，全力以赴。

八是学习能力。拥有比较丰富的综合知识，能够不断提高学习能力，以知识创造价值，向知识要效益，向学习要发展。

与客户经理不同，职业经理人所应具备的专业核心能力包括：必须具备良好统筹决断能力和组织指挥能力，在乐业敬业的同时，有良好的人际沟通和管理变革能力，善于社会交际和组织协调，具有时间管理和团队精神的现代管理意识，勇于责任担当，精于领导激励，并且善于整合资源，具有丰富的市场研究和客户开发的经验。

放眼职业千千万，每一个行当都有自身运营规律和行业运转特点，每个职业对其从业人员的专业能力要求也各不相同。限于篇幅，只能点到为止，不可能逐一论述。

总体来讲，专业能力的培养和提高应该说是一项贯穿职业生涯始终的系统工程。其中最根本也是最基础的专业能力构建都要依靠大学期间夯实的基底。也许有读者会有疑问：某某大学毕业以后所从事的工作与他大学期间所学的专业根本就不搭界，然而人家不也干得风生水起，一样辉煌吗？其实，应该这样讲，虽然他毕业后从事的工作与其大学所学专业关系不大，但他之所以有今日成就，与他大学期间的系统训练培养起来的思维模式、专业理念和处事风格是密切相关的。更进一步讲，大学生活带给他的最宝贵财富是提升了他的学习能力，即使改行也能很快入道，加之个人努力，在新赛道上很快提升了新的专业能力。

2. 专业学习与就业选择

大学生的专业选择和专业学习是影响未来职场走向的关键因素之一。现实中，许多大学生在进入高校学习前对于专业的选择是非理性的、片面的，可能会根据自己以往的学科成绩选择专业，也可能跟风选择热门专业，还可能受周围环境舆论影响选择专业。大学生应正确认识专业学习与就业选择之间的辩证关系，只有适合自己的专业才有利于就业选择，只有进行扎实的专业学习才能奠定就业选择之基，只有具有精深的专业知识和过硬的专业技能才能提高就业选择的核心竞争力。这里要注意以下三个问题：

一是选择自己喜欢同时又适合自己的专业有利于就业。专业对大学生来说，是其就业竞争的有力工具。选择与所学专业相关、相近的职业或工作岗位，不仅可以增强个人的自信心，而且能够实现人职匹配，更容易适应职业和工作岗位的要求，获得更多的发展机会和更大的发展空间。现实中，许多用人单位也非常关注求职者的专业背景和工作经验。因此，对于大学生而言，掌握相关专业知识并积累一定工作经验，对于提高就业竞争力是非常重要的。进入职场后，专业对口的大学生职场之路会走得更快更稳，岗位适应能力也较强，有助于职业生涯发展。

二是掌握牢固的专业知识和过硬的专业技能是就业选择的核心竞争力。高校以培养专业性较强的人才为目的，高等教育的专业化要求大学生切实掌握某一专业或多个专业的知识和技能。大学生所学的专业知识和专业技能是高校整个知识体系和技能结构的核心部分。例如，中国现代作家、文学研究家钱钟书先生（1910—1998年），毕业于清华大学外文系。钱先生学贯中西，他不仅外文能力突出，参与翻译了《毛泽东诗词》英译本，而且他的写作能力和中国古典文学造诣也为世人所称道，他的长篇小说《围城》被拍摄成同名影视剧，引发收视热潮，其创作的《宋诗选注》选注了宋代81位诗人的297首作品，被列入"中国古典文学读本丛书"。当代大学生不仅要学好自己的专业，还有努力丰富自己的知识体系，优化自己的知识结构，成为一专多能的高素质人才。就拿外科医生来说，医生是与人打交道的职业，必须学会处理好医患关系。要处理好这个关系就必须了解医学心理学、医学伦理学、医学史和哲学等一系列与临床医学相关联的学科，甚至还要了解民俗民风等。

三是要正确看待专业学习与就业选择的辩证关系。高校的人才培养目标应是将学生培养成通才，使之成为德智体美劳全面发展的高素质人才。大学生不能只关注专业知识的学习和专业技能的习得，还要注重培养、锻炼自己的思维方式和思维能力、适应能力、生存能力、发现问题和解决问题的能力。对大学生来说，获取专业知识和专业技能仅仅是大学生活的一部分，应认识到要成为优秀的专业人才，还应该努力成为具有较强可塑性的通才，以拥有更大的择业、就业选择权和自主权，更好更快地适应就业市场的需求和变化。

在现实职场中，有很多人从事着与自己所学专业无关的职业，很多工作岗位需要跨专业的知识和技能才能胜任。例如，阿里巴巴集团主要创始人、阿里巴巴集团董事局原主席马云就读于杭州师范学院外语专业，毕业后进入杭州电子工业学院（现杭州电子科技大学）任英语及国际贸易专业教师，受外教比尔的影响，马云开始接触、了解互联网，后辞职成立了中国第一家互联网商业公司，成为数字经济的创新者，是一位跨专业的创业者。现任珠海格力电器股份有限公司董事长、总裁的董明珠女士毕业于安徽省芜湖干部教育学院统计学专业，毕业后在南京一家化工研究所做行政管理工作，后到珠海加入格力电器从事市场销售工作，业绩斐然，只用了十多年的时间，她就凭借出色的工作能力和个人魅力从基层营销人员做到了格力电器股份有限公司总裁，是一位跨专业的职场精英。职场中有些工作岗位如翻译、建筑设计、编程、美工设计、制图、会计等是以专业知识和专业技能为导向的，对从业人员的专业要求较高，在选择求职者时，用人单位大多较关注人才的专业性。但职场中还有一些以素质为导向的工作岗位，如销售、采购、物流配送、售后服务、前台接待等，用人单位在选择大学生求职者时，大多希望其具有较强的职业适应能力和较高的综合素质。

7.2.2 专业核心能力的培养与提升

1. 从培养单位角度考虑

大学生专业素质与专业能力，直接反映出高等教育"产品"适合或切合国家、社会、用人单位等需要的程度，是影响大学生就业结果的最重要因素之一。因此，高校（或职校）应高度重视并采取有效措施努力做好学生的专业能力培养工作。首先，要根据专业的就业前景灵活调整各专业招生规模。其次，建立专业与就业关联度挂钩机制。通过定期调查各专业学生就业情况，征求不同性质用人单位对各专业人才需求意见，为各专业招生规模调整提供参考依据。最后，建立供需预测机制，从短期、中期、长期的不同角度，对劳动力市场供给与需求情况进行预测。高校或职校在培养目标、人才规格制定方面要加强专业基础，拓宽专业口径，在注重专业知识积累的同时加强学生专业技能的培养。

2. 从大学生个人角度考虑

个人是专业能力培养的内因与关键。大学阶段具有与中学阶段截然不同的特点。在学习方式上，大学生的学习更多是靠自主性、自觉性，教师只是起到引导与"答疑解惑"的作用，其监督职能已大大弱化。在考试方式上，对各科考试成绩并没有很严格的要求。这在客观上使得部分学生容易轻视专业知识学习与专业技能培养，对待专业学习多持应付了事的态度。同时，应正确处理专业能力与"职业技能"的关系。随着我国职业资格鉴定考试制度的逐步推行，职业资格证书可以为大学生（高职生）就业增加砝码，对大学生就业有一定的积极作用，但职业资格不能取代专业知识与专业技能。因此，大学生应调整心态，以更加务实的态度对待专业知识学习，努力提升专业能力。

3. 从社会实践角度考虑

社会实践是帮助大学生实现从学习角色到工作角色转换，实现个体社会化的重要环节。不少用人单位在人才招聘过程中十分注重实践能力，在强化大学生社会实践能力过程中，学校和学生个人都应分担责任。一方面，高校应摒弃以往重数量而轻质量的培养观念，不断更新教学内容和培养方式，将实践能力和创新能力的培养贯穿教育教学工作的全过程，提高学生的综合素质，使高校"产品"的质量更加符合市场的要求。另一方面，在实习环节上，进一步创新大学生实践形式，提高实践教学效果。比如以校企合作、大学生见习基地、社区服务、志愿者服务、下乡服务等形式，鼓励大学生积极参与社会实践，广泛接触社会，提高操作能力，调整自己的知识结构与学习兴趣及角色预期，找到专业学习、专业技能与社会需求的契合点。

4. 从培养学生的竞争能力角度考虑

一方面，要引发大学生的竞争意识，在机会来临的时候敢于去感知和捕捉，在竞争中肯定自己的优势，发现自己的不足，从而更加正确地认识自己，完善自己。另一方面，要大量创造机会，让学生在教学中学习，在竞争中进步。课堂是学生获取知识的主阵地，课外是培养学生竞争能力的有效载体，这些都是培养大学生竞争能力的舞台，需要学校和社会来提供。通过团队的竞赛、活动的策划、企业的实习等多途径地给予学生机会去锻炼，为真正走上就业岗位做好竞争的准备。

5. 从鼓励学生创业角度考虑

大力发掘大学生的创新能力。大学毕业生自主创办科技型、服务型企业，既能实现自我就业，还能提供更多的就业岗位。建设创新型国家的关键在人才，特别是创新型人才。高校作为人才培养的中心，要大力营造创新型人才培养的氛围，鼓励和引导更多的在校大学生注重自立自强精神的培养，积极投身到创新队伍之中。因此，要通过各种方式培养学生思维的独立性，激发学生的潜能，培养创新精神和创新意识；积极组织各类大学生开展创新比赛，积极推动学生科技成果转化工作，帮助大学生发挥知识优势自主创业；借助所属地区和企业力量帮助大学生开展创新科研，同时也为大学毕业生创业提供资金支持。

7.2.3 通过实习和实践强化专业能力体系建设

如果说专业理论能力取决于大学期间学习的专业理论知识是否扎实牢固，那么专业实操能力就与实习经验和就业是否与专业对口息息相关。通过实习和实践活动，能够全面深化校园中学到的专业理论知识，同时经过实操训练，能进一步夯实专业能力，巩固并优化专业能力体系。

1. 通过实习实践经验的培养提升专业能力

最近这些年，我国的高校毕业生人逐年增长，就业结构化的矛盾日益凸显。于是高校毕业生就业工作的压力逐渐加大，很多就业单位把实习经历作为学生找工作的必要条件之一。

比如外科医生在临床上就会面临诸如腹痛病例、外科肿瘤病例、血管外科病例、消化道出血病例、术后管理病例、创伤病例、减重外科病例、心胸外科病例、小儿外科病例、移植病例、重症监护病例等诸多疑难杂症，这些都需要外科医生是否精确和细致的手术技能。临床经验的积累必须建立在全面深化学习的基础上，只有不断加以实践和完善，才能提高自己手术的成功率。

实习中要端正学习态度。应当摒弃单纯重视技术操作的错误观念，阅读文献书籍，提倡主动读书，带着问题学，边读边思考，通过读书笔记及时做好小结，不断提升理论水平和技能。当然对外科医生而言，实操最为重要。外科是实践性强、基础知识理论要求高的学科，必须不断总结实践经验与教训，读书—实践—总结，再读书—再实践—再总结，实践证明，这是提高医学理论水平和医疗技术的好方法。我国现代外科奠基人裘法祖教授曾经对如何正确处理理论与实践关系问题有如下精辟论述："一个外科医师如果仅有娴熟的手术操作技术，而不具备丰富的外科理论的底蕴，势必沦为'匠人'的范畴，何以去正确的判断和治疗疑难复杂的外科疾病，何以去总结自己的实践经验，又何以进一步去发展和创新现代外科。"因此，将理论与实践有机结合对提升专业能力是十分重要的。

2. 专业不对口时更要注意实践经验的积累

当从事岗位与所学专业不对口时，更需要高度重视，尽快根据岗位要求加强相关专业理论知识的学习和专业技能的提升。

2018年7月,《中国青年报》社会调查中心发布的《大学生就业问题调研报告》显示：73.9%的大学生给在校大学生的建议是,"大学生应该在入校之初,对所学专业有所认知,不要盲目地读书或是浪费时间",也就是说,明确自己的方向是非常重要的；57.8%的大学生受访者希望高校能够为毕业生提供更多的实习岗位或者就业推荐；还有一些大学生认为那些之所以选择"慢就业"的毕业生大多是对自己缺少自信,认为自己专业能力不够,得先弥补短板、深入了解中国的经济环境,然后再去就业或创业；另有部分人员不就业是因为还未适应学校到职场的环境转变,需要沉淀自己,也有的或是选择毕业后继续读研究生或者出国留学深造,或打算毕业后经营自媒体、网店等新业态等。

对于大学生来说,一方面需要及早明确个人专业兴趣、把握不同专业的特性、注重自主实习实效,通过实习实践,努力提高专业实践能力；另一方面需要尽早对自己进行职业生涯规划,在充分自我认知以及在有余力的基础上有针对性地深度参加自主实习,以此来自我丰富职业体验,提高就业能力。

7.3　强化自控能力——让你比别人更优秀

7.3.1　自控力的重要性

自控能力,即自我控制的能力,简称自控力,指一个人对自身的冲动、感情、欲望等施加控制,是一个人自觉的调节和控制自己行为的能力,也是一个人成熟度的体现。古希腊哲学家泰勒斯指出,"做什么事情最容易?向别人提意见最容易;做什么事情最难?管理好自己最难"。有人说,一个人的伟大不仅仅是能领导好别人,更重要的是能管理好自己。要管好自己,首先需要有强大的自控力。自控力强的人,能够冷静对待周围发生的事件,有意识地控制自己的思想感情,约束自己的行为,成为驾驭生活的人,成为职场的人生赢家。自控力的一个本质,在于对于自我情绪及心态的调控,秉持自我完善的强烈渴望,并能够长期的坚持,不断在实践修养的过程中努力突破自己,因为我们每个人的性格当中或多或少都有消极成分,当我们失去自控力,被这些消极情绪所掌控,当工作和生活中没有实现自己的目标、达到自己的期望值时,就难免会有深深的自责内疚,甚至会觉得自己没有价值、没有能力,在职场上收获的是一塌糊涂的失败。

性格决定命运。在社会生活中,包括在职场打拼中,性格的力量绝对不能忽视。性格好的人在职场中会受到周围同事的欢迎。如果情商高,亲和力强,在职场工作当中就会如鱼得水,成为公司不可或缺的中坚力量。而性格不好或者存在某种缺陷的人,自身不能很好地把控情绪,在行为方式或其他方面存在不足,就会在职场受到中同事的排斥,最终一事无成。

7.3.2 如何提升个人自控力

自控力的培养需要从多个方面来解决。

1.把握人生定位是最大的自控力

一个人能力差点,可以通过自身不懈努力,逐步实现自己的目标,但一个人即使学富五车,才华盖世,但如果无法明确自己的定位,不知道前进的方向是什么,就会经常感到迷茫,觉得时时处处是挫折。所以在职场当中,明确人生的目标,寻找自己的定位,并朝着自己的目标不断开拓,努力前进,最终会到达理想的目的地。

有这样一个故事:

一个乞丐站在路边卖橘子,一个路过的商人向乞丐面前的纸盒投了几枚硬币,没有拿一个橘子就急急忙忙地赶路了。没过多久,这个商人回过头来取橘子,说"对不起先生,我忘了拿买的橘子,因为你我毕竟都是商人"。这句话让这位乞丐愣了半天。

几年后的一天,这位商人在参加一次高级酒会时,遇见了一位衣冠楚楚的先生向他敬酒致谢,并告诉他说自己就是当初卖橘子的乞丐,正是商人的那句"你我都是商人"改变了乞丐的一生。

这个故事告诉我们,如果你定位自己是乞丐,那么你就是乞丐;如果你定位自己是商人,那么你就是商人。定位对我们很重要,它决定并改变着人的一生。在职场中我们也看到,有些人因性格懦弱,习惯依赖他人;或因没有责任心,不敢承担责任;或因缺乏理想,混日为生。总之,这些人在职场中给自己的定位很低,得过且过,遇事能逃避就逃避,不敢与人为先,不敢转变思路,而是被一种消极心态所控制,甚至走向极端。我们讲,自己的命运一定要"操之我手",一定要从人生的定位开始!因此,未来职业的选择、人生目标的选择都能让你拥有更强大的力量,从而不断实现自身的理想和梦想。只有这样，才能不断驱使和激发你迸发出更多的能量。

"选择"在某种时候是人生最大的能量。如果坚信自己的选择是正确的，是与自己的理想和目标相吻合的，就要勇往直前地走下去，而不要踌躇不定，不要在遇到困难时半途而废，绕道而行，更不要在乎别人的看法。

2. 拒绝拖延，强化执行力——自控力的根本

一项职场的调查表明，许多职场年轻人都有"拖延症"，大学生在完成课业的时候也有拖延倾向。

拖延是一种顽疾，如果你想克服它，养成"今日事今日毕"的生活和工作习惯，就一定要下定决心，改变掉拖延的坏习惯，强化自我的执行力。

拖延会侵蚀人的意志和心灵，阻碍人的潜能发挥、拖延的人常陷于恶性循环，即"拖延—低效能复命+情绪困扰—拖延"之中，许多人在学习和工作中都或多或少有"拖延症"。

"拖延症"的表现形式多种多样，程度轻重也各有不同：比如琐事缠身无法将精力集中到工作中，只有被上司逼着才向前走，不愿意主动复命；反复修改计划，有着极端的完美主义倾向，该实施的被无休止的"完善"拖延；虽然下定决心立即行动，但就是找不到行动的方法，做事磨磨蹭蹭，有一种病态的悠闲，以致问题久拖不决，任务始终不能完成，等等。

商场犹如战场，工作如同战斗。任何一家公司要想在市场上立于不败之地，都必须拥有一个高效能的战斗团队。老板是讲效率的，没有一个老板能够长期包容办事拖沓的下属。在工作中和时间赛跑，给老板留下雷厉风行的干练印象，无疑是获得认可的最佳途径。执行力是企业中每一个人最基本的能力，如果没有"今日事今日毕"，再正确的战略也发挥不了作用。

克服"拖延症"，要从讲究工作效率开始。一项针对4000位职场人士进行的调查显示，55.7%的被调查者给自己贴上了"瞎忙族"的标签。其中有15.6%的人认为自己是"超级瞎忙族"，每天忙得要死，但成果十分微小，甚至没有任何收获。

改变"瞎忙"的状态，提升自己执行的效率，可以从以下这几个方面做出努力和尝试：

一是敢于说"no"。要学会拒绝，不让额外的要求打乱自己的工作进度，而且有些事情完全没有必要亲力亲为。当然说"no"也是需要技巧的，在决定你该不该答应对方的要求时，应该先问问自己：我应该做什么？我必须做什么？什么是我首先应该考虑完成的？如果答应了对方的要求，是否会影响自己的工作进度？考虑清楚后，我们就应坚定、勇敢地去拒绝别人。

二是使用"优先表"。有不少人由于没有掌握高效率的工作方法，眉毛胡子一把抓，总是不能静下心去做最该做的事，甚至根本不知道哪些是最应该做的事，结果白白浪费了大好时光。为此要有一个处理事情的"优先表"，列出自己一周之内、一天之内急需解决的一些重要的且十分紧迫的事情，并且根据重要性、需求程度和紧急程度制定相应的工作进程，使自己的工作能够稳步高效地推进，这也是与时间管理相关的一种很重要的方法。

3.学会释放压力

如果在工作中遇到一时排解不了的困难,就要适当给自己放个小假,缓解一下压力,这样当再次回到工作中时,也许会豁然开朗。及时排解压力也是自控力的体现。可以从以下几个方面考虑:

第一,适量参加运动。许多上班族都与运动无缘,常常久坐办公室而很少运动身体,长此以往,会出现身体不适,引起精神倦怠。加之任务繁重时就会产生压力。借助"运动疗法",适当做一些适合在办公室或者是户外的运动,比如按摩太阳穴、拍打腿部肩部、午饭后围着办公楼绕圈步行等,都可以减轻工作中的压力。

第二,学会和睦相处。龙生九子,各有不同,当然不可能每个人的个性都互相吻合,连舌头和牙齿都会打架,更何况是人与人之间相处,与人相处要真诚相待,同时也要保持适当的距离。相处的最高境界是永远把别人当作好人,而不期待人人都是好人。在工作范围内要绝对服从老板,不要顶撞老板,别给自己找麻烦。冲突少,压力就会减少。

第三,适时释放压力。在不忙碌的时候或者下班以后,给自己留出安静和谐的10分钟,做自己想做的事情,放慢脚步,品品茶、逛逛街、烧烧菜、聊聊天,在忙碌的人群中,让心情放松。在和谐的家庭氛围中,要把工作当中的压力适当地释放出来,以适当的方式改变形象,也能改变心情。换个发型、换个穿着风格都会让你心情大好。偶尔换个态度,相信也是不错的选择。

第四,创造优美环境。工作环境往往决定了工作效率的高低,告别生硬的报表、文件,换上一盆生机勃勃的花草,养一盆可爱的小金鱼，都会使你的工作环境更加温馨，好的心情也会随之而来，压力就会得以释放。

第五，另辟蹊径。如果以上的方法都不能缓解你低潮当中的压力，那么试试换个工作也未尝不可。也许现在的工作真的不适合你，从现在的公司中解脱出来，也是对自己负责的表现。天涯何处无芳草，另辟蹊径，前途会更好。

4.掌握节奏，张弛有度

有自控力的表现还体现在能够掌握工作节奏，该工作就认真努力加班工作，该休息就彻底放松，做到张弛有度。

工作永远都干不完，总是有新的目标和任务等待去完成。但是如果我们每天都疲于奔命，像紧绷的弹簧一样，最终这些繁重的工作任务就会超出我们的承受极限，令人身心俱疲。自控力强的人很会适时调节，换个心情放松自己。数据显示，美国有不少员工因为在职场的压力太大而死亡，企业每年因员工压力遭受的损失达1500亿美元，因为压力造成员工身体状况不佳而频频缺勤，继而工作效率低下。工作当中做到劳逸结合、张弛有度，对我们的身体健康和心情愉悦都是有非常大的帮助。在紧张繁忙的工作之余，我们有很多的时间、很多的选择可以让自己发生改变，比如：下班时提前一站下车，花半小时放慢脚步到公园里走走；或者什么都不做，什么也不想，看看工作时无暇顾及的景色，让平时紧张的情绪放松下来，你会觉得原来生活那么美好，只是往日没有时间去欣赏。也可以在紧张繁忙的一段工作之余，抽出时间和家人、孩子游览名山大川，体验异国的风情和人文特色。你也可以选择一个固定的体育活动方式,如参加羽毛球俱乐部、马拉松团队,这些既愉悦你的身心,也能找到更多的志同道合的朋友,使你的生活丰富多彩。

自控力中还有非常重要的一点,就是学会把控好个人的情绪。我们将在本书中篇(入职初的磨炼与成长)13.2.3 "怎样控制个人情绪"中介绍。

7.4 提升学习力——职业进步永不枯竭的动力源泉

"学习使人进步",这句耳熟能详的话激励一代又一代人不断在学问的宇宙中翱翔。学习力是把"知识资源"转化为"知识资本"的能力,是一个人能够快速获取知识、使之产生价值的本领。学习并不止步于校园,学习力对于职场人士尤为重要。当公司对个人的投入大于个人对公司的产出时,就会因失去竞争力被淘汰,所以职场人士必须学会在职场上快速学习,并且把学到的知识转化为能力,在工作中提升个人贡献度。可以说,学习力是职场人士必备的底层能力,提升学习力无论对学生、普通员工,还是中高层领导都是一项非常艰巨的任务。

7.4.1 校园学习对职业生涯具有决定性影响

学习是一项有多重心理因素参与的活动,大学生的学习受到智力因素和非智力因素的共同影响。在学习过程中,注意力、观察力、记忆力、思维力、想象力等智力因素是首要的基础条件,动机、兴趣、情感、意志、气质、性格等非智力因素是重要的保障条件。经过校园多年学习,大学生思维水平得到提升,人格进一步健全,其价值观初步形成,为今后的职业发展奠定坚实的基础。大学期间的学习有以下特点:

1.学习过程的独立性与自主性

大学阶段的课堂学习时间较中学阶段大为减少,与高中老师"全程督导"角色不同的是,大学老师只是学生自主学习的助力者。大学生作为一个独立的学习个体,规划并管理自己的学习过程,课前的预习,课后的理解、巩固、应用,以及进一步研究等环节都需要学生独立完成,学生能充分发挥个体主观能动性。

2.学习内容的专业性与选择性

大学课程是围绕专业培养计划开设的,是为培养某一领域高级专门人才而编排设置的,因此大学学习具有较强的专业指向性。一般而言,大学低年级注重专业基础知识和通识教育培养,高年级则侧重学生特定专业方向的能力提升。大学生在完成学习任务之后,可以根据自身兴趣特长选修课程、聆听讲座、参与活动,有所侧重地扩充知识面,发展综合能力,这些都是在为日后开启职业生涯打下基础。

3.学习途径的广泛性与多样性

大学学习具有多层次、多角度的特点。课堂教学是大学生开展学习活动的主要途径但不是唯一途径,大学生在课余时间可以广泛发现并利用实习实训、课程设计、学业论文、学术讲座、科研活动、社会实践等多种渠道开展学习活动,也可以借助网络、社会参与来探求,积累学科知识以外的知识和经验。

4. 学习成果的研究性与创造性

大学生是思维活跃的群体，大学课堂不仅进行知识的传授，还注重思维的启发。经过大学系统性的学习，学生的研究性学习技巧和创造性思维能力往往会得到较大提升。

5. 学习能力的全面提升

学习能力强的大学生，最突出的表现就是"会学"，他们往往能够从课内外的学习中迅速获取有用信息，不断完善已有知识体系，逐渐提高发现问题、分析问题和解决问题的能力。具体体现在：

一是学习兴趣指向明确。对自己喜欢的知识抱有浓厚兴趣，在其领域能长期保持强烈的求知欲，进而能持之以恒、勤奋钻研。会逐步增加积极情感体验，加深对专业的认同感。

二是主动创设学习环境。在学习过程中能够经常交替使用分别主导智力活动和思维活动的左右脑，主动保护大脑机能、调适学习疲劳、提高学习效率，充分利用精力最佳的时间进行学习，做到规律作息、劳逸结合，为自己创设最为适宜的内外在学习环境。

三是积极调试学习心理。对自己的学习能力有客观的认识，确立切合自身能力发展水平的学习目标和计划，学习中更加注重过程而不总是结果。能主动尝试通过老师、师兄师姐、相关书籍、网络资源等渠道获取有益的学习策略，有意识地寻找适合自身条件又能提高学习效益的方法。

四是快速提升自学能力。在学习中主动转变身份，由"被教"变到"要学"，调动自身的主观能动意识，提升思维活跃程度，加强学习反思能力,善于举一反三,触类旁通。

7.4.2 进入职场后如何继续提升学习力

既然学习力在职场中非常重要,那么作为职场人士,该如何获得并增强这项能力呢?

哈佛商学院工商管理系的柯比教授认为"学习力是包括学习动力、学习态度、学习方法、学习效率、创新思维和创造能力的综合体"。因此我们将从学习动力、学习目标、学习毅力、学习效率、学习思维、学习方法等六个方面加以阐释分析。

1. 学习动力是开启学习的第一步

在漫长的学习旅途中,我们首先要找到学习的内驱力,这是主动、自觉推动学习前进的内在力量,是一种自己跟自己较狠劲的精神。内心的驱动力越强,就越能集中自己的所有力量去学习。周恩来总理在青少年时期就发出了"为中华崛起而读书"的铮铮誓言,驱动着他努力学习,并为国家和人民奉献的一生、高风亮节、鞠躬尽瘁。中国传媒大学外语系的车洪才老师为国家编纂《普什图语汉语词典》,在负责这项国家工程的领导多次换届、大家都不记得这项任务的情况下,车洪才老师退休后依旧不忘初心,历时34年,终于在2012年完成了这部200多万字的词典。这两个感人的故事告诉我们,强大的内心驱动是驱使学习力勇往直前的发动机,是开启学习力的强大反应堆。职场中不断学习,不断进步,一方面源于工作需要,更多的还要从实现个人自身价值上去主动学习,而不是被动应付。

2. 树立明确的学习目标是努力的依据和鞭策

目标是指想要达到的境地或标准。在学习的过程中,一旦制定了一个目标,就会从内心深处产生一种力量,努力朝着所定的目标前进。在任何一个领域中,所有成功人士的行为几乎都是指向自己设定的目标,这也就是我们常说的要做到"以终为始"。有了目标,就有了动力,内心的力量才会找到方向,持久稳健地走下去,才有望达到"顶峰"。明确的目标给我们一个看得见的射击靶,伴随着我们为实现这些目标而付出的努力,我们会越来越有成就感,在希望的激发之下,我们才会不断地追求进步向上,向最终目标奋进。所以,为了提高学习成绩和效率,在学习的过程中,需要设立非常明确的目标。

3. 学习毅力是实现目标的桥梁

毅力不仅会帮助我们克服恐惧、沮丧和冷漠,还会不断地增强我们应对、解决各种困难问题的能力,并将偶然的机遇转变为现实,还能照亮我们的人生前程,帮助我们实现个人梦想。通往成功的道路往往充满荆棘、坎坷不平,但有作为的人无不具有顽强的意志、坚韧不拔的毅力。我国古代大医药学家李时珍写《本草纲目》花费了27年;进化论创始人达尔文写《物种起源》用了15年;天文学家哥白尼写《天体运行论》用了30年;大文豪歌德写《浮士德》用了60年,而郭沫若翻译《浮士德》就用了30年;马克思写《资本论》用了40年。顽强的毅力是他们成为巨人的一个必备重要条件。在所有的成功者中,有毅力,够坚强,起着决定性的作用;而对失败者来说,缺乏毅力几乎是他们的通病。

保持持续的学习毅力，除了靠个人顽强的意志，我们可以遵循一些原则帮助自己拥有学习的毅力。

一是承诺一致原则。当我们决定做一件事情之后，以后的行为就会自觉地按照这件事情来进行，保持一致的习性来源于承诺，一旦做出承诺，我们就会尽力去达成。所以建议大家制定一个学习计划，在微信群或朋友圈等平台公开，每天或每周与大家分享学习成果，这样就会有一大群人来监督自己。为了不让大家"看扁"自己，就算再苦也会坚持下来，强迫自己完成学习计划，定期分享。如果分享之后能得到很多正向反馈，会让自己对这件事更感兴趣，于是会更加卖力学习，希望有更好的成果反馈给大家。

二是竞争与激励原则。建设学习型团队，对提升学习效果的效用应该更好，一群志同道合的小伙伴一起相互激励可以让学习任务更有竞争性、趣味性、监督性。另外，给达成的阶段性目标设置奖励也是激励自己继续坚持的好方法。

三是迈出第一步原则。很多人在制定计划后一直在给自己打气，做"心理建设"，却迟迟不行动，其实最需要做的就是破冰行动，勇于迈出第一步，敢于坚持走到最后一步，这样才能达成完成目标的闭环。

4.学习效率是学习力的单位战斗力

学习效率其实就是学习快慢的表示形式，一定时间内学习掌握的知识越多，学习成效越显著。想高效地学习可以先从时间管理入手。

一是预算时间。预算时间的能力在学习中扮演着很重要的角色。如何预算学习时间呢？首先，可以借鉴经验。很多考试都会设置标准答题时间，这是进行自主学习的经验参考。其次，学习时间需要依据自己的能力和情况去预算。通过几次预算后就能大体知道自己完成这个任务所需时长。

二是机械任务和非机械任务并行。俗话说"一心不可二用"，从某种意义上理解，这句话是正确的。事实上，我们随时随地要做的事情可能都不少于两件。为了提高效率，我们有必要给自己的大脑打造一个"多任务操作系统"。最直接的办法是尽量将两个任务并行。例如，在跑步的时候听英语，在写文章的时候听音乐，在等班车的时候看书等。但是如何搭配，需要一个判断前提，哪些是机械的，哪些是灵活的。我们不妨养成一个习惯——把要做的事情用纸和笔写下来，把任务落到纸面上，就可以比较容易地分辨出哪些任务是简单而又机械的，哪些任务是相对复杂而又灵活的，然后，尝试把一个非机械的任务和一个机械的任务搭配起来完成。充分利用并行，你每天能做的事情会增加很多，既提高了效率，又丰富了日常生活。

三是分类列计划。我们都知道计划很重要，但大多数人会陷入好高骛远的僵局：计划根本不具有可行性，总想一口吃成胖子，结果却在学习路上把自己饿死了。推荐大家使用四象限法则，把要做的事情按照紧急、不紧急、重要、不重要的排列组合分成紧急且重要、紧急但不重要、重要但不紧急和不紧急且不重要等四类，并根据当前的优先级安排自己的学习与工作任务。

四是用80/20法则管理学习任务。80/20法则对于管理学习过程、分解学习任务同样适用。20%的学习方法可能会影响80%的学习成果，我们可以分解学习任务，把学习的重点画出来，着重学习理解。集中精力解决一两个关键学习任务，这很可能是完成学习任务的关键。

五是化零为整，提高效率。职场人士事务繁忙，很难找到整块的学习时间，把时间按25~30分钟的时长分割成时间段更有利于集中精力处理学习任务。我们可以在短时间内集中精神完成信息的收集—短暂休息—必要的放松和思考—缓冲学习—知识积压的循环，更有利于充分利用零散的时间，分段学习，整体提升，从而提高学习效率。

六是用沉浸式学习法来实践学习。我们还可以把学习的知识付诸实践，用巩固学习反射来加强学习效果。

5.随时保持学习的思维模式

我们在职场上需要处理更复杂的问题，虽然不能像学生一样坐在教室里学习，但可以用开放的态度广泛地学习。除了书本知识，我们还可以向实践学习、向社会学习、向竞争对手学习、向同事学习。

一是带着问题向书本学习。提前预习、勤于动笔、带着问题去学习、按时复习是书本学习的好习惯。

二是带着思考向实践学习。虽然书本上的知识丰富了我们的大脑，但实践过程是主观认识同客观事物联系的桥梁，我们需要把书本上的理论知识在实践中验证并发现问题、解决问题。"实践出真知"，实践中获得的知识往往应用性更强，更有利于促进学习、工作的提高。

三是带着探究向社会学习。多向社会学习，密切关注国家的大政方针政策、关注社会热点事件，并及时地跟工作、学习相结合，可以扩大我们的格局、拓宽我们的视野，从国际局势、国家发展大布局来看待自己的工作与学习，探究人生真谛，谋划未来发展，会让我们的思维高度更上一层楼。

四是带着真诚向竞争对手学习。竞争对手是我们的一面镜子，向竞争对手学习首先需要摆正心态，正视竞争对手的优点，学习竞争对手的方法和策略，学习竞争对手的观点，学习优秀竞争对手的制胜法宝。以真诚的姿态向对手学习，竞争对手进步就等于自己进步。

五是带着谦逊向同事学习。工作是我们最直接的学习，在工作中遇到的所有人和事都有值得学习的地方。我们可以向领导学习，不是因为领导是我们的上级，而是因为领导的优秀。能成为领导一定有许多我们所不具备的特质，随时随地向领导学习，学习他们的思维和行为，可以更快地向优秀靠近；每个人身上都存在不同的优点，同事亦然，如果同事在工作技术或职业技能上高于自己，这些优点同样值得我们学习吸收；即便是下属身上也有发光点，值得我们去发现、去学习。一个充满良师益友的学习型组织更有利于每个成员在自我超越中开放创新性学习，并快速成长，早日在组织中独当一面。

6.有效的学习方法助力学习事半功倍

学习方法有很多，这里分享四个适合职场人士的学习方法。

一是有选择、有取舍地学习。工作中我们会接触形形色色的人，不管是同事、合作伙伴、竞争对手，大家身上都多多少少打有独特的烙印，我们在向他们学习的时候需要能客观地辨别，吸收其精华，舍弃其糟粕，要坚守底线，吸取他们正向、正觉、正念的优秀品质。

二是在系统的思考中深入学习。职场上学习到的技能、经验需要揉进自己的工作当中，这是一个系统吸收、重新构建知识体系、再应用到实践的复杂过程，我们更需要在系统的思考中深入学习，将练就的十八般武艺与自己的特色合二为一，成就独特的个人魅力。

三是用开放的态度广泛地学习。工作中及时发现短板并快速补足短板，是提高综合能力的必经之路。既要在有限的精力里能将长板发挥到极致，更要以开放的姿态吸纳他人之长，建立自己的长板壁垒，让竞争对手无法超越，也不失为一种策略。

四是在自我超越中创造性地学习。工作没有终点，学习也永无止境。要从思维、观念、境界等全方位突破自我，实现超越，只有不断超越自我，才能不断开创新局面。

学习贯穿人的一生，活到老学到老。在职场中打破舒适区不断成长，用强大的内驱力向学习目标奋进，练就非凡的毅力和学习效率，保持良好的求知习惯和学习思维，并能理论联系实际将学到的知识、理论等用到实践中去，这是职业进步永不枯竭的动力源泉。

8 培养良好的习惯

8.1 拥有良好习惯的重要性

习惯是指一种相对固定的行为模式。人类抗击新冠肺炎疫情的实践证明,各国要赢得这场斗争的胜利,使其经济社会和人民生活步入新的健康发展轨道,在根本上取决于国家制度、国家治理体系和治理能力,同时在很大程度上得益于构成其深厚历史根源和广泛社会基础的国民素质特别是个人和社会良好习惯的养成。这就更加凸显了通过教育"养成良好习惯"的时代价值。

习惯有好习惯与坏习惯之分,好习惯有利于个人身心的发展,坏习惯则会妨碍个人的健康成长。习惯影响着人的身体健康、思维发展、行为,同时习惯也对人的性格产生影响,性格可以决定命运。良好的行为和思维习惯,能帮助青年在学业和事业上获得更多的机会,主导自己的命运。我国著名教育家叶圣陶对"良好习惯"的内涵做了解释,他指出,"所谓教育,无非是从各方各面给学生好的影响,使学生在修养品德、锻炼思想、充实知识、提高能力、加强健康各方各面养成好的习惯","德育方面,要养成待人接物和对待工作的良好习惯;智育方面,要养成寻求知识和熟悉技能的良好习惯;体育方面,要养成保护健康和促进健康的良好习惯"。叶圣陶的这些论述,根据中国实际,基于教育实践,将时代发展要求与中华传统美德相结合,将贯彻全面发展的教育方针与学生终身发展的人生需要相统一,把这一主张创造性地转化并发展成为比较完整、系统、具有中国特色、富有科学内涵的"养成良好习惯"现代教育思想,对职场人士具有极大的启发和教育意义。

一个人的成功取决于个人的行为模式,而人的行为模式往往由其行为习惯所决定。良好的习惯事半功倍人,坏习惯、坏毛病不仅影响工作效率,也有碍建立良好的人际关系。因此,培养良好的思维习惯、工作习惯和生活习惯对职业进步至关重要。

8.2 如何培养良好的思维习惯

思维习惯是指人的思维活动在不断发展过程中逐步形成的一种自觉性、习惯性思维方式。思维是人发展的核心要素,是人的感情和后续行为的基础,好的思维能力能够帮助我们解释这个世界,提高认知水平,对我们的生活和健康是有利的。

在思维习惯层面,我们将介绍成长型思维、系统思维、逆向思维、双赢思维和创造高价值思维。

1.成长型思维

美国作家卡罗尔德韦克的《终身成长》一书阐述了成长型思维

模式如何促进人的成长。拥有成长型思维的人认为天赋只是起点，人的才智通过锻炼可以提高，他们热爱学习，不惧挑战，不怕失败，相信只要努力就可以做得更好，在遭遇重大挑战时更加茁壮成长，能准确评估自己的能力与不足。固定型思维则认为人的才能是一成不变的，有这种思维的人会急于证明自己的成功，追求完美的形象，畏惧挑战，否定努力的作用。书中还介绍了培养成长型思维的四个步骤：一是接纳不完美的科学性，用发展的眼光看待自己及他人；二是时刻关注和洞察自己的思维模式，提醒自己思维模式可以被改变；三是将成长型思维落实到行为上，以行为反馈思维，形成这样的良性循环，最终形成习惯；四是寻找亮点，发现进步，强化培养成长型思维的习惯。

2.系统思维

系统思维就是把认识对象作为系统，从系统和要素、要素和要素、系统和环境的相互联系、相互作用中综合地考察认识对象的一种思维方法。系统思维以系统论为思维基本模式的思维形态，它不同于形象思维等本能思维形态。系统思维能极大地简化人们对事物的认知，给人们带来整体观。

作为职场人，一定要树立系统思维，善于把工作中遇到的各种各样的问题放在一个具有内在联系的系统的框架内进行科学分析的比较判断，对系统内各要素之间相互作用的关系以及系统与环境之间的联系产生一种比较明确的认识，从而对部门和单位和各项决策有更为全面的整体把握。比如，公司在进行转型决策中，不仅要从本单位的资源要素出发，来考虑如何提升公司的产能，扩大生产规模，更要从国家产业政策的导向和整体国民经济转型的大系统角度去思考如何将公司发展融入国家发展的大局，实现绿色、环保、碳中和资源节约型发展。对公司某一方面出现的问题，也绝不能片面和孤立地看待，应放在整体动态的系统中来分析和研究。只有这样，才能真正搞清事物的本质和基本规律，而不会被表面现象所迷惑。

3.逆向思维

逆向思维就是对司空见惯的似乎已成定论的事物和观点反过来思考的一种思维方式，敢于"反其道而思之"，让思维向对立面的方向发展，从问题的相反面深入地进行探索，正如鲁迅说过的，"向来如此，便对吗？"在商业领域体现了这种思维的包括亚马逊网站创始人贝佐斯。他提倡的"逆向工作法"，最关键的就是找到一开始做这件事情的最初目标，然后朝着这个目标去工作。该工作法和《高效能人士的7个习惯》的"以终为始"有异曲同工之妙。亚马逊致力于成为"全球最以客户为中心的公司"，在这个终极目标的指引下，亚马逊的所有项目都从理想的客户最终状态逆向工作，例如亚马逊在产品研发之前，就会提前写出该产品发布后所需要的公关新闻稿，以及给公司和客户所需要的答疑FAQ稿件，公司通过该PR和FAQ内容决定是否进入产品研发阶段。与"逆向工作法"形成鲜明对比的"技能导向法"则主张明确"我们擅长做什么""通过做什么，还能再做什么"。尽管不少时候，技能导向法是一种有用并且在一定程度上奏效的商业模式，但如果沉浸于此，就会丧失创新的动力。因此，学习并掌握逆向思维的基本方法和应用非常必要。

4. 双赢思维

在柯维所著的《高效能人士的7个习惯》一书中对"双赢思维"有详细描述,这种思维也被称为人际领导的原则。双赢思维是基于一种互敬、寻求、互惠的思考框架的思维模式,目的是创造更丰盛的机会、财富及资源,而非敌对式竞争。双赢思维鼓励我们解决问题,并协助个人找到互惠的解决办法,是一种资讯、力量、认可及报酬的分享。双赢者把生活看作一个合作的舞台,而不是一个角斗场。不论职位是总裁还是一线基层员工,只要已经从独立自主过渡到相互依赖的阶段,就要学会开始扮演领导角色,而有助于实现有效的人际领导的习惯就是双赢思维。

5. 创造高价值思维

在《高价值创造者的5个思维习惯》一书中,作者认为高价值创造者真正与众不同的,是在处理问题、完成工作和创业创新等方面的思维方式,有自己独到之处:能将同理心与想象力、耐心与行动力、创造性与执行力、冒险精神和复原力、领导力和合作力有机统一起来,产生持续的前进力量。

在思维习惯的培养上,要提倡个人的独立思考和独立选择,即对任何事情,保持怀疑的态度,学会质疑,树立自己的价值观,打破传统思想束缚,不受别人观点和态度的影响。如果观点正好和别人一样,那是"英雄所见略同";如果不一样,只要觉得观点正确,就不要因别人的嘲笑和对方的攻击而改变自己的观点。

8.3 如何培养良好的学习习惯

学习习惯是在不间断的实践中养成的,不需要意志力和监督的自动化学习行为习性,是一种看不见、摸不着的力量。好的学习习惯有利于培养自主学习能力、培养创新精神和创造能力,使我们终身受益。好的学习习惯包括以下几个方面:

1. 按计划学习的习惯

职场人士面临的工作、学习、生活安排更复杂,我们可以按需求制定全面合理的计划,包括工作时间、学习时间、文娱活动、体育活动、社会交往等方面的内容。计划要简明,明确每个时间段需要做的事情。这样一来,学习、工作、生活就会有的放矢地进行。

2. 专时专用、讲求效率的习惯

要讲究速度、质量并重,在规定时间内,按要求完成一定数量的任务。工作、学习时迅速进入状态,高效运转,工作、学习时段结束时给自己一个自我评价和鼓励;休息的时间就专门休息,尽情地放松,长期坚持养成专时专用的好习惯。

3. 独立钻研、善于思考的习惯

学习最忌讳一知半解。要想学习好,必须养成独立钻研、善于思考、务求甚解的习惯。首先,应该学会站在系统的高度把握知识;其次,应该学会追根溯源,把握事物之间的内在联系;最后,应该学会发散思维,养成联想的思维习惯。在学习中,我们应经常注意新旧知识之间、学科之间、所学内容与生活实际之间的联系,不要孤立地对待知识，养成多角度地去思考问题的习惯，有意识地去训练思维的流畅性、灵活性及独创性。

4. 养成自我学习的习惯

自学是获取知识的主要途径。就学习过程而言，师长只是引路人，我们自己才是学习的真正主体，只有自己努力，学习才会有真正的提高。工作、学习中的大量问题，其实主要是要靠自己去解决的。

5. 养成分享交流的习惯

分享学习、工作收获并与周围同伴经常交流，会加深巩固习得经验，并能对已有经验进行补充和完善，巩固自己的知识体系。分享与交流也是自我成长的关键一环。

8.4　如何培养良好的工作习惯

工作习惯是指一个人长期从事某种职业而养成的那种极富职业特点的言谈举止。良好工作习惯的养成是建设职业化队伍必不可少的重要内容。良好的工作习惯可以将工作技能顺利地应用到具体工作中，可能还会弥补工作技能的不足，从而高效地完成工作任务。不良的工作习惯起到的作用则恰恰相反。

工作本身就是一个不断学习、提升思维、改进方法、创造更大价值的过程。良好工作习惯包括以下方面的内容：

1. 向上管理的习惯

要逐步认识到，管理不仅是向下的，有时候学会向上管理更为重要。要正确认识、反思领导的反馈，在执行领导交代的任务过程中，主动向领导汇报工作进度，并且要在突出领导地位的同时，学会"拾遗补缺"；要通过扎实工作取得领导信任，向领导试探授权的更大范围；汇报工作时先说结果，再讲过程；不逃避与上司吃饭的机会，将此视作一个深入交流的契机；学习并尝试对上司进行赏识性管理。

2. 和同事相处的工作习惯

不参与办公室八卦；当同事的工作有明显成果时，不吝啬对同事的夸奖；不将个人事务和情绪带到工作场合；当被要求参与一些不是自己职责范围内的事务时，不要直接以"这不是我的工作"拒绝，而是适当表现出自己的灵活和参与感。

3. 职场日常行为习惯

记住别人的名字；在恰当的场合和情境下保持时常微笑的习惯；带着同理心倾听他人，切实了解他人的情绪和需求；坚持提早5分钟的习惯——开会提早5分钟到会议室，上班提早5分钟到办公室，参加活动提早5分钟到现场，给人留下积极主动的好印象；每日保证恰当的职场穿搭；养成做笔记的习惯，可以用于备忘、整理会议发言内容，显示自身认真的态度和作风。

4. 处理任务时的工作习惯

做到"今日事，今日毕"：复杂的事情简单化、简单的事情明细化、明细的东西条目化；做到"日常工作有计划，关键事务善运筹，利用时间讲效率，高效管理懂授权"；接到任务之后，利用5w1h当场确认信息（对谁、做什么、何时、在哪儿、为什么这么做以及怎么做），然后当场向指示者请示任务的详细信息，敢于不断追问，和上司进行充分沟通；工作中发现问题时不是只抱怨而是能提出解决想法；在事务处理上要提前安排好时间余量，起到缓冲作用；面对自己确实不懂的问题时，不要佯装懂得然后给出错误的信息，而是坦诚自己对答案的不确定，但是承诺接下来会跟进、厘清情况；结合自己的作息习惯和工作性质，找到自己一天中不同工作效率的节律来安排工作；对工作不拖拉，出现问题不隐瞒。

  5. 有助于人脉积累的工作习惯

  要培养积累人脉资源的习惯。行业论坛内认识的大咖，散场后要率先积极联系，并尽量在一周内保持联系；一个月内要保持沟通，有实质性的交往，不止于简单的问候；节假日时要对重点人物或客户进行问候。

8.5　如何培养良好的生活习惯

  生活习惯包括饮食习惯、睡眠起居习惯、卫生习惯、生活管理等各种与个人生活有关的行为习惯。马克思曾经说，"个人怎样表现自己的生活，他们自己就是怎样"。一个人的生活方式决定着他的思想方式。生活方式是在一定社会形态中，人们的物质生活和精神文化生活的方式和行为习惯的总和，它作为一种客观存在制约着社会的文化和意识形态的发展以及个人情趣、爱好、价值取向等。

  青年人精力旺盛，处于长身体、长知识的阶段，良好的生活习惯是确保顺利、成功完成学业，开启人生职业的一个重要基础。

  良好生活习惯的养成应从以下几个方面入手：

1. 作息规律

特别是青年人应养成规律生活习惯，有效利用时间，作息时间有规律，不熬夜、不贪睡，始终保持旺盛的精力。固定睡觉起床时间，保证充足的睡眠养成一个健康的生物钟，在睡觉前避免胡思乱想，远离手机、电脑等电子产品的诱惑，让自己处于一个安静、恰当的环境中，保证作息的规律和充足的睡眠，工作才更加有效率。

2. 适当锻炼

根据自身个人的生理机能、身体素质、健康状况，以及季节变化选择运动的方式和时间，持之以恒。当代青年在面对学习、工作和生活各种压力的时候，往往忽视了锻炼的重要性。其实，适当的锻炼不仅不会占用正常的工作时间，反而可以通过血液循环或者压力释放提升工作效率，也增强了身体素质。

3. 禁烟少酒

要进一步推广无烟宿舍、无烟教室和无烟办公室，倡导文明的生活方式。平时应做到不喝酒，特殊场合饮酒应做到有节制，避免过量饮酒而失态失言。确立禁烟少酒不仅仅是行为规范上的，也是加强个人修炼，培养情操，提升自我精神境界，抵御低俗不良现象有效手段。

4. 心态健康

乐观向上的心态是个人健康成长的保证。好的心态不仅是个人的情商和修养，以及看待问题方式的集合，也是良好生活习惯的综合体现。在面对挫折和压力时，不要过分消极，及时调整自己心态，积极面对问题，想出解决办法，增强自身的行动力和执行力，也是心态健康的良好循环。

9 掌握自我认知的方法

职业生涯规划与人生紧密联系在一起。在职业生涯规划中,自我认知占据很重要的地位。可以将自我认知分为以下几个部分:自我职业心理认知(价值观、兴趣、动机、性格、能力)、自我外部环境认知(行业、职业、职能的分类)、自我职业发展规律认知(发展通道、晋升规律)、元认知、内驱力。很多成功的企业家和领导者都具有自我提升的习惯和自我培养的意识。从人才学的角度看,德、识、才、学、体"五要素"作为成功人士的特质标准,是放之四海而皆准的道理。但自我认知是所有体系中最重要也是最关键的一环。

9.1 自我认知的重要性

一个职场人,为什么会工作效率不高、表现不佳?为什么面对看似十分简单的工作任务,有时候竟会不知所措?为什么职场上有的人经常犯一些小错误,如不注意工作的细节,时不时出现纰漏?

为什么有的人与周围的人搞不好关系，总是控制不住自己的情绪，动不动就要发火？这其中的原因很多，但归根到底就在于，这些人不能很好地把握自我。或者是高估了自己的能力，产生骄傲自满的情绪，认为自己还不错，什么都可以比试一下，但现实也经常让他碰钉子；或者是太低估自己的能力，经常有自卑的倾向，认为自己干啥啥不成，什么都不行，因而在工作中缺乏自信心和胆略；也有的人一切以自我为中心，对别人提的意见、建议，统统不屑一顾，总觉得自己的思路和想法是最正确的，久而久之，周围也没有人能和他合得来，最终只能在职场上孤军奋战。无论是自负的人、自卑的人，还是以自我为中心的人，他们这种为人处事的态度，必然会给自己的工作带来许多冲突和矛盾，因为他们总是看不清楚自己身上的问题，而把原因归咎于外界。其实出现的这些情况，都与自身存在的自我认知问题有非常重要的关系，而且很可能是导致这些问题的最主要的根源。因此，学习和掌握自我认知的基本理论方法，对职业生涯规划和走好自己的职业发展道路至关重要。

现实中，每个人都有优点和长处，也都有自己的缺点和不足，这就是我们常讲的"尺有所短，寸有所长"。如果一个人缺乏自我分析的意识和能力，对于自己一无所知，那么，在职业选择和职业生涯规划的时候，对自己的未来定位也就无从谈起。老子说，"知人者智，自知者明"。所以，在进入职业场所之前，就要全面认识和了解你自己的全貌，包括性格、气质、兴趣、爱好、能力和价值观等，这都是非常重要的。

9.2 自我认知的基本内容、方法与工具

在心理学领域，自我了解是一个非常重要的课题。充分、客观、及时的自我了解是心理健康的基础，也同职业发展有着密切的关系。大学生加强自我了解，是认识个人与社会关系的重要基础，是选择职业的依据。进行生涯规划的前期准备的重要内容之一，其目的就是通过各种有效的方法了解生理、心理和社会几个部分的自我。同时，按照完善自我意识整体结构的要求，在充分自我认知的基础上，加强自我体验，提升自我效能感，并能在具体工作和实践中，参照相应的标准，强化自我调节功能，提升自我认知的水平，不断向新高度迈进。

1. 自我认知的基本内容

自我认知的内容包含以下几个方面：

一是对自己身体状况的认知。"身体是革命的本钱"。身体状况与家庭遗传因素和后天的锻炼、医疗、保养等多个因素相关。有些职业选择对身体要求非常严格，比如，飞行员对眩晕感、检测员对视力、职业运动员对体力等都会有特殊要求，自我创业对个人身体，特别是精力和耐力等方面也有高强度的要求。以职业运动员为例，每一次伤病后必须对身体状况进行评估：伤势恢复得如何？能否继续从事这项运动？身体状况的自我认知对运动员是否继续自己运动生涯的判断具有决定性的影响。同样地，对普遍职业的选择和履职都要认真地评估自己的身体状况，一定是力所从心，身体允许

才能考虑下一步的选择，没有身体的支撑，其他都是不牢靠和缺少理由的。

二是对自己成长经历的认知。成长的历程包括求学经历和社会经历两部分。就不同的个体而言，对自己成长中的某一时期往往印象深刻。比如，上大学的经历、部队当兵的经历、大学毕业后创业的经历，都可能会对人的一生产生极为重要的影响。人的经历多种多样，会对今后的发展产生不同的影响：一帆风顺的人往往踌躇满志，命运多舛的人更能经得起挫折，大起大落的人或许已经放平心态……活在当下，放眼未来，"当下"联结的是过去和将来。经历是最好的人生财富，通过过往的经历形成对自身的准确、全面的认知，对未来前行的方向有重要的警示作用。

三是对自己知识体系的认知。能够从事某一工作的根本是其专业核心能力培养，专业核心能力的基础在于知识体系构建。每个人的知识体系构成，都与个人接受教育的背景和环境密切相关。知识体系的形成需要有系统的学习和完善的过程。大学是形成知识体系最为重要的一个阶段。但个人知识体系的完善更需要在实践中提升，因为光有理论框架知识是远远不够的，重要的是把知识转化成个人能力，得到应用和升华，这是关键。

四是对自己专业技能的认知。专业技能是从事某一职业的基础，也是做好本职工作的业务技能。专业业务技能的培养需要系统学习、练习、熟练和反复的固化，然后再逐步提升，也是一个随着时代发展和科技进步而不断变化和演进的过程。在专业技能方面，"知己所长，扬长避短"是应当充分把握的基本原则。

五是对自己人际关系的认知。人际关系是当代社会交往和职业发展中最为关键的要素。个人的性格、气质、态度和风格都会影响与他人进行交往的基本模式，个人的亲和力、影响力和情商是人际关系处理过程中最重要的影响因素。了解自己的个性、了解他人的需求，采取适当的方式与他人进行有效的沟通，这些对改善人际关系都极为重要。

六是对自己潜能开发的认知。"知己所长，扬长避短"是职场发展的一项基本原则。对自己的强项，特别是尚未开发的潜能有一比较明确的认知，就会更有信心把握未来方向。通过提升个人的核心竞争能力来保持职场上综合优势，可以作为职场发展中需要把握的另一项基本原则。

七是对自己价值观的认知。价值观是引领个人方向、全面发展的灵魂。年轻人世界观、人生观和价值观的形成，会受到家庭教育、学校教育和社会的影响。"立德敬业"是职场的行动准则。"我想干什么？""我想成为什么样的人？""我的价值追求是什么？"……这些都是在个人成长中需要认真思考并决断的重大人生问题。年轻人最大的问题就是："我根本没有什么想法！""随波逐流"就是价值观认知不够明确，"以终为始"才是应有的践行价值观的基本态度。

2.自我认知的基本方法

自我认知的升级过程，包括认识自己、接纳自己、欣赏自己、展示自己、完善自己、突破自己等环节，然后开始下一个循环。每一个循环都是从认识自己开始。自我认知的基本方法有：

一是自省法。通过心理上的自我对话，驱动自我内心的活动，观察内心的真实世界，以达到认识自我的目的。自省是一种修养，也是一种反思，通过自省，全面深化对自己的认知，从而强化某种意识。自省可以分为事前、事中和事后自省三种。事前自省，就是本着"向最好的目标努力，朝最坏的结果准备"的态度，去反省如何把事情做好；事中反省，就是本着"开弓没有回头箭"的思想准备，边干边总结，边反思边改进；事后自省，就是在任务完成后进行全面总结，认真思索：有哪些收获增强了自身的素质，有哪些教训让自己察觉到在某些方面必须改进，力争悟出新道理。

二是经验法。从人与事之间的关系上认识自我，即从做事的经验中全面了解自我，从过往的经历中全面分析自身。经验是最宝贵的财富，经历是人生最好的证明，从经验中提取智慧，从经历中吸取教训，如果能摆正位置，就会对自我有更为全面、准确和深刻的认知。对一位在职场有比较多的从业经历的人员而言，经过逻辑推理和判断，采用经验法能更好地感知到自身的情况；而对一位缺乏工作经验的人员来讲，盲目采用经验去可能会导致对自我的感知出现一定的偏差。

三是比较法。他人是反映我们自身的最好的镜子，与他人交往的过程是个人获得自我认知的重要来源。比较法有两种：一种是同类比较，相同的或相似的个性、特质、价值观，会有比较相似或相近的职业选择和行为方式；另一种是异类比较，两个特质完全不同、观念差异很大的人很难有一致的择业方式或选择。

四是测评法。测评法是职业生涯规划中对自我认知评价最常用到的一种方法。在高校和相关的科研机构、咨询机构都有一套比较成熟的测评量表、测评手册可供使用。在这套系统中，有一般职业能力测评、专业能力测评、职业兴趣与职业倾向测评、人格特质测评等多个选项。

3. 自我认知的主要工具

工具一：乔哈里窗。把认知分为四个"窗户"（如图9.1所示）：左上角的那一扇窗称为"开放我"，指的是我们自己知道而别人也知道的部分，例如，我们的长相、身高、性别等；右上角的那一扇窗称为"盲目我"，指的是我们自己不知道而别人却知道的部分，比如，自己平时并不能察觉的部分行为习惯，别人却能准确了解，"盲目我"窗的大小与个人的自我观察、自我反省的能力有关；左下角的那一扇窗称为"隐藏我"，指的是我们自己知道而别人不知道的部分，例如，过往的心灵创伤、痛苦的经历等；右下角的那一扇窗称为"未知我"，是指我们自己不知道别人也不知道的部分，比如那些尚待开发的潜能等。

	自己知道	自己不知道
他人知道	开放我	盲目我
他人不知道	隐藏我	未知我

图9.1 乔哈里窗示意图

掌握乔哈里窗的意义在于：通过与他人分享秘密的自我，通过他人的反馈来减少盲目的自我，可以让人们对自己的了解更全面、准确和客观。

工具二：SWOT矩阵分析图。如图9.2所示。

图9.2　SWOT矩阵图

个人优势（strength）：包括个性、特长、能力等方面。

个人劣势（weakness）：与他人相比在各方面的差距，尤其在某方面的明显短板。

发展机会（opportunity）：时代机遇、好的发展态势与潮流。

面临威胁（threat）：各种人生挑战、职场竞争等。

SWOT矩阵分析要与内部环境与外部环境紧密结合起来才更有效。

工具三：心理测验法。心理测验法已经有相当成熟的理论和方法，包含的内容也相当全面、系统。一般都会有职业人格测验、职业爱好与兴趣测验、职业能力测验、职业发展潜力测验等内容。

其流程为：打开测验系统—输入验证号码—进入测试系统—按

要求填写部分内容—对相关选项做出选择—确认并提交—得到测验报告—打印报告（可选）。

9.3 九型人格分析法

九型人格分析法是一门讲求实践效益的应用心理学学科，在家庭与社会管理、人际关系协调、择业等各方面都有广泛的应用。

九型人格论把人格清晰简洁地分成九种类型，每种类型无所谓好与坏，每种类型的人都有其鲜明的人格特征（如图9.3所示）。

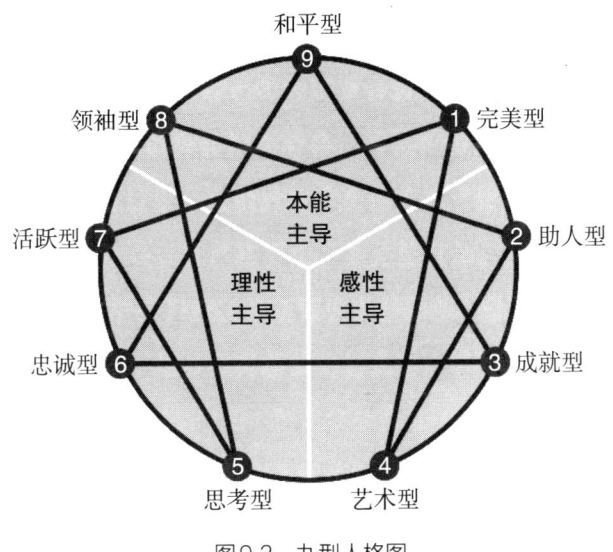

图9.3 九型人格图

充分了解九型人格，有助于个人成长，在择业上也有一定的借鉴作用。如各类性格类型的人，都有哪些性格特质和行为特点，有哪些具体表现，适合做哪些工作，可以有哪些职业选择等，都可以进行自我分析和比较。如表9.1所示。

表9.1
九型人格图解析

性格类型	外表特征	做事风格	在组织中的表现	职业倾向
完美型	穿戴整齐、端庄；表情严肃	以事为中心，有计划性，有独断表现	能察觉到组织工作中的漏洞；依计划办事，按部就班；关注工作成果；勤奋努力，很少享受；对自己严苛；对其他人要求严格，缺乏耐心	能坚持原则公正的岗位，如：法官、纪检人员、安全员、财会人员等
助人型	笑容满面，热情大方，讨人喜欢，纯真表现	注重人际关系，愿意帮助他人，立场不够坚定	主动拉关系，热心帮助别人；重视法律内亲密关系；不太向别人求助；善于给人建议	和人打交道多的岗位，如：教师、客服、护士、工会人员、推销员等
成就型	仪表出众，讲究搭配，总想出风头	重视成就，以目标为本，有效率、爱表现，有时比较专制	目标感很强；有效率，爱冒险；立志成功向上爬；喜欢竞争，独来独往；注重名声，有时会炫耀自己	有挑战性需要说服别人的岗位，如：推销、保险、政府机关职工作人员等
艺术型	有个人风格和品味，有艺术气质，感性	敢于创新，追求品质，不太妥协，易受情绪影响	有创意，发散思维；注重工作过程感受；对工作目标关注度不强	创意及艺术工作领域，如：美术、音乐、时装、戏剧、广告设计等
思考型	不苟言笑，文静深沉，有书卷气	关注事情的来龙去脉，善于策划事情	能策划各种活动；精通专业研究；与他人关系疏远；执行力较弱	需要擅长数据分析，有洞察能力的岗位，如：科学家、分析师、侦查员等

续表

性格类型	外表特征	做事风格	在组织中的表现	职业倾向
忠诚型	拥有警觉性的眼光，容易不安和焦虑	以人为本，善于处理危机，忠于承诺，有警惕性	忠于职守，守信用；有团队精神；自己不太拿主意；有时显得被动	需要耐心，细致和高忠诚度的岗位，如：警察、办公室主任、保卫人员、审计人员等
活跃型	快乐热心，多才多艺，有表现欲，以嬉笑怒骂的方式对待人和事	以快乐为目标，不喜欢压力，追逐潮流	喜欢制造开心；乐观，精力充沛；易冲动，缺乏耐性；爱讲自己的经历	有创意且有趣的岗位，如：喜剧演员、公关人员、专业摄影师等
领袖型	威严，有霸气，声音洪亮，有大将之风	指挥能力强，有控制力，对内部有专制行为	主持大局，能担事，爱出主意；善于指挥，有领导能力；不妥协，有时和别人发生矛盾冲突	需要领导才华和指挥力的岗位，如：创业合伙人、飞机驾驶员、干部、主管等
和平型	祥和，淡定，平静，朴实，无架子	凡事能往好处想，能与人和睦相处，以人为本	团队内能与人共处；能安抚别人的情绪；善于欣赏别人；心肠软，听信别人；有拖延症	需要和人打交道且不太容易发生冲突的岗位，如：教师、咨询师、理疗师、服务人员、乘务员等

10 把握好实习实践机会

大学生实习主要指学生将专业理论知识和实践技能应用在岗位生活中，以此累积"社会经验""岗位经验"，提高自身的业务能力、岗位履职能力及社会适应能力。在实习期间，大学生能够验证和明确自己的岗位选择，确定职业规划内容，推动自身的健康发展。

在社会市场经济健康发展的背景下，大学生将在未来竞争激烈的就业环境中脱颖而出。大学生一般通过校外实践积累社会经验，提高实践能力，许多企业也把"实习"作为提前选拔优秀人才的重要手段。目前，国内外许多知名企业已将"应届毕业生校园招聘计划"改为"实习生招聘计划"，对于应届毕业生而言，只有之前参加过实习生计划的人才有资格进入企业招聘计划的范围。那么，如何把握实习机会呢？如何在实习过程中历练成长？如何在实践中脱颖而出？如何在实习实践中保护自身正当的权益？这些都已成为当代大学生入职前面临的重要课题。

10.1 充分重视实习实践机会

我们以某大学2012届毕业生为样本,对其下属的艺术学院、经济管理学院、数学科学学院等10多个院系进行了问卷调查。调查显示,大多数毕业生认为实习对他们的成功就业有重要影响,可以帮助他们提高沟通协调、人际交往和解决问题等方面的能力。毕业生对实习的重要性有不同的理解。调查显示,有50%的学生认为实习对他们的成功就业有很大帮助,47%的学生认为实习对他们有一般程度上的帮助,只有3%的学生认为实习基本上没有帮助。因此,从毕业生的实际感受和经历来看,实习安排得如何对他们的影响很大,在某种程度上也会影响他们的就业。

1. 实习不能盲目

虽然实习可以促进毕业生就业能力的提高,但不能盲目。通过对该校本科毕业生兼职经历、求职情况、就业状况及其相关性的调查分析发现,影响大学生就业竞争力的主要因素是学生的技能水平,包括专业成绩、技能证书、实习经历、身份特征和某些社会因素。然而,校内兼职经历作为学生社会实践能力的一部分,对就业竞争力没有显著影响。大学生的校内兼职工作主要集中在学校的各种助理工作和勤工俭学岗位,如科研助理、辅导员助理等。这些兼职的助理工作与他们所学专业往往关系不大,选择时也有一定的盲目性,通常只是因为他们需要挣零花钱。因此,大学生在大学阶段的兼职经历并不能真正有效地培养大学生的职业素质,与实际的工作锻炼也相去甚远。

上述研究结果对于大学生合理选择实践实习活动,提高就业竞争力具有较好的指导意义。

那么大学生该如何选择实习实践机会呢?

"大三暑期才是合适的实习期,而大一或大二实习是没有必要的。"抱有这样观点的家长和同学不在少数。很多情况下,看似和所学专业没有直接关系的经历,却会为今后的就业奠定基础,因为我们永远不会知道这些经历会在什么时候用到,而一旦需要的时候,你已经做好了准备。其实还未临近毕业的大学生在考虑实习的时候,可以将实习尽量安排在周末或寒暑假,尤其现在众多公司,包括世界500强的大公司每年都会招募大二、大三学生做暑期实习或者考虑海外实习、公益实习、快乐实习等。一到两个月的时间虽然不长,但只要重视实践实习机会并加以把握,大学生也能获得宝贵的工作经验。另外,通过暑期的实习,还能结交到朋友。

2. 要树立主动意识和主体意识

要充分认识实践活动与提高职场核心竞争力的关系。如果大学生在学校有足够的课余时间,就要主动报名,积极参加校方提供的实习活动,努力把实习岗位等机会转化为内在的个人素质,通过实习弥补自己的弱点和不足,提高未来就业竞争力,为未来就业打下一定的基础。通过丰富多样的实践,学生以内在体验的方式参与职业活动的过程,并在这个过程中了解自己、了解职业技能和企业发展,从而启迪精神世界,构建自己未来的职业发展方式,实现自己的价值追求。

3.明确目标，选择合适的实习模式

实习一般分为院校统一实习和自主学习两种。这两类实习在组织管理、实习效果、学生权益保障等方面有较大的不同。院校统一实习通常采用集中定点的形式，有利于高校根据所掌握的学生信息和社会单位信息，来实现学生和实习单位、学生专业和实习岗位之间的匹配。而学生自主实习能够有效缓解高校实习经费的限制及组织上的压力，但实施过程缺乏指导和管理。统一实习的特点是专业对口性强、学用结合程度高，并且通过实习能够提升学生的专业能力；而自主实习对专业对口性关注较少，学用结合的程度较低，以至于学生通过实习提升的通用能力不易被识别，但自主实习学生可以通过实习履历向用人单位释放积极的能力信号，展示个人的个性特征，从而获得更好的就业机会及更高的就业起薪。

合理选择实习类型和实习时间。最好选择与自己未来专业相关或具有一定学习和锻炼价值的公司的岗位去实习。在完成本专业课程学习的基础上，合理分配时间，避免顾此失彼。根据自己的情况工作，为锻炼能力和职业发展规划制定明确的目标。在实践中，将成长目标分解为具体的阶段目标和可操作性强的行动计划，并自我监督，严格按计划进行。

培养职业习惯、职业能力和良好的工作态度是最大的难点。因此，要在实践过程中养成良好的职业习惯，就必须长期实践，逐步积累经验。我们应该把有目标的实习作为挑战自我、提高核心竞争力的长期任务。

为了使实践实习活动得到理性、有序、健康的发展，抓住最合

适的实习机会，不断提升就业竞争力。建议从以下方面统筹考虑，做好准备：

主动出击。找实习岗位和找工作是一样的，需要注意方式方法。公司通常比较少公布实习机会。可以主动联系人力资源部，积极争取实习机会。应特别注意正在招聘的公司，这表明他们正缺少人手，急需新人。如果他们没有招到合适的员工，可能会临时选择实习生来代替。

知己知彼。求职信和求职电话要稳、准、狠，即充分了解公司的行业背景和应聘职位的要求，准确地阐述自己的竞争力，自信自己就是对方要找的人；同时诚恳地表现出低姿态，表示实习的愿望和决心。此外，规范的简历、良好的面试技巧都有助于提高实习求职成功率。

避热趋冷。寻找实习单位时，宜避开热门的实习单位和实习发布网站，勇于找冷门公司，回避热门单位和实习高峰期，实习求职成功的可能性更大。

忌"免费午餐"。实习生与实习单位之间应该是双赢关系，主动跟对方说"我不要钱是来干活的"是很糟糕的开始，说明你缺乏自信。有价值的付出一定要获得有价值的回报，没有施舍性的实习岗位，能够为雇主创造价值的实习生才是对方所需，而能够理性认识实习生价值的单位会给予实习生更多的锻炼机会。

忌盲目随意。除了态度，未来求职更多是比拼专业度，谋职实习不应该只是简单的劳动经验积累和态度培养，比如端盘子一类的工作，可能会增加挫折体验。专业不对口的实习在未来求职竞争时含金量很低,从找工作的角度看,这样的实习弊大于利,应当避免。

10.2 通过实习和实践提升核心竞争力

大学生在实习中往往有"经验欠缺"和"适应性差"的特点,其中"经验欠缺"是所有大学实习生普遍存在的问题,这种经验上的欠缺不仅表现在岗位实践上,还体现在人际交往、文化交流及企业运作等过程中。比如缺乏对业务环节的了解,导致在心理和思想上较为被动。而从适应性看,难以在有限时间内适应企业的组织环境、文化环境及社会发展环境,无法获取能够维护自身劳动权益的数据和信息。

通过实习实践活动提高大学生专业能力,提升就业力,主要体现在以下几个方面:

一是学生们对职业和职业人有了全新的认识。职场工作是以绩效为目标,以完成任务为指标,以创造价值为目的,它与大学校园生活有天壤之别。上司不是老师,老师既有爱心也会温婉,上司可不会对你留有情面;同事也不是同学,同学讲友谊,同事间全是竞争,同学间可以"哥俩好",同事间很难成为"好哥俩"。实习会从根本上改变过去对职场的认知,了解和体验职场的不易和职业人的艰难。

二是对职场需要的技能有了真正的体验。过去在学校里学习,对职场工作没有什么印象,学到只是书本上的知识,"书到用时方恨少",实习中你才能铭心刻骨感受到实地操作的不易和综合考验的难处。所以经过实习的人,对自己的短板会更加有明确的了解,从而下大功夫去提高和补充自己的不足之处。

三是通过职场实习对个人职业选择有上相对明确的方向。实习过后,往往会更清楚了解自己喜欢干什么、能干什么、适合干什么,从而有利于个人的职业选择和方向的把握。

四是对职场的职业规范和各项制度有了比较多的接触和了解。这对今后正式进入职场后,尽快适应工作环境,提升职场竞争能力是很有帮助的。

五是实习有助于学生对社会资本的积累。他们利用实习这一接触职场的机会,和用人单位或行业从业者建立联系,用来丰富自己在求职和工作中的人脉资源。

实习和实践是人特有的存在方式,也是大学阶段学习生涯中的一个重要环节。通过实习实践,加深了自我了解,不断积累个人经验,扩大自己的认识范围,提高自己短板能力。通过实习和实践能不断加强专业技能,获取最实用的专业知识,锻炼最实用的职业素养,有助于在较短时间内有效促进人的全面发展,提高就业竞争力。

10.3 实习中应注意的一些问题

由社会实践调查可以发现,全日制大学生在企业实习期间往往存在诸多的劳动权益保障问题。但很少有大学生会利用法律武器来维护自身的劳动权益，导致企业对大学实习生的"压榨"和"剥削"日益严重，最低薪酬问题、人身保障问题及无故辞退等问题频繁出现。而部分大学生在维护自身合法劳动权益的过程中，还存在惩罚机制与申诉机制不完善的问题，导致学生的上诉程序烦琐，难以及时帮助大学生充分地维护自身的合法权益。

大学生实习期间权益受损的社会问题已经存在多年，在国家产教融合战略深入发展的背景下，对于这些实习权益受损情形有必要进行类型化梳理。大学生实习权益受损主要包括以下四种类型。

人身权益受损。当学生在实习期间发生意外伤害时，高校和实习单位之间互相推诿，学生个人权益难以获得补偿。实践中大学生因实习期间人身权益遭受损害未能获得赔偿而请求司法救济的案件不在少数。而由于法律上对学生实习身份的界定不明，法院在处理这类案件时只能基于《民法典》中关于人身侵权损害责任的一般条款以及"公平负担原则"和"过错侵害原则"等基本规定，确定各方主体应承担的赔偿责任。法律具体规定的缺失，无疑造成了学生实习期间人身权益受损时维权困难，也增加了司法机关的负担。

劳动权益受损。产教融合背景下，大学生进入实习单位实习应当享有作为"劳动者"的实习单位选择权、获得劳动报酬权和劳动休息权等相关劳动权益。实践中，一些学校负责人却将学生作为"摇钱树"，将实习学生作为"免费劳动力"输送到实习单位，并从实习单位手中获取非法利益，将"三方实习协议"变成"双方剥削协议"。据中国之声《新闻纵横》报道，2015年山东聊城大学曾在暑期强迫300名学生到电子厂实习，通过与劳务中介签协议，把学生"卖"给工厂流水线当工人,劳动强度大、工资待遇低。高强度、低技术含量的实习岗位并不能使学生提升多少实践技术技能,反而借由"实习"的名义剥夺了实习学生在实习工作中应当享有的劳动报酬权和劳动休息权。

学习权益受损。实践中大学生实习权益保障体系尚未健全,高校与实习单位在推进产教融合协作发展时缺乏实习学生群体的参与,一些实习项目安排不合理、实习课程设置不科学、实习环境和实习质量差,导致学生学习权益受损。

保险权益缺失。由于我国《劳动法》和《工伤保险条例》都没有将大学实习生与实习单位建立的实习关系视为劳动关系,学生在实习期间受到的人身损害无法获得工伤保险赔偿。在实践中,面对学生实习期间人身损害的赔偿,有的主张参照适用工伤保险制度,有的主张依据实习协议规定适用民事合同法制度,目前的司法实践则在审理大部分案件时适用民事侵权法律制度。

除此之外,法律意识淡薄也是可能导致部分大学生在校实习期间合法权益安全受到重大侵害的重要原因。大多数高校学生对劳动法、劳动合同法等相关法律法规了解不充分,未与用人单位签订正式实习协议或劳动合同。此外,部分实习学生缺乏维权法律意识,当然也因为学生在从事实习工作过程中处于弱势群体地位,在自身权益遭到受损时对自己的实习工作单位和所在学校的法律过错责任难以举证,因此很难有效地运用各种法律武器来维护自身的合法权益。

10.4　实习后的自我评估和反思

总体来说，在把握实习机会时，大学生首先应重视这一机会，其次要有意识地在实习中拓展自身专业能力，获得快速适应职场发展的能力。再次，不断提升自身的核心竞争力，这是让一个人能够长久立足社会的根本。最后，职业生涯的开启也伴随着很多陷阱，在实习过程中，要仔细阅读任何需要你签字或者认可的文件，毕竟"纸上得来终觉浅"，只有在实战中才能增长智慧和见识。此外还要对实习进行认真评估和反思，具体内容包括：

1. 通过实习自己的最大收获是什么？
2. 通过实习我对自己在哪些方面的能力更有信心？
3. 实习后我自己觉得更适合干哪些工作？
4. 实习经历让自己对职场有哪些新的认识？
5. 通过实习感觉在哪些方面还有很大不足，亟须提高和补充？

………

在实习后，还要请学校、企业对实践实习成绩进行评价，同时也要对评估实习实践目标是否达成给出意见和建议。认真听取公司领导、同事和学校老师的意见和建议，争取他们的辅导、支持和帮助，对下一次实习或就业，特别是个人成长都很有益处。

11 入职前的关键点
——做好公司背景调查和撰写求职简历

入职前有两项工作至关重要：一是对拟入职的公司做好背景调查，二是撰写好求职简历。入职简历是"敲门砖"，完整、准确、形象地把个人的重要信息传递给用人单位，引起对方的关注、认可和重视，有利于获得一份理想的工作；背景调查是"定海针"，通过调查了解公司真实情况，避免产生误判，降低期望误差发生的概率，提升入职以后工作的满意度。

11.1 做好拟入职公司的背景调查

11.1.1 入职前为什么要做背景调查

笔者在长达十几年的MBA教学工作中曾多次向听课学生做过书面和现场口头的调查："在你职业生涯发展中你认为哪些因素对你个人起到的影响最大？"对这一问题的回答，排在前三位因素的分别是：自己理想目标坚定，不断克服困难，努力前行；能够把握大势，适时调整自我，充分利用机遇；一直有贵人相助，特别是一开始步入职场遇到了好领导,自己受益非浅,成长很快。从这些答案可以看出,学业结束,进入职场,要想有比较快的发展,除了自身的艰苦努力外,第一份工作对个人的影响很大。它不仅影响到每个人在职场上的感受,对工作的态度、生活方式、情绪等直接产生作用,更重要的会对个人的整个职业生涯的走向产生决定性的影响。

选择好的单位可以缩小入职期望落差。1956年Weitz首次提出的"入职期望"概念,立即引起了学者们的广泛重视,并纷纷对其进行研究。入职期望是组织行为学的重要概念,指员工在进入组织之前受自身所处环境和经历影响,对于未来工作相关因素所持有的认知和信念。Wanous(1980)对组织社会化和入职期望做出解释,即新员工的组织社会化过程完全可以视作为员工进入组织之后对原始持有的认识和期望进行调整和重塑的过程,包括对自身价值观和组织文化的适应,工作模式和个人行为的修正等。

但新员工入职后会发现现实的情况与入职前的期望存在一定的差距,即会产生期望落差。Wanous(1992)指出,期望落差在新员工的调整自身水平并适应组织过程中是主控变量,不仅影响其工作满意度、对组织的情感承诺和自身的工作绩效,也是引发旷工和离职现象的重要动机之一。Wanous的元分析结果证实,期望落差与员工离职呈显著正相关关系。员工的期望落差对其工作表现存在很大的影响,但这种落差可以在后来的工作实践中不断地调整和改进。而新员工调整后的现实期望水平受到工作环境和同事关系的影响,而且现实期望水平与组织环境的适应程度对工作满意度有明显的预测作用。

年轻入职者在步入社会选择自己的第一份职业时候，会用谨慎的态度面对应聘企业，选择与职业规划或个人规划相契合的企业。企业未来的发展以及现阶段的实力，代表着自身的工作起点，企业的愿景是自身发展的一个决定性方向。因此，对入职单位的选择，初入职场的求职者往往抱有审视的态度。

求职者通常希望首次入职的企业可以最大限度地实现自身价值。在什么样的企业中工作，意味着应聘者在社会中寻找一个怎样的存在感，或者说更能确定自身在社会中的身份或级别的一个岗位。所以应聘者更希望能够找到与自身心理预期匹配度高的企业。

求职者都希望缩小期望落差，确保工作稳定性，避免短期二次调整的可能性。任何求聘者在面试时接触到的企业信息都是经过"包装"的，因此判定其真实程度，对应聘者选择企业至关重要。对企业或部门的定位了解得越精准，越能为应聘者提前做好心理建设，有助于入职后更快融入工作，减少心理上的期望落差。

当然我们提倡要顺应时代潮流，为未来的奋斗提供更夯实的基础。有些初入社会的应聘者在选择企业时，可能更看重的是自身未来的发展方向，以及这个企业能够带给自己的资源与平台。对招聘企业的背景调查，更多的是从第三者或者批判的角度审视企业是否具有共同发展的价值。

综上所述，对于首次职业选择的初入职场的应聘者，或者要更换工作的二次职业选择应聘者而言，对拟入职企业都应该有详细的背景了解，这对应聘者自身发展以及能力储备将产生决定性影响。

谨慎与审视,是每一个应聘者应当抱有的心态,这也是入职(或再入职)的一个关键点。

11.1.2 需要做哪些方面的背景调查

对公司的背景调查包括以下几个方面:

公司的基本情况和未来的发展空间。包括公司规模、地域、人员结构、在所属行业中地位、主营及非主营业务、经营状况(盈亏)。

公司战略及发展前景。战略规划与布局、竞争压力与竞争策略。面试时 HR 或老板可能会将公司的前景描述得非常高大上,有"空画饼,不见馅"的情况。所以,要了解公司在行业中的发展情况,以便对公司未来行业发展空间有清晰的认知。

薪酬待遇。包括薪酬的组成、试用期工资和正式工资的区别、公司各种福利的具体情况、涨薪的条件以及执行方式等。有些公司(企业)在入职后调整薪酬的机会不多,好一点的一年调整一次,有的好几年都不调整一次。面试薪酬谈判的时候,能争取的就争取,千万不能让步。当然这是复试通过之后的事情了,人力资源部门也有招聘压力,不会轻易允诺,也不会随便放弃一个非常适合的员工。对一个多次变换过工作的应聘者而言,如果你提的薪酬较高,就要有相应的数据来说明,否则别人会认为你眼高手低。有竞争力的数据就是你的银行工资流水,或者你的工资条,用实力证明当然最好,但不太容易,除非面试时你表现出非常突出的优点或者很高的职位匹配度。

工作地点与环境。有的公司会有多个办公区域,必须问清楚究竟在哪个位置工作,交通状况肯定也是需要重点了解的问题。

工作时间与加班频度。有的企业看上去工资很高,但加班比较多,算上加班时间,小时工资还不如上家企业,那你岂不是会心理不平衡吗?平时下班领导不走,你好意思先走吗?周末领导动不动通知你来公司加班开会,你能不去吗?这些情况一定要搞清楚。所以,入职前务必问清楚,加班情况多不多,是不是所谓的"996""五加二""白加黑"。这些问题一定要问到位。

具体工作内容。既然被选聘入职,必然是公司有合适的工作岗位,一定要明确自己的工作内容、范畴、职责,以防入职后因职责不清晰造成工作量不匹配的情况。

了解你的直属上司。在入职之前,一定要知道你以后的直属上司是谁,只有谁能够安排你做事,你以后的上司人品和口碑怎样,这样才能知道在今后的工作中以谁的工作指令为中心。直属上司对自己的职业发展比较关键也十分重要,特别是人品和处事风格一定要设法打听清楚。

了解自身岗位的升职空间。在入职之前,要关注一下自己工作岗位以后的晋升空间,正常情况有多大和多快的晋升机会,通过何种方式才能够达到晋升的要求。

企业文化及工作氛围。好的工作氛围,可以极大地降低初入职场者的焦躁与不安,帮助新人迅速在企业中获得归属感。好的企业文化所营造的办公环境,对工作的梳理承接以及保持工作稳定性具有积极的影响价值,此外公司员工是务实精进、勤勉踏实,还是靠能说会道、八面玲珑，这些都是公司文化的体现。

福利待遇。有的公司薪酬不并很高，但福利特别全、特别完善，比如过节福利每人一年的预算就要好几千，有各种带薪年假、旅游、体检、奖励，又有良好的员工氛围；下午茶也不错，经常举办各种员工活动，大家都积极向上，乐于进取。这样的企业就非常好，哪怕薪酬稍微低一点，也没问题。

培训力度及职业规划辅导。好的公司或企业特别重视对员工的培训，提供各种外出学习，甚至出国培训的机会，与此同时，也重视对员工职业生涯规划的辅助指导和帮助。

其他方面。你要看看工资外的一些因素，比如成长性，轮换工作的可能性等。此外要了解部门内部人员的基本构成和工作司龄等。有没有一些好的提升个人能力的项目和培养计划等，这些都是潜在的，不容易被发现的东西，所以要有意识地提前问问，以便做出正确的判断和选择。

11.1.3 对拟入职公司进行背景调查的手段与方法

一是网络检索。如今，人们要快速获取自己想获取的信息，第一个想到的就是上网查。没错，这是快速便捷的渠道。上网查应注意什么？能获取什么信息呢？

用网络搜索引擎，输入公司名称，推荐用模糊查询，不要一字不差地输入公司全称。当你输入之后，一般排在前面的比较接近你想要的结果，还有的是广告。如果你用模糊检索，出现的还可能是关联的公司，方便你弄清楚你所应聘公司的关联公司情况。

在检索结果中，有公司官网的可以进去浏览一下，作为应聘者可以了解一下公司的简介和产品、企业组织架构等。

产品是否有竞争力，是应聘要考虑的因素，如果产品没有竞争力，在走下坡路，那就可以不考虑了。注意看网站新闻，如果最后更新的时间比较近，说明公司有专人负责网站维护，也说明公司有实力能出新闻。这样的公司当然也比较有竞争力了。如果公司网站内容非常陈旧，甚至有些新闻都已是陈年往事了，这在一定程度上说明公司的管理，包括新闻宣传和品牌建设还远远没有到位。

二是用App等网络信息工具。人手一机的时代，用手机软件查公司更迅速。很多招聘软件，如智联和BOSS直聘等，都可以在点击公司名称时，看到在招职位和公司评价。这些评价可以作为参考。同时，用这些软件也可以看到公司正在招聘的职位，了解公司眼下需要什么样的人才，顺便看一下其他岗位的薪资待遇，也就可以了解自己的职位在公司里的大概重要程度了。

例如，通过天眼查App，可以迅速了解一个公司的主要领导和经营情况，还有一些法律风险等。有些企业还会将年报放上去。了解老板有几家公司，公司规模等，这些也是大家最想知道的。不过想用这个软件了解深度信息是需要付费的。当然，笔者感觉花费点银子搞个水落石出也是值得的。一般来说，网页版免费的信息多一些，手机版相对少一点。

微信是现在很多人获取信息的重要途径，在微信上检索公司名称，说不定也能找到相关公众号，上面会有一些公司的信息和文章。

三是面试。面试是了解公司的最直接方式。网络等信息的更新较慢，并且都是二手信息，面试是应聘者直接了解企业信息的绝好机会。提前将你想了解的问题准备好，当面试官问你还有什么问题的时候，就可以提问，快速了解你想要的关键信息。这就要求你事先做足功课，对公司的组织架构、业务范围、经营状况等有个大致的了解。包括要快速给自己的职位做一个清晰定位，至少要了解你所在部门在公司里的地位和人数。如果你事先了解了竞品信息，也可以顺便提问一下与竞品的区别和优势，最好是知名的竞品，这样可以判断出你应聘的公司发展前景。休息休假制度、加班费制度，这些都要了解清楚，因为这些内容直接反映公司管理是否规范。

四是短暂接触。职场中决定你成功、成长最重要的人，一定是你的上司领导，处在什么样的平台倒还是次要的。所以，在入职前找机会与你未来可能的上司取得联系，进行短暂接触显得非常必要。通过接触来初步判断在你上班后，能否与其一起长久共事。其实是有这样一种人的，你看到上司第一眼或者聊过一次天，就不想再看第二次和聊第二次了。虽然不是每个人都这么夸张，但也不可掉以轻心。面试接触的时间非常短，就像他面试你一样，你也可以通过这个短暂接触过程来判断他的风格，他的领导方式，以便判断你自己要不要加入他的团队。

五是实地探访。有一句话叫"百闻不如一见"。为了解实情，可以实地参观办公室，走访办公环境，看看部门同事的状态，看看部门同事的面相，看看部门的办公环境，感受下同事的办公桌面是凌乱还是整齐，这些都能反映出一个部门的工作状态；随便聊聊是否加班频繁，对公司的福利待遇是否满意，从中也可以洞悉同事们工作状态和精神面貌；看看企业的公告栏、文化栏，浏览下学习园地，驻足观赏长廊里的花卉绿植，就会对公司文化有基本的印象。

六是"朋友圈"效应。通过朋友、同学等各种关系，找个可靠的人，最好在所应聘的公司里工作过，或者正在公司里工作的人。熟人的好处是知根知底，对公司了解尤其是待遇和公司文化氛围方面了解比较深入。缺点是，有些企业为了吸引内部人才介绍新人，帮助招工，设置了招工奖励，带新人来干满几个月可以拿到补贴或提成。有些人为了拿招工提成，就光说好的方面，把人骗来干几个月再说。因此，找熟人尽可能还是找人品比较正直的人。还有一个缺点就是，别人眼中的好工作未必是你想要的，每个人对事物的评价不同，人人心中的秤都不一样。

七是打听公司周围商铺。有机会，亲自到公司周围去走访一下，这样比较靠谱。周围商铺的人们，平时接触公司里的人较多，也能听见公司员工讨论一些事情，说不定还能遇到公司里面的人呢。如果你不了解这家公司，去周围打听一下，也算有些了解，当然这时听到的八卦可能比较多，有可能信息比较杂，而且只是工人们闲聊的信息，至于经营状况、行业前景等情况靠这种形式得来的信息也不一定可信。

11.2 撰写好个人求职简历

求职简历，也叫求职履历或应聘履历，它是求职者向用人单位介绍其个人基本情况、受教育背景、工作经历、任职资格、个人获得的荣誉、求职意向、专业特长或特别擅长的领域等情况的文书，它既是求职者展示自我全貌的重要形式，同是也是寻求职业变动和人才流动的重要文书，更是求职者争取进一步面试机会获得相关职位的"敲门砖"。

11.2.1 个人求职简历的基本格式

一般的求职简历包括以下几个部分内容：

个人基本情况介绍。包括求职者的姓名、性别、出生年月、国籍、出生地、身高、民族、婚姻状况、户籍所在地、现住址、联系方式（手机和邮箱）等。

教育背景。一般只写大专（中专）以上的教育情况。撰写方式为由近及远，把接受教育起止的时间、机构名称、所学专业、所获学位等一并写上。除学历教育（包括获得学位）外，在国内外一些著名高校、研究院所的进修、培训和访学经历及参加国内党校（行政学院）的重要培养视情况也可附上。如果仅是大学毕业后第一次求职，可以把在校期间所主修的专业课一并附上。

工作经历。一般按照时间顺序由近及远写上工作经历：起止时间、任职公司或单位、所在部门、工作内容及担任职务。工作经历要简明扼要，点到为止。对准备首次入职的大学生或研究生来说，也可以把大学期间重要的实习和实践活动列出来，供了解和参考。

求职意向及要求。包括本人想从事的专业领域以及职位。如用人单位有明确的岗位描述,就直接对号入座;如是试探性投寄求职简历,对专业领域这方面既不能太宽泛,也不能太狭窄,表达适度即可。求职意向中,比如期望的薪酬(范围)、工作方式(全职、半职或兼职)、工作特性要求(如工作地点限定、企业性质限定、员工如外国人限定)等也可视情况列出。

本人性格、特长、资格证书等方面的描述。这部分内容非常重要,是求职者与他人相比较的特质。比如有部队锻炼经历的人的军人气魄,运动员出生的所具备的特殊才华,经考试取得的各种职业资格证书等。关于团队合作精神、创新意识、任职的执业证书获得情况、行业内的影响和地位等都是其重要内容。此外,如有重大科学成果或者贡献,包括专著、专利等都可以一并展示。

附件部分。针对一些特殊岗位的招聘,在列出上述各项内容后,可以按照岗位特性做一至两个附件。附件内容不外乎两个方面:一是过往职业工作中有相同或相似的经历,自己在其经历中取得的业绩和成就,借此证明自身的工作实力;二是阐述对特定招聘岗位及其工作的个人理解、未来的设想和思路,以表达自身的工作胜任力。这部分一定要做到"专、精、尖",是个人职场核心竞争力的体现。比如对某一高校教师招聘的个人简历中,除按要求提供相应材料外,还要把自己的科研成果,包括发表的论文专著、参加过的科研项目咨询项目、获得的奖项、在研项目等仔细列出。

(注意:有部分外企招聘时还要求与中文同时附上一份英文求职简历,请按英文的文本规范完成;向本土企业投递简历可以把

"政治面貌"和"家庭情况"附上，外企就可以免掉，以避免产生歧义。)

11.2.2 制作求职简历的基本要求

（1）内容简明扼要，一目了然；形式以1页A4纸为宜。

（2）格式、基本内容相对固定，以电子文档为主，方便实用。

（3）突出自己的特长及能力，以事实、数据、证书、荣誉来"代言"。

（4）突出自己的求职意愿（适合自己的职位），意图明确无误。

（5）在基本信息不缺失的情况下，尽可能随意编排取舍，展现自己特点。

（6）封面（封底）不要太花哨，不能太张扬个性。

（7）简历上所附照片要端庄秀丽，不能哗众取宠，不要用学士学位照片。

（8）疏密有致，主次分明，字体适当，字体颜色不宜太多。

11.2.3 其他建议

简历是求职者的第一张名片，在撰写简历时要注重细节、精雕细琢，给人家留下一个美好的第一印象。还要注意以下几点：

注意行业间简历模板的差异。不同行业、公司会偏好不同类型的简历，可以通过搜索并下载行业模板，完成简历填充的准备工作。尽量选用简洁的模板，主色调不超过两种颜色，避免高饱和度的颜色，最好不使用纯表格的简历形式。

因人而异，突出个人特点。一定要依据个人特点，选择在简历描述中要突出的重点。要仔细斟酌，语言简洁不拖沓，逻辑清晰有条理，适当深刻但不晦涩。要重点突出个人经历的长处，如实习经历丰富、学习成绩优异、英语绩点高、小语种优势甚至是各类奖项等。要善于扬长避短，以长补短。在寻找第一份工作时，可以多写与岗位相关的校园经历来填补实习经历的不足，如社团工作、爱心公益活动、参与项目、运动会成绩等。气质成熟干练的证件照或职业照应该可以成为加分项。

准确阐述自己观点，并能量化成果。简历的呈现要真实诚信，要实事求是地说明自己的工作内容，绝不能造假。要多使用量化的数据，比如"获得5项奖项"比"获得大量奖项"更直观可信；在附件中阐释对工作的方案和思路时，要找准时弊，有专业准度，能令人信服。

讲究精致排版。做到篇幅精简，尽量缩至一张A4纸内。比如可适当缩减含金量较小的奖项，缩小行间距、页边距等。

网上投递的简历制作完毕后，如企业无特殊格式要求可以选择转为pdf格式，并按招聘要求修改文件名，以防出现word文档排版错误的情况。

中 篇

入职初的磨炼与成长

12 初入职场的注意事项

12.1 入职第一天的注意事项

面对新的工作新的环境,心情难免紧张,有期望也有担忧;淡定一点,自信一点:这家公司之所以选择你,说明你是优秀的!入职第一天,工作其实干不了多少,但对于第一印象的建立至关重要,常见的六大注意事项如下:

1. 穿着打扮得体并守时

职场新人的穿着打扮,唯一的原则是:与同事调性一致。如何保持一致?

去一家公司面试,未来的同事多少你都会见过几个,仔细观察一定会有大致的判断。入乡随俗,我和你们是"一国"的,是融入的第一步。

入职第一天千万不要迟到!否则再光鲜亮丽的形象也会毁于一旦……有一种很神奇的职场现象:每天早到的你,哪怕什么都不做,也比晚到并勤奋工作的人更受欢迎。

2. 准备个人资料

HR会提前告知你报到当天所需携带物品,如学历证书、离职证明、照片等,务必带全不要遗漏。携带水杯、纸笔等日常用品。公司一般都会有纸杯,可你用纸杯会显得跟公司风格不一致,因为纸杯是给访客用的。纸笔便于记录,有的公司会发,有的会发但不一定第一天发,有的不发,所以,还是自己带上较好。好记性不如烂笔头,做工作记录不仅是一个习惯问题,也是一个态度问题。

3. 办理入职手续

办理入职手续你需要做的就是"听从吩咐",让你干什么就干什么。除了提交HR告知携带的物品,还要填写员工登记表、签订劳动合同、领取办公用品等,工作人员一般会提供一个流程,告知你如何办理。

要认真对待仔细查看,尤其是劳动合同,与面试承诺不符的地方要问清楚。对公司的规章制度如考勤、请假、报销、福利等,要了解清楚规定并知晓操作流程。不可发生有文件不看,遇事乱问或不知所措的情况,否则你可能会成为HR与财务最讨厌的人。

4. 逐一见面,相互熟悉

"绕场一周,游街示众"是入职后必须有的表演项目,多半由HR或部门领导带着你认识同事和熟悉工作环境。

要仪态大方,始终保持微笑。爱笑的新同事运气才不会差!礼貌地向每个人问好。对领导和同事,可以称呼职务如×总,不要加"副",可以遵从行业惯例如×工,能喊哥、姐的,就不要喊叔、姨。

提前准备好简单的自我介绍："您好，我叫××，是××部门的××（职位），主要负责××，希望您今后多多指教"。

进入新公司后，一定要用最短的时间记住同事们的名字。

5.熟悉工作内容和工作环境

第一天最重要的环节是：熟悉岗位职责，了解你的KPI（关键业绩指标），直属主管与你沟通时必须认真听，不懂就问，给你的文档认真读，不明白的地方可以积攒起来一并问。清楚公司对于岗位的期望值及快速达成期望值，是你能否通过试用考核的关键。

和同事沟通时，要谨言慎行，不卑不亢，少说话，多观察。职场中不招人喜欢的新同事，最典型的有两种：一是自来熟，二是扮高冷，前者用力过猛招人烦，后者不谙世故惹人厌。应尽快熟悉公司产品和企业文化等，和同事打成一片。

6.拉近同事关系

快速拉近关系，往往不是靠聊工作而是靠聊闲篇。在办公室不能乱侃大山，但有几种场合是可以的：一起吃饭或一起抽烟或一起喝咖啡。中午吃饭和新同事一起聊聊天，这是交流的好机会，利用你的午餐时间，扩大你的朋友圈，通过喝咖啡时的闲聊也能相互亲近。

闲聊不一定有共同话题，聊是哪里人、聊学的专业、聊住在哪里、聊新闻、聊明星、聊音乐、聊电影、聊球赛……只要找到共同点，关系很容易破冰。

第一天上班，你肯定会纠结要不要按时下班，可以直接询问下直接主管：还有没有什么事，如果说没事，说下如"新租的房子还乱七八糟需要收拾先走了"，就行了。一般情况下，不会有缺心眼的主管，在下班后给第一天上班的你派活（除非不喜欢你进来，自己又没办法阻拦，这时要故意刁难你）。如果有一起走的同事，可以顺道再多聊两句拉近关系。

12.2 试用期的注意事项

试用期的关键事项，是通过工作期间的表现，让直管领导和同事对你全面肯定，期间千万不要让人抓住把柄，留有口实，以期能顺利转为正式员工。

特别是刚从学校毕业后的职场新手，有许多地方一定要注意，毕竟是刚刚入职，如果无意中冒犯了职场老员工，也可能给你"上眼药"，对以后的工作会造成一定的困扰。下面就如何渡过试用期给职场新人指出一些注意事项：

（1）不论你住得多么远，因为你是新入职员工，所以每天早上最少提前10分钟到办公室，如果是统一班车，也应提前5分钟赶到候车点。上班不迟到，少请假。

（2）不管在任何地方，作为新入职员工，碰到同事、熟人都要主动打招呼，要诚恳热情。

（3）在车上，要主动给年长者、领导、女同事让座。不要与任何人争上车先后、争座位。

（4）因为是新入职员工，所以进入办公室应主动打扫卫生，即使有专职清洁工，自己的办公桌也要自己清理。这一切都应在上班正式开始前完成。

（5）早餐应在办公室之外的地方、上班开始前的时间里吃完。

（6）要在每天工作开始前，应花5~10分钟时间对全天的工作做一个书面的安排，特别要注意昨天没完成的工作。

（7）每天都要把必须向领导汇报、必须同别人商量研究的工作安排在前面。

（8）找领导、同事汇报、联系工作，应事前预约，轻声敲门，热情打招呼。

（9）上班时不要安排处理私事的时间，特殊情况须提前向领导请示。

（10）工作需要之外，不要利用工作电脑聊天、游戏、看新闻。

（11）不可利用工作电话聊天。即使是工作需要通话，也应长话短说，使用礼貌用语。

（12）在办公室说话做事，都不应发出太大的声音，以不影响他人工作为宜。

（13）每天上班前都要准备好当天所需要的办公用品。不要把与工作无关的东西带进办公室。

（14）因为是新入职员工，所以下班后，桌面上、电脑里不要放置工作文件、资料。下班前，应加密、上锁、关闭电源等，下班不早退。

（15）除必须随身携带的外，不要把工作文件、材料、资料、公司物品等带回宿舍或家里。

（16）除工作需要外，与自己工作相关的技术、信息不能轻易告诉别人，哪怕是同事、领导。

（17）与别人同住一室，应注意寝室和个人卫生，充分尊重别人的生活习惯，彼此互相信任，友好相处。

（18）因公出差时，要绝对服从公司的人员、时间、经费、工作安排，不提与工作无关的要求，不借机办私事。

（19）出差在外，应礼貌待人，与领导、同事、客户、合作方见面、分手时都要主动握手、问好、告别。

（20）试用期间内，最重要的是主动积极，体现对这份工作的热爱和用心，并用优良业绩让领导同事对你完全信服。

试用期结束前，公司都会在一定范围内召集相关人员听取试用人员个人汇报，并进行评议。在个人汇报时既要讲成绩，也要谈收获和对未来工作的设想，同时也要对这段时间大家的帮助和关心表示感谢。讲话要带有感情、充满理想和憧憬，汇报要有专业深度和质量，这样更容易得到大家的认可。

12.3　职场新人的十项行为准则

每个人进入工作岗位后都需要从新人做起，这是一个双向的了解过程。职场新人在做人做事的时候，一定注意细节，良好的工作习惯不仅可以帮助新人很快融入职场，还会成为晋升的秘密武器。

1.充满自信

在充满竞争的职场中，自信是最重要的生存法宝之一。在面对某个机遇和某次展示机会的时候，哪怕是做好其中某一项，自信心都会因此而大增，同时也会得到领导、同事们的支持和认同，任何一个有成为管理者和领导目标的人都应具备这一点，自信是使你变得与众不同的重要"标签"，也会成为日后晋升为管理者的最有利条件。

不要逃避和不敢面对失败。只有弱小的自卑者才会盯着自己的失败和缺点不放，进而逃避现实。不断克服困难，迎接挑战，自信心自然会慢慢高涨起来。自信不是潇洒，不是自负，自信会让你正确认识自己的位置、自己的优势，以及需要进一步挖掘的潜力，这样才能拥有足够的自信筹码。社会职场和校园生活差别很大，初入职场的新人要面对许多复杂未知的东西，在新环境中快速建立自信，是职场新人的必修课，也是立足职场站稳位置的必不可少的条件。

2. 主动作为

比尔·盖茨说过：一个好员工，应该是一个积极主动去做事，积极主动去提高自身技能的人。积极主动能体现一名员工面对工作的态度，也能凸显出执行力，积极主动的员工在职场中倍受领导的青睐，但是实际上往往有很多员工并不能做到积极主动，甚至被老板打上"懒散"的标签。

如何成为领导欣赏的积极主动的员工呢？做到以下两点很重要：

（1）把领导下达的工作主动揽下，适时地展现出自己"上进"的意识。职场中，领导往往是主持大局的人，有时候喜欢抛出自己的思路，让员工付诸行动。这时如果能在自己能够胜任的基础上，主动承担领导交代的工作，往往会让领导刮目相看。

我们都听过毛遂自荐的故事，但是现实中能做到的人寥寥无几。领导没有千里眼顺风耳，他可能连公司员工的名字都叫不全，这个时候你站出来，主动承担下他交代的工作，就能占得先机，在此基础上，把工作高质量地完成，在领导看来，你就是积极主动有能力的员工。

（2）会上主动发言，讲出你的看法，让自己从众人中脱颖而出。很多人都有学校上课的经历，上课的时候，老师抛出一个问题，问："谁来回答一下这个问题？"这时大家往往都低着头不敢看老师，生怕老师点自己的名，这就是典型的从众心理。职场中这种场面同样常见，领导开会时，多数人都不喜欢离领导太近，甚至逃离他的视线范围。讨论一下某个项目的工作安排，领导希望大家针对项目方案发表自己的看法时，多数员工也选择多一事不如少一事，其实这是大错特错的。严格来说，主动发言的内容虽然不一定完美无缺，但是肯定会给领导留下深刻的印象。如果这个时候能够抓住机会，把手举起来，发表自己对问题的看法，相信在领导的心目中已经埋下了积极主动的种子。

3.注重细节

细节本身很小，时常被忽视，所以在很多人看来微不足道。"千里之堤毁于蚁穴"的道理显而易见，虽然细节看起来不是很起眼，但在个人的工作甚至生活中都是关键节点，所以要懂得细节在自身发展过程中的重要性。在职场中要做到努力学习，提升工作效率和专业水平，这样才能够赢得他人的信任，让领导、同事觉得靠谱。而在工作中往往存在许多细节，不仅要学会发现，善于总结，还要能够明白正确的做事方法，才能够持续进步。细节在工作中具体体现为以下四个方面：一是是要明确任务紧急情况，先思考后行动；二是注重与领导汇报时的逻辑；三是学会与身边的人进行沟通；四是学会主动提问。

许多人在初入职场时有着相同的工作经验以及能力，但在不断前进的过程中就会产生差距，有些人便能够略胜一筹，这通常是取决于工作中对细节的把控。态度决定一切，细节决定成败，而细节往往更能够考察个人能力，也是在成功的过程中起到推波助澜的作用。

怎样把控好细节呢？

一是出现问题要及时解决。在工作过程中会不注重细节会导致许多问题，比如说在整理文件时出现丢字落字现象，这就属于细节问题，而背后究其原因则是马虎不认真。这种错误如果反复出现，就说明本身未能认清问题，没有改正态度。所以细节能够暴露出许多未被注意的毛病，能够及时发现问题，才能够积极解决问题，正视自己，改正自己的不足，最终突破瓶颈，养成好的工作习惯。

二是尽量减少失误。及时暴露工作中存在的细节性问题，就能够在意识到问题后及时分析解决，并在今后的工作中更加注重细节问题，从而减少工作中的失误，实现高效率办公。尤其是在比较重要的工作中，例如招标文件，如果能够注重细节，整理过程中认真谨慎，就能够避免诸多细节问题，减少失误的同时避免不必要的损失。

三是提高工作效率。当接到工作任务时，往往会急于完成而忽略掉其中隐含的问题。能够高效率完成一项工作可以说明个人的能力，但是不能因追求速度而忽略质量，如果在工作中忽略细节，在完成一项工作时未能认真进行审查，可能导致交付过程中出现许多问题，只得返工修改。如果能够在工作中注意细节性问题，并且在完成后认真检查，就可以避免这类问题，不仅提高质量还能够节省双方的时间，提高工作效率。

四是不断增强能力。注重细节的人在处理事情时往往更加全面、精准，能够统筹全局，把控事态的发展，清晰客观处理问题，具备整体把控的能力。因为在工作中注重细节，所以能够关注到更细微之处，在此基础之上不断加深思考，扩大范围，同时严格要求自己，这样就可以在每一次处理问题的实践中锻炼自己的思维，提升自己解决问题的能力。

4.不找借口

在工作中，职场新人都应该充分发挥主观能动性，以求获得成功，而不是浪费时间为失败寻找借口，以博取别人的同情。成功的人永远在寻找方法，失败的人永远在寻找借口。

找借口是一种不好的习惯，如果在工作中遇到问题时不积极、主动地想方法加以解决，工作就会变得拖沓且毫无效率。找借口只是为了掩盖自己的失败或过失，人为地打造一个暂时安全的角落，但长此以往，借口就会变成一种习惯，人就会疏于努力，就会有投机心理，最终走向失败。

借口是失败的温床，工作中没有借口，人生中没有借口，失败没有借口，成功不属于那些寻找借口的人！

抛弃借口才能迈出成功的第一步。生活中经常有这样一些人，他们有很多令人沮丧的记忆，他们的头脑中充满了让人悲伤、痛苦和感到耻辱的事，以至于得不到一刻的平静和快乐。"如果我那样做的话，事情就不会像现在这样了。"许多人如果没有遇到失败，就不会发现自己真正的才干。他们若不遇到极大的挫折和打击，就不知道如何发掘自己内部贮藏的能量。

一个富有责任感的人，不会为自己找借口，因为他知道借口不能解决任何问题。应当告别借口，向工作中的"恶习"宣战，积极寻找问题的关键和解决问题的最佳方法。

这里还有一个铁律：所有的成功创业者，都是积极主动的人；所有能够从公司低层一步步爬上高管位置的人，也一定是积极主动的人。在这个世界上，消极被动，总是寻找各种借口的人是没有出头之日的。在日常工作中，你千万不要说任何类似借口的话语。当你想找借口的时候，就已经偏离自己的成功之路，拐到弯路上去了。

5. 避免站队

职场站队是职场拉帮结派的代名词，也是职场"潜规则"之一。有调查显示，逾六成职场人士承认身边存在职场站队现象，20%人士表示入职一年后开始职场站队。根据调查数据显示，62.5%的受访者表示自己身处的办公室中站队现象很常见，但有超过六成职场人表示不愿意站队，除非是非站不可。职场站队很常见，难以避免。虽然站对了队不见得有什么好处，但站错了队肯定没什么好下场。不过，做"墙头草"是职场大忌，作为上司，如果要在从一而终的忠实派和随机应变的两面派下属中选择，肯定选忠诚派。对于一个初入职场的新人来说，如何才能处理好职场中的"站队"问题呢？

第一，不要轻易承诺。不管哪一方要求自己做工作分外的事情，先不要轻易承诺，要仔细分析其中的利弊，或者存在的问题，再决定接下来该怎么做。

第二，不从众。任何时候都不要随波逐流、盲目从众，一定要有自己的理性判断，盲目站队只会给自己造成不良的后果。

第三，低调处理关系。就算到了不得不选择地步，也要低调地处理好你与领导的关系，千万不要张扬，小心有人在背后给你使绊子。

第四，不充当老好人。任何时候都要保持清醒的头脑，不要谁找你都是有求必应，不然你最后的后果必定是被活活累死。

第五，学会审时度势。任何时候都要注重分析，学会观察每个人的动机，或者双方谁更加有实力，如果能够审时度势，你必然能在职场上站稳脚跟。

第六，不轻言放过下家工作机会。如果实在受不了公司站队的现象，就该赶紧私下寻找更好的出路，这样才不会让自己白白浪费了大好的时光。

6.多思慎言

"谨言慎行"语出《礼记·缁衣》："君子道人以言，而禁人以行，故言必虑其所终，而行必稽其所敝，则民谨于言而慎于行。"谨言谨行是在职场中为人处世的又一重要准则。大家都应该知道"祸从口出"这个词是什么意思。鬼谷子说的"圣人谋之于阴"也是这个道理，说的是圣人应该言行谨慎，做事低调。连圣人都如此了，更何况我们普通人呢。本身职场就如战场，如果不注意谨言慎行，就非常容易祸从口出。

那我们如何才能做到谨言慎行？

第一，不随意向别人抱怨自己的不满。在工作中难免会遇上一些烦心的事情，但是千万不要随意向别人抱怨自己的不满，这是职场大忌，可能你上一秒说的抱怨话，下一秒就被别人传到领导的耳朵里了，到时候肯定会引起领导的不满。所以说在职场中谨言慎行第一条就是不随意向别人抱怨自己的不满。

第二，管好自己的嘴，不随意议论别人。现在职场中办公室八卦总是少不了，也是传得最快的。要想在职场中立足，一定要管好自己的嘴，不要随意议论或者评价别人。毕竟良言一句三冬暖，恶语伤人六月寒。随意议论和评论别人，不仅不能维护好自己的人际关系，而且容易遭人记恨。

第三，不轻易暴露自己的内心。在职场中每个人的心中都是有一番抱负的，因为不想当将军的士兵不是好士兵。所以，在每一个员工的心中也一定有一个当领导的梦想。但是切记，不要随便把自己的野心展露给别人，不要轻易向别人述说自己的抱负。因为这样是很容易被职场中的一些小人所利用，可能你只是有上进心，但是出卖你的小人则会把你的上进心变成对领导位置的觊觎之心，结果就是你将陷入比较悲观的局面。所以我们要记住，不是对所有人都可以说真心话的。

第四，处世要周全，做事要专精。在职场中，做事一定要考虑周全，再踏实去做。对人对事都要有耐心，耐心是成就自己的一条捷径。对所从事的职业，要深钻细磨，不能止步于表面。

7. 善处关系

职场人要心思缜密，与人为善，特别注重公司人际关系的建立。初入公司，可能会深感公司人际关系的冷漠，作为新人更应该真诚友好地对待同事，尽力改善不和谐的人际关系。

和谐的人际关系有助于成就一个人的事业，初入职场的新人，面对各种错综复杂的人际关系可能会十分困惑，以至于不善于和同事沟通，不愿意表达真实意愿，长此以往只会陷入恶性循环，阻碍事业的进步和发展。作为职场新人，应充分认识到人际关系的重要性，学会包容，学会合作，减少与同事的摩擦和冲突，时刻注意与同事维持良好的人际关系，与同事关系相处越融洽，工作就会越顺利。

8. 早入角色

角色不仅仅是个人的职责定位，同时也代表了在团队中所处地位。新入职的员工一定要明白，在团队中只有大家一起共同配合，目标一致，才能完成任务。在工作中，不仅要把属于自己的工作做好，还要和大家沟通顺畅、配合无误。大家共事愉快的同时也为自己搭建一个良好的人际平台。现在很多企业的面试题都会涉及与他人合作的内容来测试候选人是否有合作意识或团队意识。毕竟一个人可以走得很快，一群人才能走得更远。

那么，如何才能早日进入角色呢？

一是弄清新公司管理工作的流程与模式。每个公司都有自己的管理理念思想，从而有着特有的管理工作流程与模式。即使和以前公司的管理方式大体相同，也要认真梳理微小的差别，也许，这些细小的差异就是新公司成功的地方。如果自己在不清楚的情况下贸然行动，非但不能让领导看到你的工作激情，反而会让领导觉得你不稳重，欠思考，是一个不够成熟的员工。

二是熟悉自己具体工作部门环境。这是自己今后工作生活的场所，是大家交流共事的平台，所以，要尽快熟悉这个地方。注意事项：①准确记住同事、领导的姓名，尤其与自己直接共事的人；②了解部门工作的规章制度与办事原则；③初步了解同事领导的关系与做事风格。只有清楚了解后，自己才能做到有的放矢，快速去适应并融入新的工作。

三是勤奋踏实，多干少说。几乎所有职场中都会有讲究先来后到的论资排辈现象。最好的办法就是踏踏实实地工作，多干多看少评论。用自己的工作态度，作风和业绩去为自己证明，赢得大家的认同和接纳，让事实来做自己的代言人！对于一个新人来说，不要企图用其他方式来证明自己，除了踏实干，其他一切都是徒劳无益的。

四是加强交流，拉近距离。加强与同事，领导的交流沟通，虚心向他们学习请教，提升自己在他们心中的认知形象。工作休息之际，可以和同事领导聚会交流，增加彼此的私人情感，以便融洽同事之间的职场情感，获得工作中的支持与帮助。

9.精气神足

人贵在一个"气"字，有精气神儿，到哪里都能熠熠发光。忙碌而充实的职场生活，不仅需要你的刻苦耐劳、聪明机智，还要求具备旺盛的精力。对职场新人而言，要保持蓬勃朝气，表现积极向上的一面，以彩色心情迎接一天的工作，让自己开心，同时让周围人感受到你的充沛精力与敏捷思维。

第一，要有眼力。对于初到新公司的人来说，不管你是什么岗位，都需要学会谦虚，还要有眼力见。例如，帮同事订餐、打印文件等。参与同事之间的交流，如果新人刚入公司就受到部门同事的排挤，则需要想办法融入他们日常的交流。可以尝试主动请教或者约同事一起下班吃饭等。

第二，要多听多看。对于新人来说，你对新公司的环境和组织架构肯定是不熟悉的，所以就需要多多地去观察部门同事之间的沟通交流方式以及他们与外界人员之间的沟通模式，然后尽快掌握和熟悉公司的人员情况以及公司内部的组织架构。

第三，要适应人际环境。新环境中会认识许多陌生人，我们要学会做好自己，建立一个良好的人际关系。认识到差异的存在，才能更好地接受别人，拉近与别人的距离，你对别人好，别人也不会对你太坏，尊重他人的价值理念，会大幅度地提升我们的形象。

第四，要尽快听懂新环境的语言。对语言环境的适应同样需要一个过程，在这段时间里，我们只有通过多听多练，才能尽快掌握不同语言的交流方式，这也让我们能听出对方所要表达的真正的意思。

第五，要迅速让自己成为最好的。因为进入一个新环境，不仅你在观察别人，别人也在观察你。如果你在最短的时间内做出了值得称赞的成绩，就会很容易得到组织内最优团体的接纳。

第六，要与最成功的人为伍。大家都知道和优秀的人在一起的重要性。优秀的人总有一些过人之处，有机会与优秀的人一起工作，长期相处并学习他人的长处，能补足自身短板，让自己也变得优秀。

10. 心态阳光

进入一个新单位，除了做好以上九点外，最重要的是保持阳光心态，这对一位职场新人而言，既难又十分重要。

第一，对新单位不要吹毛求疵。任何一份工作都会有你不喜欢的部分，任何一个公司也总会有你看不惯的地方，如果因此就消极怠工，不断跳槽，这样每份工作都不会有很好的积累。当然，这里并不是说大家不可以去跳槽寻找更好的工作，而是你希望在跳槽前经过深思熟虑。比如当前的工作是不是真的一无是处，是不是学不到东西，是不是挣的钱太少，自己能否肯定下一份工作比当前这份更好。不要很随性地跳槽，不断去寻找所谓的好工作。

第二，不要把工作和爱好完全对立起来。对于大部分人来说，很难把爱好当成工作，做着自己特别喜欢的事，还能挣不少钱。所有不少人就觉得自己工作时间长、特别辛苦，根本没时间发展爱好，久而久之对工作愈发不满，总想着逃离工作，或旷工，或去旅行，这个态度不够正面。有些时候我们无法改变现实，只能改变自己的态度，调整好心态，一切皆不成问题。

第三，不要成为单位中传播负能量的那个人。因为从公司角度看，绝对不喜欢散播负能量的人，包括你周边的同事也不会喜欢，也许嘴上不说，但心里可能会排斥。可以很肯定地说，充满负能量的人如果遇到裁员一定是首当其冲的，被考虑升职加薪的可能性也较小。

第四，不要算计公司和对工作斤斤计较。有的人觉得工作就是工作，不可占用自己的私人时间，所以就非常精心地计算自己的工作时间，哪怕只多做一点都觉得吃了很大的亏。有的人甚至一到下班时间或是周末就联系不上，这也会很让老板恼火。

过于算计公司、算计自己付出和回报的人，其实也会被公司、上司算计。你工作上耍小聪明，上司可能只是不说，其实心知肚明。你如果没想着在工作上多付出，也就不要期望各种好处都能落到自己身上。每年可以晋升的名额有限，奖金总额有限，加薪机会有限，你觉得上司会考虑谁？

13 克服紧张焦虑，提升职场情商

入职之初，由于工作熟练程度不够，对公司各项办事流程不熟悉及与相关协作人员的配合不默契，出现紧张和焦虑情绪是很常见的事情。在职场打拼久了，大家都会十分清楚，在职场上拼能力仅是一方面，最为关键的职场竞争力是情商，也就是你为人处事的能力。现在职场中人们面临的是高负荷的工作和复杂的人际关系，没有高情商是很难取得成功的。一个高情商的人要有很好的观察力和亲和力，对自己有清醒的认知，善交流，会沟通，自信而不自满，能和朋友或同事友好相处，善于处理生活中遇到的各方面的问题。

13.1 如何化解职场中的紧张与焦虑情绪

紧张和焦虑是职场人在工作中经常遇到的问题。职场中压力过大，即便在下班以后，心里也总是惦记着，有些事情必须尽快做完，有些事情还应该多加谋划考虑，这些都是焦虑情绪在作祟。这个时代让人紧张焦虑的因素很多，工作越来越要求人们不能失误，公司也有越来越严格的绩效考核和业绩指标。职场新人也必须体现出自身的价值，为公司创造利润，这要求我们在工作中不仅不能出现大的失误，甚至不能有小的偏差。

人们不仅会因为某件具体的事情而焦虑，更会因为这种焦虑情绪而备受煎熬。虽然内心一直抵抗这种感觉，想让它消散，但心理问题具有逆反性，越想消除，这种紧张和焦虑的感觉就越强烈。结果只能让自己陷得更深，难以自拔。就如同失眠的病人越担心睡不着，越睡不着，越想控制自己，情绪越紧张。

紧张是一个人对外界事物在神经和肉体上的强化。有时即使是好的变化，如升职、年终得到丰厚的奖金等好消息，也会让我们有一种不安情绪，它会驱使你把更多的努力投入到以后的工作中，对工作更尽职尽责。坏的变化，如遭遇失业、调换工种等更会使人产生紧张情绪。紧张有可能使人睡眠不安，引发情绪变化，甚至带来注意力急剧下降，导致心悸头痛、背痛、疲劳等。普通的紧张是暂时性的，恐惧感是突发的紧张情绪带来的。每个人都会经历紧张，但是如果你一直陷于一种负面的紧张情绪中而无法自拔，并且正常的生活和作息已打乱，那么你就一定要进行自我的探索，找出产生这种不良情绪的原因，用理性的思考代替不理性的想法，以便赶走影响你的这种不安和紧张。否则长期反复的超生理强度的紧张，很容易诱发急躁、激动和恼怒，严重的会导致大脑神经功能紊乱，进而影响人的身心健康。

控制和克服紧张与焦虑，可以尝试用以下几种方法：

一是学会按部就班处理工作。"没有时间忧虑"，这是丘吉尔在战争最激烈时经常对每天工作18个小时的自己说的话。当别人问他会不会因为责任那么重而忧虑时,丘吉尔说,"你没看到我很忙吗?哪有时间分给焦虑"。"让自己忙着",这么一个简单的办法,就能把紧张和焦虑从你的身体,甚至从你心里彻底的驱逐出去。你一定要明白这样一个简单的道理:一个人再怎么聪明,也不能在同一时刻将两件事情处理完美,一个人再能干,手头的事情也必须一件接一件地去干。人们无事可做时,就会不断遐想,甚至胡思乱想。当人们紧张而有序地在职场上打拼时,焦虑情绪就会有所缓解。研究发现,在图书馆、实验室从事研究工作的人之所以很少因焦虑而精神崩溃,是因为他们没有时间思考其他太多无用的事情。如果你还在为某件事情而担心焦虑,那么请一定记住要按部就班、紧张有序地开展工作,这不失为一种很好的缓解焦虑的方法。

二是摆脱"成功焦虑"对自己的干扰。焦虑往往源自欲望,"成功焦虑"和"成功焦虑症"的诱因,就是对于成功的错误认识。这是一个崇尚奋斗,以成功论英雄的时代,人们要成功、要出类拔萃的愿望十分强烈,很难做到保持一颗平常心。长期如此,会让人丧失生活的乐趣,使人们思维迟钝、精神萎靡,逐渐演变为焦虑。这种"成功焦虑"非但无助于成功,反而会让成功变成遥不可及的梦想。为了避免"成功焦虑"对自己心灵的侵扰,一定要认清社会的现实,培养自己实事求是的做事态度,做有远见、有耐心、肯吃苦的普通从业者,脚踏实地,奋斗不止。追求事业成功无疑应该成为生活的重心之一,但是它不能也不应该成为生活的全部。在我们的时间安排表上不该遗忘亲情、友情、爱情,也不应该排除一些正常的但对身体有益的文体活动。事实证明,健康的娱乐、适度的体育锻炼以及适量的体力劳动,对人的身心健康有很大的好处,可以消除疲劳感和焦虑感。

三是以阳光心态面对职场。一个人多少会受之前的各种事情的影响,特别是一些不好的经历会造成心理阴影。同时,由于形势、环境和各种条件的变化,未来的发展都是不确定的,公司命运如何、个人有没有发展前途、同事间的关系是否和睦,这些问题往往会给我们的内心带来极大的焦虑。过去的事情已成事实,未来的发展也不是我们个人能够把控得住的。沉浸在对过去的懊悔和对未来的焦虑中,会让人六神无主、忧虑重重,甚至会对目前的工作、生活等失去信心。与其懊悔、焦虑,不如以阳光的心态活在当下,干好每一天的工作,过好每一日的精彩。

从容和自信是职场人士永远的法宝。正如古人所云:闲庭信步,看门前花开花落,宠辱不惊,望天上云卷云舒。迈向成功,贵在从容!

13.2 怎样提升职场中的情商

情商即管理自己的情绪和处理人际关系的能力程度,由动机、兴趣、情感、意志和性格等元素构成,它们虽然不直接参与智慧活动,但会为智慧相关活动提供动力。根据现有的成功学理论,影响职场上成功、成才的因素中,智商起到20%的作用,非智力因素起到80%的作用。在非智力因素中,情商起到70%的作用,身体状况具有5%的作用，机遇具有5%的作用。因此在职场工作中不断学习和实践，从与人接触、相互交流等方面提高个人情商对职场成功就显得愈发重要。情商涉及的内容很多，根据职场情形我们将从提升亲和力、影响力、把控个人情绪和学会换位思考四个方面进行论述。

13.2.1 提升个人亲和力

在一项面向MBA学生的亲和力调查中，有97%的同学认为亲和力在职业发展中是重要的，有些人认为具有亲和力是成为高层管理者的必备条件，有些人认为虽然亲和力不是必须具备的，但是它对职业发展会起到极大的助力。

应该指出，亲和力并不是与生俱来的，而是需要经过后天培养形成。人与人之间需要良好的沟通，只有沟通顺畅、勇于担当的人，才会被认为具备亲和力，能够与同事和睦相处，甚至能够带领团队承担更大的责任。

那么在职场中如何提升个人亲和力呢？下面结合笔者的教学经验，从多个方面详细阐述提升个人亲和力的实用方法。

1. 积极主动，勇于担当

在上述问卷调查中有一个问题是：写出自己认为本班最有亲和力的同学。调查结果显示，本班的两位班长以及正式开课前就已经在为同学们服务的学习委员以绝对优势名列前三名，其他几位获得票数较多的同学也都是班委。究其原因，表面看是他们平时因为个人职责所在，有更多的机会和全班同学交流，从而更被同学们所熟悉；更进一步看，其实是因为他们主动承担了更多的责任，愿意在繁忙的学业、工作之余，牺牲个人时间来服务周围的人，从而获得了大家的认可和喜爱。

职场中有许多"多面手"精力充沛，可以兼顾工作、家庭、爱好、社交等多个方面，各个方面都表现得出类拔萃。或许基因决定了一个人精力值的上限，但是以大多数人的努力程度来说，往往还没有触碰到那个上限，就已经从心理上给自己设限了。其实每个人的精力值都不是固定不变的，长期固守在自己的舒适圈内，这种精力的弹性就会慢慢变小。如果我们能积极主动地打破原有的做法，在工作中积极担当，秉持服务他人的心态，凡事主动一点，多想一点，多做一步，那么无论是同事、领导还是客户，都会被我们的主动性所感染，从而更愿意与我们合作。其实，做任何事情都需要"积极主动"，想提升亲和力也是如此。当我们认识新的同事或合作伙伴时，要积极主动地记住对方的名字，下次见面时能够第一时间喊出对方的名字，会让对方感到被尊重，同时也能增加两人的亲近感。逢年过节，或者关注到对方有新的动向时，要主动联系对方，关心对方，并将这种联络常态化，最终让"认识的人"变成自己的人脉资源。当积攒了足够的人脉资源后，我们自身的价值也会相应提升，对于他人的吸引力和亲和力亦然。

2. 常带笑容，表现善意

在关于面部表情的研究中，有一个概念叫作"面部模仿"，意思是说，在观察者看到被观察者的表情后，其面部肌肉也会无意间对该表情进行模仿。所以，当你看到一个笑容满面的人时，自己也会变得更加亲和，而两个都很有亲和力的人的互动通常愉快而顺畅。

理论上，笑容可以根据不同功能分为三种，分别是因快乐和愉悦不由自主展现的"高兴笑容"、用于维持社会关系的"亲近笑容"和表达讽刺和嘲笑的"支配笑容"。一般而言，前两种笑会给人正向的感受，而第三种笑会给人负面的感受。"亲近笑容"又可以进一步划分为"阳光的笑容"和"卑怯的笑容"，后者会给人一种"我很弱，别欺负我"的暗示。当人们看到这样的表情时，大多数人不会欺负他，但同时也不会再向他释放善意。支配笑容往往会出现在有一定权威的管理者脸上，当下属看到这样的笑容时，会对自己的方案甚至能力产生怀疑，降低今后与领导沟通的积极性，这样既不利于员工的个人成长，也不利于团队的协作。因此在职场上若要提高亲和力，我们应当更多地展现出高兴笑容和阳光的亲近笑容，尽量避免卑怯笑容和支配笑容。

事实上，除了笑容之外，其他的身体语言也影响着一个人的亲和力。比如当你愿意亲近一个人时，会正面对着他，甚至会身体略微前倾与他对话；反之，当你不想与他人产生交集时，会选择侧面对着他，给人一种随时要离开的感觉。开放的身体语言和口头语言一样，都能够被对方所接收和感受到，从而决定了你们以后的互动方式。

3.认真倾听，学会共情

我们都认为倾听、共情很重要，但当朋友向你倾诉苦恼时，你会如何回应呢？你可能会说，"一开始谁都这样，别灰心"，"下次好好准备,肯定能行"。这样说似乎很得体,但其实并没有做到共情,而是一种敷衍。他说他痛苦,你说他不用痛苦,其实就是和对方站在了对立面上,很难产生进一步深入的交谈,下一次对方也不会再向你倾诉心事了。

有时我们还会犯一个错误,就是对方刚说完,我们就立刻给出自己的"改进建议"。我们以为这样做显得自己智慧而理性,却忘记了人都是感性动物,而非理性动物。尤其当一个人处于极度负面情绪中时,很难通过一两句话就把自己的痛点表达清楚,如果你没有深入了解就给出判断和建议,对方就会觉得你不懂他。

想要做到真正的倾听和共情,一是要全面倾听,适时整理和复述对方的主要观点,让对方明白自己已经完全理解了对方的意思。二是要设身处地地站在对方的位置,充分考虑对方的优势、劣势、机会、挑战,综合分析并给出自己的反馈。

4.真诚待人,言行一致

如果一个人积极主动地与外界沟通,笑容可掬,且能够说出对方希望听到的话,对方往往会对这个人建立起"有亲和力"的第一印象,但这种第一印象是否能够长久保持,取决于这个人之后的行动是否能与他的外在表达保持一致,即这个人是否真诚。

比如一名销售在初次拜访客户时,十分热情,并表示愿意努力满足顾客的利益,让客户对其产生了亲近感。但当客户真的有超出常规标准的诉求时,销售人员却百般推辞,不愿变通或让渡自身的短期利益。这就会让客户有一种感情受到欺骗的感觉,反而会对销售人员产生负面看法。

在工作单位，我们和同事相谈甚欢，并让对方"有什么事儿随时找"，但当同事真的有事找来时，我们却推三阻四，或因能力不足而无法解决对方的实际困难，也会减少下次对方再拜托我们的意愿。

能否长久地保持住自己的亲和力，一方面依赖于我们是否有足够的能力来帮助那些对我们有所期盼的人。因此我们需要修炼自己的专业技能、培育自己的行业资源，通过提升自身质量来提升自己的吸引力。另一方面，我们要有一种真心服务他人的内驱力。1+1能否大于2取决于两人是否真诚合作实现双赢。虽然我们不能确保对方真诚待自己，但我们能做的就是先迈出那一步，用自己的行动感染对方，相信绝大多数情况下我们都会收到来自对方的回馈。

5.从我出发，坚定自信

有些人的同理心过于强烈，过于关注他人，迷失自己，形成了所谓"讨好型人格"。当他们怀着这样的心态与他人交往时，反而会让周围的人觉得这样的善意是一种压力，从而产生一种"不够轻松"的感受，这样会降低一个人的亲和力。

有些人存在"一旦被人关注就可能让人失望或嫌弃"的想法，继而选择封闭自己，不愿意主动表达观点或关心他人，这样做也会让周围的人觉得这个人很冷漠，毫无亲和力可言。因此笔者认为，想要具备亲和力，还是应当更加尊重自己，在不伤害他人的前提下，按照自己觉得对的方式做事和说话，坚定而自信地展现自己的优势和不足，这样才能活得更快乐，这种快乐也会自然而然地感染我们身边的人，产生一种看不见、摸不着，但确实存在的亲和力。

6. 关心他人，雪中送炭

当身边的人遇到困难时，我们一定要主动关怀，努力去帮助别人。这时候的关爱往往会让人难以忘怀，铭记于心。如果能持之以恒，周围的人也会很愿意和你交往，等你有困难时，别人也会主动帮你。

7. 欣赏赞美，礼尚往来

在别人取得成绩时，一定要主动去赞美别人，而且一定要发自内心，真心实意。赞美可以让别人感到愉悦，更有利于你们之间的有效沟通，要学会运用溢美之词在个别交谈、会议发言、微信交流和朋友圈点赞等场景下表达欣赏之意。同时要注意礼尚往来，在被给予的同时及时回馈别人。

13.2.2 提升个人影响力

一个人在职场当中影响力的大小取决于多方面因素，并没有一个非常明确的公式，甚至可以说是一门玄学。有些人兢兢业业、人品端正、团结同事，但他只能照章办事，管理好自己，对周围的人几乎没有影响力；有些人虽然踏实内敛、毫不张扬，但其一言一行却能影响下属和同事。影响力不是靠自吹自擂、张扬外显就能提升的，要想弄清如何提升影响力，就要分清个人会在哪些层面对周围同事、对工作单位、甚至对所在行业产生影响。笔者认为，在职场中可以通过以下方式想提升个人影响力，需要记住以下两点。

1. 突出的工作业绩是构建影响力的基础

员工创造业绩，所有员工的业绩总和就是工作单位的效益。员工创造的业绩直接影响单位的发展，业绩是员工在群体中最直接的影响力来源。想在工作业绩层面提升影响力，就要创造更大更多的业绩。那么如何提升呢？以一个媒体从业者为例，提升工作业绩，要从知识能力、工作技巧、工作经验三方面下功夫。

与媒体工作相关的知识是从学生时代就开始积累的，特别是大学期间所学的新闻传播理论与实务、融媒体相关技能，这些知识与能力的培养对提升工作业绩是很有帮助的。在工作后也要不断积累知识，想更高效更快速地增加知识储备，依然要学习，可以从书本中学习，多看与自己工作相关的书籍、论著，以及影音制品、新媒体作品。不过在学习的过程中要有所筛选。随着自媒体时代的到来，仿佛人人都能"讲课"，但有些知识对工作帮助不大，有些甚至是错误的东西。在学习时不能只图便捷、轻松，更应关注知识的准确性、严谨性、针对性。比知识储备更进一步的是能力储备。能力储备是知识储备的进阶，能将所学知识应用于工作，就是具备了工作能力。这需要在学习知识的同时加以思考，在实际的工作中逐渐摸索，知识就像工具，越用才能越熟练。

工作技巧不同于工作能力，它更讲究灵活与变化。以与人打交道的职业为例，最重要的工作技巧就是交流技巧。交流技巧不只是沟通表达能力，还要有因人而异、因时而异、因事而异的灵活应变。提升工作技巧的迫切愿望往往是在工作中处理问题有瑕疵或带有遗憾之后才变得更加强烈。当工作一帆风顺，只靠既有知识和能力即可达成很好的业绩时，便意识不到技巧的重要性，直到工作受挫时，才会发现技巧的重要性。工作技巧可以向他人学，也可以自己摸索。初入职场的新人,工作技巧更多是通过向老员工请教得到的,保持谦逊、和善、积极的态度,是求教的必要条件。

工作经验能让我们在工作开展前就预见到可能出现的问题,调动自己的知识和能力储备,选择恰当的工作技巧来解决问题。我们还可以利用自己的工作经验为他人排除障碍或指明方向,从而提升个人影响力。随着工作的不断开展,工作经验自然会越来越丰富起来。但有人经验积累快,有的人则缺少积累,后者是思考、总结意识不强造成的。不断在行中思、做中学,一定能创造更好的业绩,进而以业绩提升影响力。

2. 创造良好交流氛围是培养影响力的土壤

在突出的个人能力和业绩的带动下,自身影响力得以提升。但能否带领小团队创造更高的价值呢?团队的成功往往伴随着良好的工作氛围,一个能左右团队氛围的人,无疑在团队中具有更大的影响力。

那么如何提升个人对氛围的影响能力呢?可以从业务能力、交流方式、人格魅力三个方面入手。

业务能力强的人更容易在集体中发挥积极的带动作用,是团队工作的领头羊,是积极氛围的营造者。业务能力是构建积极氛围的根本保障,没有这个基础,只靠攀附关系不反不能营造积极的团队氛围,反而会造成扭曲病态的工作环境。提升业务能力就是增强氛围影响力的第一步,具体方法前面已有介绍。

在具备了较强的工作能力后,交流方式就成为成败的关键,能力很强的人,若不注意交流方式,反而更易引起同事的反感。但也不必过度谨小慎微,平时注意交往尺度、交往原则即可。要营造积极的团队氛围,并不需要和每一位同事都成为知己,大家能以坦诚的态度、舒适的方式、恰当的尺度去交流,就会形成很好的团队氛围。

在工作中,难免遇到因为种种个人因素无法保持积极的工作状态,无法与团队中的成员友好相处的同事。怎样才能影响他们,使他们成为保证团队正常运转的一分子呢?个人的人格魅力是影响他们的取胜之匙。每个人都有自己的性格、特长,不可能和所有人成为朋友,但社会对人格有一致的评价标准,不一定要有多么鲜明的标签,但为人正直、光明磊落、坦坦荡荡的人让所有人都挑不出毛病,这样的人说出的话、做出的事都更有分量,影响力更大。要成为这样的人,就要有这样的心,坚持自己的信念,即使遇到阻力也不动摇,长此以往,就能铸造刚正不阿的人格,拥有强大的影响力。

3.洞察发展态势是提升影响力的保障

一个部门或单位一定是需要有人引领的,引领者一定在团队中有很强的影响力。氛围更多指向和谐、合作,而与氛围不同的发展态势更多指向前行方向与良性竞争。若想在洞察发展态势的层面提升影响力,不但需要个人的业务能力,更需要有组织能力。

业务能力强,才能带领团队前行。但一个业务能力出众的员工,也有可能造就一些懒散的追随者,围绕在强能力者身边,工作变得简单轻松高效,其他人只需要服从,不用多作思考。这样的团队是平淡的,长此以往甚至可能走向消极。想在团队发展态势上影响他人，必须具备很强的观察力。发展态势不会是一直低迷或高涨的，即使再强的集体也会有状态的起伏。观察力强的人，能提早发现团队成员将要出现的问题苗头，甚至通过观察发现懈怠的原因。另外，对规律的把握，对轻重缓急的衡量能力也很重要。既然起伏是必然的，那么想更好地影响发展态势，就不是简单地不断吹响冲锋号，不停地灌鸡汤、打鸡血，而是能够因势利导，让低谷尽快过去，甚至在低谷期调整工作重点，带领同事们及时充电，打造下一个更高的高峰。如果不能准确判断当下的竞争环境、事情的轻重缓急，一味遵从常规，则无法帮助团队规避风险，战胜危机。这里特别强调，组织能力是提升影响力的关键，能发现问题和机遇，并因势利导规避危机，带领团队走上正确的道路，这也是组织能力的表现。带领团队前行，光靠画饼或道德情操要求是不够的，要了解每一个团队成员的个人情况、家庭情况以及喜好厌恶，通过有针对性的激励机制，调动成员的积极性，将最合适的人安排在最恰当的岗位上，及时发现工作中的成果与问题，及时表彰或调整。在这样的组织协调下，团队的发展态势因你的影响而高涨，你在团队中的影响力必然也会相应增强。

4. 把控发展方向是扩展影响力的根本

当今世界变化迅猛，各行各业飞速发展。在这个瞬息万变的时代，把握好团队及公司的发展方向尤其重要。在面对挑战甚至必须转型时，能带领团队或公司走上正确的道路，对团队乃至行业都会产生极大的影响。以乐凯集团为例。主营胶卷业务的乐凯集团在20世纪八九十年代业绩斐然，但很快国际著名感光材料企业纷纷将其发展的战略重心转向中国，市场竞争日益激烈。同时，数码成像技术也得到快速发展。在严峻的市场形势下，乐凯大力推进企业改革，推进技术创新和管理革新，积极开发数码成像材料、平板显示用光学薄膜等新技术、新产品，最终焕发了新的活力。可以说，乐凯的领导团队不仅影响了公司及员工，更影响了整个胶卷产业。当然，如此巨大的影响力不是来源于几个决策者，而是兢兢业业的科研人员、中层管理者等共同努力的结果。挑战无处不在，战胜挑战就会赢得更大的影响力。在团队或组织中要建立起强大的影响力，首先是把控自己，要有强大的自控力，这一点在前面已经介绍过。其次，在集体和团队中要有坚定的信念和目标，能准确分析和预测未来的发展大势和走向，善于决断，并顺势而动，因势而为，采取一系列有针对性的方针策略，把控形势影响，推动公司的发展。

影响力犹如逆水行舟，不进则退。只有时刻具备危机意识，不断迭代，才能保持住个人在职场当中的影响力。

13.2.3 控制个人情绪

每个人都会有情绪好坏的不同的时期，情绪好，就会有助于我们心情顺利愉悦地工作；心情不好，可能就会影响我们的工作绩效和工作的热情。在现实生活当，每个人都会面临困难与挑战，也会遇到一些自己不愿意面对的事情，有时甚至会遭遇人生的挫折和苦难。这个时候需要我们正确把控好个人情绪，不过多影响到工作。

影响个人情绪的原因，有可能是工作当中的团队不协调，同事间不和睦，以及个人的努力来得到认可，也可能是工作之外的事情,包括家庭的关系、子女的教育,或者个人自身的疾病、身体的缺陷等,这些都会影响到我们每个人的情绪。

就情绪的控制而言,我们可以从以下这几个方面入手:

学会释怀,让自己的工作和生活更幸福。现实中许多人作茧自缚,总是生活在某种阴影里,顾影自怜,且从来不敢突破自己,去寻找快乐和幸福。他们将自己束缚在狭小的空间中,犹如井底之蛙,看到的只是自己的苦恼、忧愁,却看不到生活中的快乐和幸福。

王然就职于某文化公司,她有着高挑的身材,漂亮的五官,为人亲切,工作认真负责,唯一的遗憾便是脸上长满了雀斑。为此她经常感到很苦恼,甚至不敢随意在公共场合露面。在公司举办各种活动时,她也从来不敢和其他人一起玩乐。

到年底了,公司要举办年终晚会,王然端着酒杯躲在一个小角落里看着别人有说有笑。这时,一位男士轻步上前对她说:"你脸上的雀斑好俏皮、好可爱。"王然惊呆了,向来被她引以为憾的雀斑竟然会成为她的迷人之处。她认为那个男士是拿她开玩笑。

后来王然终于相信她脸上雀斑的确让那个男士着迷,直到这时她才感到释然,也接受了男士爱的表白。

生活中有很多和王然一样的女人,认为男人都喜欢追求完美的人,因此对自己的不完美耿耿于怀。其实每一个女人都有独特的韵味和魅力,未必只有漂亮的外表和仪容才能吸引男人。生活中这种例子不胜枚举,你认为的缺陷和不足在别人眼中可能就是优势和长处。因此切勿庸人自扰,学会释怀最为重要。

坦然地面对无法改变的不幸。人的一生总会有沉有浮,既不会永远如旭日东升,也不会永远痛苦潦倒。对一个人来说,不幸也许正是一种生活的磨炼,使你变得更加坚强,变得更加积极向上。因此,要时刻保持积极向上的心态,坦然接受现实中已然无法改变的事实,哪怕是不幸的现实。要相信,即使我们所处的环境不乐观,也总会有"柳暗花明又一村"的那一天。要明白,其实在生活中遭遇不幸也是十分正常的事情。"祸者,福之所倚;福兮,祸之所伏。"比如新冠肺炎疫情的突发可能对每个人都会产生影响,面对这样的情况一定要有正确的心态。人一生中的恩怨、悲喜以及功名利禄通常都是有因果的,不要为失去的难过,也不要为未知的焦虑,更没有必要为正在发生的糟糕事而情耿耿于怀,一切顺其自然,因为生活没有我们想的那么糟糕。人在这一生当中经常会遇到自己不开心的事情,也许我们无力改变事实,但我们可以选择自己的生活态度,这就要求我们积极客观地对待发生在自己身上的遗憾,在最短的时间内接受这种灾难造成的事实,不要纠缠其中,日复一日地抱怨上天的不公,这样只会加重我们的苦痛。

同时,我们要尽最大的努力修补那些由于自身的失误造成的遗憾,承认现实生活中的不足,并通过自己的努力去弥补,这才是一种积极的对待生活缺憾的态度。

要知足。人之所以经常会有情绪,往往是因为感到不满意,有一种失落感,或者未达到预期的目标。但人们常说"比上不足,比下有余",很多人处在同样的位置上,但他们的心情和情绪不同,有的人怡然自得,有的人却愁容满面,前者懂得如何知足,后者可能被欲望掌控。你的收入不够买名牌，非名牌的东西也可以用得很有品位。你说没有钱买高档轿车，就不要欠债贷款装潇洒，经济实用的车子一样可以发挥价值。打肿脸充胖子，风光是风光了，但最终还是要自己来吞下这个苦果。很多时候欲望是无止境的，但是你只要放低期望，就会感到"比上不足，比下有余"，那也是自我开悟。

老子说，"祸莫大于不知足，咎莫大于欲得"。不知足是最大的祸患，贪得无厌是最大的罪过。把钱财、家世、容貌视为荣辱标准的人，皆是不懂得知足的人。

不受他人坏情绪的影响。情绪是可以传染的，不管是积极还是消极的情绪，都具有传染性。我们会受好情绪的感染，也会受到别人坏情绪的影响，这就要求我们对别人的坏情绪具备一定的免疫力。

首先，如果可能要尽量远离情绪消极之人。如果你有一个同事，每次一见到你不是抱怨老板刻薄，就是抱怨天气不好，或者哀叹自己最近的运气有多么差，那么在与他的接触中，你就会想到自己老板的种种缺点，感觉阳光都不那么明媚了，也会想到最近遇到的几件倒霉事。应该尽量远离这样的朋友和同事，否则就算你对坏情绪的免疫力再强，也不能保证不受一点影响。

其次，凡事要有主见，要专注于自己的事情。没有主见的人最容易受别人情绪的感染。当与你在一起的人比较消极的时候，你可以安慰他，尽量向他传递自己的正面情绪，而不是被他拉入消极的漩涡，必要的时候，不予理会也是一种选择。要学会控制自己的心情,而不是让别人左右你的心情,加强自己对别人坏情绪的免疫力,只有这样才能每天拥有好的情绪和好的工作状态。

13.2.4 学会换位思考

在职场上或者社会生活中,我们经常听到一个词叫"换位思考",这个词字面意思很简单,真正做到位却很难。正是因为我们常常忽略如何换位思考,所以每个人的职场人生路才会走得参差不齐,才会认为职场上有的人贴心可亲,有的人冷酷无情。

而职场上确实有一些人,他们在做人做事的时候不仅不会换位思考,还经常不顾及别人的感受,随意把怒气发泄到别人身上。这会导致身边人对其不屑一顾,因为他的人品、言行已经让别人对他彻底失望,并把他划为异类。

因此有一句话说得好:"适当的时候换个角度看一看。"站在别人的角度看问题,你会看到从未见到过的、与众不同的,甚至让你心灵有点震撼的情景。

职场中,学会换位思考,我们将收获颇多。

学会站在上司角度换位思考看问题。平时我们习惯于站在自己的立场看问题,比如为什么上司把这个项目给了他而没有给我,为什么这次加薪没有我的份。首先要明确的是,一个团队管理者更看重团队内的公平性。什么是公平性?就是要奖励对团队真正有贡献的人。你所感觉的不公平并不一定是真的不公平,从整个团队看,就是你的绩效还没有达到要求,上司只奖励真正有贡献的人、愿意为工作付出的人,这就是对所有人的公平。上司喜欢的永远都是能力强、专业、能干活、能帮助自己解决问题的人。

学会站在同事的角度看问题。每个人都有自私的一面,"趋利避害"是人性的共同点,考虑问题大多数是从个人角度出发的。对待同事的进步和取得的成绩,我们要多学习别人的优点,少一点妒忌心理;要多看同事的努力和付出,少挑他人的缺点和毛病。人家对你说的话并不是吹毛求疵,而确实是真心想帮助你。其实每个人都希望得到别人的肯定和同事无私的配合。

从上司的角度去思考,我们能做出更好的工作业绩;从同事的角度去思考,我们能让办公室关系更和谐。

那么,从哪几方面做到换位思考呢?

首先就是学会自省。自省是一种态度,也是一种习惯,是我们在日常生活中需要掌握的技能,也是职场上很容易被大家所忽视的一种手段。因为我们在工作中常常容易产生过度自信,或者不善于认错。因此工作中遇到矛盾或争议难题时,可能第一时间先去找别人的错误,很少从自身去反省。学会自省是你换位思考的第一步,只有学会了自省才能得到真正的成长,才能得到心灵的救赎。因为只有发现了自己的问题以后,才会更主动地站在别人的角度看问题,看看自己的问题对别人的影响有多大。

其次就是学会宽容。列夫·托尔斯泰说过:"世界上最广阔的是海洋,比海洋更广阔的是天空,比天空更广阔的是人的胸怀。"宽以待人可以换来理解、和睦和友谊,耿耿于怀只会让人与人之间的距离越来越远。古语云:宰相肚里好撑船。作为职场打拼的人,也一定要有宽容大度的胸襟,容得人、容得事,尊重人、理解人、关心人，诚心诚意待人，设身处地为同事和上级着想，让大家感到相处的温暖与亲和，这样才能凝心聚力，才能成功完成任务。

我们经常这样讨论现在的职场上：某些人为什么这么自私？某些人为什么这么大方？某些人为什么这么无耻？某些人为什么这么高尚……其实胸襟对于一个人来说是很重要的。试着宽容，试着接纳，试着拥抱你外面的整个世界，尝试脱离站在自己的圈子去考虑问题，如果不学会接纳别人的意见、别人的提醒、别人的关怀，一直故步自封，站在自己的小圈子里徘徊犹豫，你的人生永远不会有什么起色。

最后就是要善于理解。当你做到了从自身角度进行自省，从而勇于接纳，用宽广的胸怀来拥抱对方，下一步就需要站在对方的角度，站在对方的世界里去理解他。因为每个人的人生都不容易。如果我们一直停在自己的角度，用自己的思维方式去思考别人的人生，就很难理解别人做一件事的因果缘由，这就是矛盾发生的根源。对某件事，不同的人有不同的看法，而且有不同的理由和思维习惯，因此双方永远难以达成一致。当然这个"理解"不是简单的两个字，是你要站在对方的角度，讲着以对方的思维方式、平时的处事态度来思考。这样你才能试着真正理解对方，从而慢慢消除矛盾，构建和谐。

学会换位思考，不仅可以帮助我们减少与他人之间的争吵和摩擦，也能使我们更加宽容和大度。能做大事者，都是胸襟宽广、懂得包容的人。因此，想要成功，先要学会换位思考，只有会换位思考，能体恤他人难处的人，才能成就大业。

14 职场快速成长要诀

职场即工作场所,通常是在你身边有一个大约十几个、几十个人组成的小圈子或团队,这个小圈子或团队就是一个浓缩的社会,人际关系的处理是一个十分重要的问题。作为职场人,选择好职业规划与职业发展道路是首要任务。适应职业初期的各种人和事,完成交办的各项任务,顺利渡过试用期也非常关键,毕竟当今社会能拥有一份相对稳定可靠、个人兴趣与工作内容又相互匹配、同时又让人羡慕的职业也是很难得的。人应该是积极向上的,职场人都有不断挑战的欲望,希望在尽可能短的时间做到主管,成为部门负责人,也都可以理解。但现实情况是,并不是人人都有机会、人人都有可能成为主管和部门负责人,职场人对职场的惨烈竞争的景象都有挥之不去的记忆。职场中如想早日担起大任,就必须千锤百炼,快速成长。如果你想在职场中收获更好的未来,就不能做一台工作机器,而是要拥有善于思考、解决问题的能力。那么,职场新人如何才能快速成长呢?本章将从以下几个方面加以论述。

14.1 做一个好的追随者

职场上有一句至理名言:"要想当一名好的领导,首先要做一个好的追随者。"作为一个追随者,思想、风格、意志和行为等各方面应与领导保持高度一致,努力成为领导坚定的支持者、拥护者和爱戴者,甚至是领导的左膀右臂。与"打工仔"的工作状态相比,追随者努力工作不是为了金钱和地位,而是为了愿景和理想。对追随者而言,领导在其心目的地位,领导的思想和精神对其的深刻影响是不可取代的。追随者们是心甘情愿去奉献,主动积极去付出,全身心投入并充满激情的。工作中,会以公司或团队利益至上,把个人的利益放在后面,永远是精神饱满、斗志昂扬的,让领导始终放心。但想做一个好的追随者,也需要满足相应的条件。

1. 选择好的领导

(1) 要选能力强的领导。在职场中,我们要向书本学习、向实践学习、向周围的人学习。其中,身边的领导是我们最重要的学习对象。如果领导能力不强,我们就缺少了最重要的学习渠道。当然人无完人,也不能要求领导在方方面面都起到示范作用,但只要他在某些方面有出众的能力,我们就应当虚心学习,向其靠拢。

(2) 要选品德端正的领导。有一些领导为了个人利益,牺牲组织利益,甚至侵害国家利益。如果对这样的领导言听计从,盲目追随,就会犯原则性错误,甚至走上违法犯罪的道路。即便没有受到牵连，前期积累的人脉资源也会遭到损失。

（3）要选与自己价值观相同的领导。工作之所图除了生计，还有实现个人的理想和价值。有明确的工作目标和价值导向，工作才有动力。如果领导和下属的价值观不同，双方对于如何开展工作就会有不同的看法。如果下属按照自己的想法去干，就会让领导不满意；如果下属按领导的想法去干，就会让自己的工作失去内驱力。只有与价值观相同的人一起共事，才能减少内耗，事半功倍。

2. 有靠谱的执行力

一些初入职场的新人总感觉自己的工作太底层、太简单，自己的能力没法得到充分发挥，不重视自己职责范围内的工作，经常马虎大意，出现工作纰漏。还有一些职场新人认为自己只是刚毕业的学生，没有担当大任的能力，只能做些最基础的工作，对于领导交办的有一定挑战的工作往往心存畏惧，感到难以胜任。

当追随者的时光是最应当被珍惜的，它是修炼内功的过程，是十年磨一剑的过程。职场新人需要充分利用这段容错率较高的时光，打造自己各方面的能力。除了专业技能和经验的累积外，最重要的就是做一个别人眼中"靠谱"的人。靠谱意味着认真，有责任心，有执行力。那"靠谱"又体现在哪些方面呢？

第一，将"认真"二字落实在每一个工作环节。学生时期马虎大意会让卷面失分，虽令人懊恼，却没有切实的危害，下次注意即可。但职场上马虎大意却可能造成难以估量的损失。比如，会计人员汇款时在键盘上多敲一个0，或把日元填成人民币，就可能造成数以百万计的损失；销售人员对合同关键条款没有严格把关，很可能会导致后续的诉讼成本；秘书帮领导草拟发言稿，对成语含义模棱两可，却又懒得核实，就可能让领导在众人面前出丑。以上任何一个马虎大意，都会让自己在职场上碰钉子、得罪人，一旦在他人心中留下"不靠谱"的负面印象，想要改变就十分困难了。

第二，做任何事情都要有责任心。责任心可以让一个人在面对压力或挑战时依然屹立不倒，努力前行。领导下面有团队，每一个团队成员都是他身上的责任，自己决策失误、规划失当，不仅会给自己带来损失，也会影响下属的利益。因此，没有责任心的人是无法成为好领导的。作为追随者，也应当以这样的标准来要求自己，首先要对自己负责，即便偶然发生工作纰漏，也要勇于承认错误，并积极解决。同时，好的追随者还应当有对团队负责的意识。对于分工节点之间的薄弱环节，能够及时补位；发现内控流程中的漏洞要及时汇报、修补。这样的追随者往往能够帮助领导分担压力，领导能够在这样的追随者身上看到管理者的潜质，从而对其予以重用。

第三，拿工作实绩说话。在基层工作者当中，不乏认真且有责任心的人，但想要得到进一步晋升，还是得拿业绩说话。领导每年都要对自己负责的业务领域进行总结，列举当年最耀眼的几项工作成绩，这些工作不是由领导一人完成的，而是依靠团队共同完成的。作为其团队成员，应思考的是，其中有几项是我主导推进和落地的呢？如果没有，即便我工作再认真、加班再多、提的建议再好，也不能成为领导眼中最有价值的下属。作为下属，在规定时间时，按规定要求达成任务目标，才是真正靠谱的追随者。

3. 及时汇报、充分沟通

根据塔西·亚当斯的公平理论，领导对下属进行公平合理的分配，可以对员工的工作积极性产生正面影响。相对地，我们也应当给领导提供判断工作量与贡献度的素材和依据。不同的领导关注的重点不同，不是每个领导都能够了解和记录每个人的工作量和贡献度的，而且工作性质和工作要求也不同，有些工作容易量化考核，比如销售业绩、公众号阅读量等，而有些工作没有可量化的考核指标，如财务流程再造、产品质量提升等，但对于组织整体发展大有裨益，这样的工作更应当进行翔实的汇报。

定期主动地汇报工作进展能够让领导更放心、更踏实，从而将更多精力放在发现和解决战略层面的问题上。领导可以随时掌握团队整体的工作进度，对进度落后的及时提醒、方向不对的及时纠偏。人们都喜欢掌控周围环境，领导也不例外，能够给领导提供更多确定性的下属也更容易被信赖。

除了定期汇报工作进展和工作结果外，对于完成任务过程中遇到的困难和挑战，以及所需资源和支持，也应当及时与领导沟通。不同层级的人员所掌握的资源不同，作为下属觉得无法推进的工作，可能在领导眼中是小菜一碟。下属与其苦思冥想、耽误进度，不如及时与领导沟通，获得指导和支持。充分沟通能让下属有更多当面学习的机会，是提升个人能力和实战经验的捷径。

4. 积极主动作为

追随者和一般的下属有所不同。追随者重在一个"追"字，"追"体现了主动向上、主动向前的工作态度。好的追随者应当能够主动思考、主动建议、主动行动。一个人的思想高度取决于他站的高度，虽然追随者的职务没有被追随者高，但他必须站在被追随者的高度去思考问题，才能够与被追随者同频。追随者应该了解领导的主要目标和价值排序，并据此来安排自己手头的工作。如果领导的目标是创新和高效，追随者就应当用这样的标准来审视现有的工作方法，思考如何改进以接近目标。有了想法之后，可能有些想法光靠自己还无法实现，此时就要主动向领导提出建议，与领导共同探讨可行性。当领导采纳建议后，追随者应当主动请缨，协调资源和团队，将想法和建议变成现实。

虽然人人都明白工作应当积极主动，但主动往往意味着更大的工作量和更高的工作难度，于是许多人退缩了，只愿被动地固守自己原本的工作内容，这样做其实危害无穷。随着市场竞争的加剧，一切都在快速改变，一成不变的工作内容已逐渐被信息技术所替代，故步自封的市场主体也逐渐被市场所淘汰。不能主动应变的人不要说职业发展，恐怕连饭碗都保不住。而那些能够主动工作的人，能够将更多的工作时间花在自己喜欢做、愿意做或认为值得做的事业上，而不是被动地接受来自上级的工作安排。怀着这样的积极心态工作的人，往往能够与组织发展产生共振，创造更好的绩效和结果。

5."不越位，不争功"

"不越位，不争功"是一个追随者应当具备的最基本的道德品质。有时候下属做成了一个很有挑战的项目，就会自我膨胀，认为这个项目是自己全权负责的，领导并没有涉足太多，如果领导在汇报工作时没有提及自己的功劳，就会感到愤愤不平，十分委屈。其实这样想大可不必。首先，即便领导没有给予显性的支持，他也在无形中为这个项目保驾护航。虽然这个项目这次成功了，但如若失败，其风险也需要由领导承担，下属"自己全权负责"这种说法本身并不成立。其次，优秀的领导不会与下属争功，此时他虽然没有提及下属的功劳，但在适当的时候会提携下属，或者他需要经过多次考验才能确信下属真的具备了某种能力，而不是仅仅依靠运气。追随者应当正视自己的角色，认识到存在的不足，以阳光心态来面对得失。

总而言之，好的追随者应当能够充分地换位思考，站在领导的角度来审视和调整自己的行为。这样做并不是为了讨好领导，而是为了让自己的职业发展更加顺利。

14.2 以事业心和业绩赢得信任

团队成员之间，以及下属与上司之间的信任是团队取得高绩效的根本。怎样才能取得团队成员和领导的信任，以便在工作中有相应的主导权利，并放开手脚使用组织内各项资源？取得他人的信任靠的是自身以强烈的事业心不断拼搏和开拓，取得优秀的工作业绩，这是赢得信任的前提和基础。

什么是事业心？事业心是劳模汪金权老师扎根山乡23年，只为静待花开、甘为人梯的大别山精神；是"熊猫爸爸"张和民为保护国宝大熊猫，钻丛林、攀悬崖、日晒雨淋也毫无怨言的舍我精神；是"油田铁人"王进喜以"宁可少活二十年，拼命也要拿下大油田"的顽强意志和冲天干劲。

事业心是人生成功的源泉，敬业、勤奋、刻苦的作风则是事业心在实践中的具体表现，是通往成功之门的铺路石。

事业心是一种勤奋、刻苦的工作精神。勤奋是一种积极向上的人生态度，员工要想在企业干出一番成绩，就必须先具备勤奋的工作态度，埋头苦干，努力拼搏，脚踏实地，一丝不苟地做好本职工作。

事业心又是一种谦虚、谨慎的工作态度。要从实际的工作情况出发，结合公司的发展需要，谦虚谨慎，戒骄戒躁，摆正自己的位置，努力工作。

有事业心者首先表现为敬业，进而是乐业。一台机器由若干个部件和螺丝钉组成，部件之间协调配合，机器才能发挥出最大潜能。一个单位正如一台机器，只有分工不同，没有高低贵贱之分。只要每个员工都拥有"干一行、爱一行、干好一行"的事业心，就能体会到本职工作的重要和不可或缺，进而乐业，对所从事的工作充满"喜欢""热爱"之情。但凡工作出色的员工不是被逼出来的，而是因为他们对所从事的工作充满热情，在工作中找到了乐趣，看准了前进的方向。

事业心只是其中的一步，在企业中，业绩才是关键。正如《业绩才是硬道理》这本书的书名一样，我们证明自己价值的唯一准则就是业绩，因为业绩最能证明自己的工作能力和价值。业绩高，你的"能力指数"和个人信任度才能大幅上涨，你才能在职场中生存下来。一个把职业当作事业去做事的人,一定会珍惜职场的美好时光,砥砺奋进,不断开拓进取,如果再加上方法得当,定会如鱼得水,取得优异的工作业绩,也会赢得领导及同事们的高度认可和信赖。

14.3　增强职场核心竞争力

职场核心竞争力,包括但不限于职场专业核心能力。职场核心竞争力是指在职场工作中所具备的顶端优势,是一个人区别于他人的优势能力,是支撑你在职场中如鱼得水、风生水起的技能和能力。它一般具有以下几个特点:

其一,职场核心竞争力不是短期促成的,而是在了解自己的兴趣领域和擅长领域的基础上多年积累而成。

其二,职场核心竞争力具有不可替代性。你在公司创造的价值和解决问题的能力,是你独有而别人没有,或者别人在相当一段时间内无法达到你的水准的。

其三,职场核心竞争力不是单一的某项能力,而是能够与别人拉开差距的能力组合。

青年人在进入职场之后,都必须做好自己的职业规划,有目标地提升自己的职场核心竞争力。那么职场核心竞争力包括哪些内容?如何提升呢?

我们在前面的章节中就职场的通识能力、专业核心能力、自控力等进行过讨论,下面结合职场工作实际情况,对数据与信息分析能力、学习力、创新变革能力和人脉资源整合能力进行介绍。

1. 增强数据与信息分析能力

数据与信息分析能力是一个职场人必备的技能，要学会追根溯源，从本质上思考和看待信息源，这是在向领导或者客户汇报时必须掌握的基础思维输出能力，通常可以尝试从五个角度来思考分析：

- 影响：大小如何？
- 差距：差异是什么？
- 趋势：有什么变化？
- 偏向：分布如何？
- 模式：规律是什么？

2. 持续提升学习力

身处互联网时代，铺天盖地的学习资源唾手可得：微信学习群、学习主题公众号、各种直播平台、网易云课堂、读书会等，各类学习活动每天都在举行，网络免费资源包罗万象。大脑在不停地接受新的知识灌输，没有消化、没有整理，付出了时间和精力，得到的只是碎片化、低质量的知识。

作为职场人必须考虑"学习断舍离"，先聚焦学习主题，然后持续学习。想要有计划地构筑自己的强项，你要先明确自己的专业领域并确认岗位所需的能力。可依照以下三个选择标准思考：

（1）自己已经积累大量经验的领域；

（2）正在被社会迫切需要的领域；

（3）能在短时间内成长的领域。

持续的、有目标的和高效的学习能力培养是提升个人核心竞争力的重要组成部分，也是决定一个人在职场中能走多远、能达到什么样高度的关键。

3. 打破"舒适圈"的创新变革能力

向老板去争取高难度的工作，去开拓一个新赛道，或者挑战没有接触过的新项目，不断地吸纳能量。这个过程可能会有困难，需要比别人学更多的新知识、技能，还可能会有风险，但如果因此就不敢创造性地开展工作，也就意味着无法发挥自己的潜能，无法建立核心竞争力。如果你不断尝试去打破自己的舒适区，在打破的过程中，会发现自己潜能不小，追求的目标会越来越高，自我价值的定位也会得到提升。

4. 积累与整合人脉资源的能力

在职业生涯初期，就要有意识地培养自己的社交圈子，建立自己的社交网络。尤其要多结交行业内比你资深的人士，可以是猎头，也可以是同行业和你同层级或者层级比较高的人，他们会在你未来的职业生涯中，给你源源不断的新的工作机会信息和行业发展信息，会扩充你的视野，增强你的见识，丰富你的经验。有目的的社交和拓展人脉资源并有效整合资源，会对今后的职业发展起到很大的助推作用。

具体方法包括：

一是更新你的职业社交档案，保持活跃，多参与社交平台上的话题讨论，还可以不定期更新一些文章，发表自己的行业见解。

二是有选择地参加行业的线下研讨活动。通常在这些场合遇到的人很多是和你同级别的人，或者你行业的上下游人员。多和他们交流，互加个微信，聊一聊彼此公司的状况，你很容易发现机会点。

三是有意识地结识一些行业内知名人物、著名学者和业界大咖。与高人相交，会让你更开眼界，若能与一些大咖同行，你会走得更远。

14.4　学会高效沟通

沟通是人与人之间、人与群体之间思想与感情的传递和反馈的过程，以求思想达成一致和感情的通畅。沟通能力是一个人生存与发展的必备能力，也是决定一个人成功的必要条件。

我们每天的生活、交往、工作都离不开高效的沟通。对职场人士而言，沟通可以满足个人的社会需要，可以促进自我认知与了解，从而促进自我发展。沟通还可以促进公司中员工之间、员工和领导之间的交流，从而达到减少误会、加强理解、增进情感的目的。

沟通漏洞型法则指出：如果一个人的沟通能力存在盲区，那么呈现的数据是：心里想的是100%，嘴上说的是80%，别人听到的是60%，别人听懂的是40%，别人行动的是20%。你心里想的和别人执行的契合度越高，就代表你的沟通能力越强；如果出现契合度低、出入大的情况，就代表你的沟通能力相对较弱。

马东在《奇葩说》中说过：被误解是表达者的宿命。很多人心里想的是100%，但是表达能力有限，准确信息只输出了60%左右。如果恰巧接收方的理解力再打折扣，那么准确信息还剩多少呢？因此，在沟通的过程中，不要把"我以为"当成口头禅，而是要经过沟通、表达确认、核对清楚信息再执行。拒绝无效沟通，要及时反馈，使双方信息持续保持一致。在职场上，围绕沟通应注意以下几个方面的问题：

1.把握沟通的原则

沟通就像是让水流渠道畅通无阻，使得来自上游的势能可以上下贯通，发挥更大的冲击力。为了达成有效的沟通，我们可以按照表达能力训练的思路考虑。与表达不同的是，沟通大多是围绕着解决问题的目的存在的，因此如何有效顺畅地解决问题是我们的重点。沟通中遵循的原则有：

- 尊重他人；
- 避免争论；
- 学会聆听；
- 富有同理心；
- 换位思考；
- 保持冷静与克制。

2.了解沟通的步骤

通常，要完成一次沟通，需要经过五步（如图14.1所示）：

图14.1 沟通步骤

事前准备。在沟通过程中，要注意的第一点就是事前准备，与表达的事前准备不同的是，我们需要有一个清晰的目标，即要解决的什么问题。在清楚这一点之后，我们需要制定计划，这个计划包括沟通的内容及顺序，必要时可以用SWOT分析法，预测会遇到的异议和争端，并想好异议的解决方案。

确认需求。提问、聆听、确认是确认需求的三个环节，聆听对方的表述，理解对方的意思，提出自身的疑问，并确认对方是否听懂。

阐述观点。在确认对方需求的基础上，依据事实充分全面阐述自己的观点。阐述观点时，事实要清楚，细节要准确，观点要明晰，不能模棱两可。

处理异议。在沟通中遇到异议的时候，可以采用借力打力的办法，不是强行说服，而是利用对方的观点说服对方。也就是在了解对方的观点并在对方说出有利于你的观点后，用这个观点来说服对方。

达成协议。判定一项沟通是否有效的方法就是，看是否达成了协议，取得一致。在达成协议时，再次确认对方的结论，并表示感谢和赞美。

3.关注职场沟通中的重点问题

（1）主动汇报，不要一味埋头苦干。作为基层员工，我们的工作就是分担部门领导的工作压力，完成共同的目标。但是，如果我们只会埋头苦干，即使被工作压得喘不过气也不做反馈的话，你能否按时、按质完成交代的工作就很难说了。所以，建议每天或者每隔几天,以书面或者口头形式,向你的领导(特别是直管领导)进行简短汇报。这样,领导可以及时了解你的工作进展,对工作中遇到的问题可以及时做出调整。一定不要等到某件事过了限定日期、已经没有办法解决了,才找领导诉苦说是因为工作量太大耽误了。

(2)随时交流,不怕被人嫌弃。同事之间随时进行沟通和交流,就可以避免相互之间信息不对称。对方案或文案有什么想法、意见和建议可以随时提出来,供大家参考和讨论。有些事尽量开诚布公,而不要背后嘀咕,这样能最大限度减少误会,化解看法不一的矛盾,有利相互间的配合与协作。要克服怕被人嫌弃的心理,主动积极地参与到交流活动中。

(3)向领导汇报,要聚焦主题,讲究方式:

A.聚焦问题,找到你的上司想解决的问题,或者面临的困境。

B.明确提出可落实的计划。汇报时,要明确说出执行步骤,预期和会遇到的问题,你希望你的上司怎么做,不要含糊其词,务必清晰明了。

C.强调核心触动点,把领导关心的问题放大来说。上司关心销售额,你就说提升销售额;上司关注利润,你就要说能提升多少利润;上司关注市场份额,你也说要增加市场份额。

(4)心里有数才能给上司承诺。很多人刚开始工作时,都斗志颇足,迫不及待地想证明自己。为了给上司或同事留下好印象,对于哪怕不是很有把握的工作,也先一把揽下来,无意中许下了无法兑现的诺言。

做出了承诺,就是给了别人一份期待。一旦没做好,就容易让人感觉"失信于人"。职场新人能力不足,很多任务无法胜任,上司都能理解,也不会因此而嘲笑或怪罪你。因此,在接到一份完成有困难的任务时,要先和领导沟通自己的想法,说出自己的顾虑,并请对方给出建议。

(5)出现不良结果,敢于向领导承担责任。错了就是错了,自己承接下来的工作,就应该结果导向,并不因为这项工作原本是别人的,或我不喜欢做,就有所不同。要及时向领导报告,主动承担责任,对结果负责,万不可只想着为自己开脱。

14.5 有效提升工作效率

这是一个快节奏的时代,高效率是对职场人士的普遍的要求。树立高效率工作意识,制定切实可行的工作计划,不断提高工作技能,改进工作方法,都是提升工作效率的应有之义。立足互联网时代,向已被智能手机深度介入工作与生活的职场人,介绍几种提升工作效率的实用方法。

1. 提高工作专注力

影响工作效率的最大的杀手之一是手机,诸如骚扰电话、微信、股市大盘、朋友圈等,都可能会让你的时间碎片化,并在一定程度上阻碍工作进程,降低工作效率。

解决方法:采用番茄工作法,即25+5原则:使用飞行模式(或静音模式),将手机屏幕朝下放,集中精力工作25分钟,然后用5分钟处理手机中的重要事情。这是避免时间碎片化很好的法则。

2. 使用"优先表"

使用"优先表",列出自己一周之内、一天之内急需解决的一些重要且十分紧迫的事情,并且根据重要性、需求程度和紧急程度安排相应的工作进程,使自己的工作能够稳步高效进行,这也是涉及时间管理的一种很重要的方法。我们通常可以把工作分为以下四种:重要且紧急、重要但不紧急、紧急但不重要、不紧急也不重要。对重要且紧急的事情,我们需要立即去办。比如老板紧急交办的工作、重要客户来访、家人临时生病住院;重要但不紧急的事情,对个人而言是很有意义的,可能是许久的盼望和长远的目标。通常这类事情挑战性高,困难度也高,如参加明年的非常重要的考试、年底的婚礼、下个月的应聘工作面试等,需要我们投入比较大的精力去认真准备,严肃对待;紧急但不重要的事情,本身重要性不高,但有时间的压力需要赶快采取行动,例如接电话、接待客人来访、处理邮件等,这些事我们要及时完成,或者委托别人去完成;不紧急也不重要的事情,本身没有完成的压力,而且重要性不高,这些我们可以交付给别人代为完成,或者采取其他的方式来处理。

3. 学会定期工作复盘

工作复盘是指对已完成或者正在进行中的项目、工作进行全面梳理和总结,以便总结好的经验,优化和改进不足的部分,并从中吸取教训,以利于今后的工作。

(1)工作复盘的目的:

- 回顾过去、改进缺点、强化优点;
- 避免犯同样的错误;

- 从经验中总结规律,挖掘新思维。

(2)复盘的三个标准:

- 自己能反观;
- 自己会反思;
- 自己有反省。

(3)常用的复盘方法:

- **PDCA复盘法:**
- Plan:确定具体的行动方案;
- Do:建立接下来的to do list;
- Check:检查计划的执行情况;
- Act:进行方案的调整优化。
- **GRAI复盘法:**
- Goal:回顾工作目标;
- Result:评估工作结果;
- Analysis:分析工作过程;
- Insight:总结工作规律。

(4)高效复盘的措施:

- 找出做得最好以及最需改进的点;
- 找到收获最大的一个点;
- 检查目标落地进度;
- 梳理可能问题和风险;
- 寻找优势、发力点;
- 制定下一步行动计划。

（5）复盘需规避的误区：复盘切勿流于形式、上纲上线、推卸责任，或者急于下定论。

4.高效管理工作文件

任何无聊、单调的工作都有改进的余地，如果我们能这样思考问题，并积极地寻找改进的方法，单调乏味的工作也可以变得不一样。比如，学会文件分类管理。工作一段时间之后，会发现各种文件、图片资料源源不断，打开电脑，满屏都是，找东西特别麻烦。这种情况下，建议尽快梳理。先梳理自己每天要做的工作都有哪几大类，确认好之后，分别建立相应名称的文件夹，固定到某个位置；大类文件下再细分子项目，如涉及长期跟踪项目，需要备注上日期。接着把自己的文件对应放到各个文件夹中，每隔一段时间整理一次，及时清掉过期的资料。

5.列清单，巧用备忘录

并非每个人都有把生活过得井井有条的基因，也并非所有人都喜欢有条理，但是当你尝试把工作事项、生活事项都列到清单中的时候，一定会感受到它带给你的自由。

列清单的好处很多，比如，减轻焦虑，不用担心忘事儿；大事小事都可以列到清单上，让人大脑清空，做事更专注；每划掉一项工作，还能让人体会到成就感，进而更有动力去完成下一项任务。

14.6　尽快全面成熟起来

职场成熟是一种并不陡峭的高度，我们要以温和豁达的态度与同事、上司、客户相处；职场成熟是一种无需声张的厚实，温润如玉，让我们用行动来说明自己的能力，用行动来获得同事、上司、客户的认可。

那么，达到什么样的标准才能算是在职场中成熟了呢？在职场成熟的标志可以归纳成以下几点：

精于业务。人们都知道，音乐家和运动员需要不断训练，技艺才能日臻完善。事实上，"业精于勤，荒于嬉"的道理适用于各行各业。音乐家和运动员都需要练习，他们练习的目的是让自己更加精于业务。身为职场人士，同样也想让自己对工作更加精通，因此，职场人士同样应该操练起来，遵循可靠的原则，在职场中对某一业务工作，如技术、管理、销售、人事、教学等能够拿得起，放得下，应对自如，游刃有余，这样就达到了精于业务的标准。

善于学习。只有善于学习的人，才能化压力为动力。也只有善于学习的人，才有不断追求进步的意愿，才能承担更大的责任，才会获得比别人更多的成功机会。如果你能向老板展示出自己是多么热衷于学习新的知识和技术，而且学得多么快，就一定会得到更多的器重和受指点的机会。职场中的成熟人士一定具备超强的学习力。

甘于奉献。"奉献不应答，功名自来敲"，这体现了老子"无为而治"的境界，也道明了职场人应该具备的心理素质。今天，总有一部分人急于出名，急于求利，缺乏扎根基层的耐心。有的人喜好在领导面前表现，领导身前身后判若两人，大搞形式主义；有的人怕吃苦、怕劳累，天天抱怨工作辛苦、薪水太少；有的人不求上进,安于现状,能不做的尽量偷工减料等,皆折射出人们浮躁的内心。我们在岗位上所做的一切,不仅是对自己的一种考验,也是实现个人价值的过程。"万丈高楼平地起",当我们的奉献积累到一定程度时,功名自然会来找你。

勤于思考。任何一个公司都希望看到自己的员工在工作中勤于思考,这是完成工作计划中非常重要的一环。这个世界不缺会干活的人,缺的是会思考的人。在做一件事情之前,如果决策层没有认真地进行思考,这件事情就不会干得非常出色。而我们在工作中也是如此,如果自己不主动进行思考,就很难做好自己的工作。"学而不思则罔,思而不学则殆"。要学会思考,勤于思考,善于思考,懂得思考,这都是对自己的人生、对工作、对生活、对做人做事极其重要的事情。

乐于分享。古人云,"三人行必有我师"。每个人都有自己的长处,在工作中都会积累一些属于自己的独特的经验。一般来说,他并不会想到主动去告诉别人,除非别人主动来问。或者说,他并不知道这些对别人会很有用。此时,分享就很有用。通过分享,你可以将知识掌握得更牢固,还能与他人实现很好的交流,增强信任和默契。

敢于面对。当遇到困难和挫折时,必须以积极的态度来对待这些问题和挫折,只有这样,你才能找到解决问题的办法,才能不被下一个问题吓倒,没有什么能够击败一颗坚韧不拔的心。所以,不管遇到什么样的困难和挫折,一定要勇敢面对,积极面对。

勇于创新。要树立勇于创新的观念,打破思维定式,强化学习，紧跟时代的步伐，使思想观念、行为方式、办事方法与时俱进，创造性地开拓思想工作新境界，进而赢得新发展。我们的业务水平、管理能力要随着社会发展的形势和潮流而不断提升和创新，如果没有工作方式方法的创新和管理水平的提升，就不会有工作的新突破和新进展。在工作中要积极探索，大胆实践，创新方式方法，提高工作效率，用创新举措开创工作新局面。

归于心态。积极乐观的心态是一个人事业成功的转折点。只有内心充满正能量，始终保持阳光心态，在职场上才能激发自身潜能，更开心地投入到工作中，获得更多的发展机遇；才会有积极的思维、良好健康的身体与和谐的人际关系；才更容易达成更高的工作业绩，收获更大的进步。

15 学会"向上管理"

管理就是沟通和协调。企业管理就是尽可能利用企业的人力、物力、财力、信息等资源，实现省、快、多、好的目标，取得最大的投入产出效率。

一个优秀的职场人不仅能高效率地工作，也善于管理各种人和事。管理人的事，既要向下负责，也要学会"向上管理"。之所以要"向上管理"，是因为：

第一，上级和老板主宰了我们事业发展的命运和未来。有句话讲："在任何一个组织和企业里，最大的法不是宪法、刑法，而是上司、老板对你的看法。"这句话不一定全对，但肯定有其道理。

第二，上司和老板为我们提供了发挥能力的平台，那么我们就要对上司和老板负责。但老板和上司对你的看法不一定准确、全面和客观，需要你去沟通、说服甚至改变，同样也要"向上管理"。

第三，上司和老板拥有更丰富的人脉和社会资源，通过积极有效的"向上管理"会更高效地达成我们的目标，让老板和上司帮助你从工作方法、人脉资源等方面进行有效改进。也就是说，"向上管理"对我们自身的职业生涯有极大的提升。

第四，高效能的"向上管理"，会让我们得到领导更多的信任，特别是领导愿意更多授权给你，从而有利于合作共赢、相互成就。

15.1 "向上管理"的定义与难点

1."向上管理"的定义

提到对人的管理，传统观念认为，管理都是"自上而下"的管理。一般意义上，员工和上司间的交往和联系定义为向上沟通，即沟通中采取一种向上的形式。但是在与上司相处时，单纯意义上的向上沟通是不够的，或者说是不完整的。那么如何才能达到我们想要的与上司沟通的和谐状态呢？著名管理学家杰克·韦尔奇的助手罗塞娜·博得斯基将自己14年的助理生涯整理成册，著书立说，提出了"向上管理"（managing up）的概念。在她看来，管理需要资源，资源的分配权力在你的上司手上，因此，当你需要获得工作的自有资源时，就需要对上司进行管理，实际上是与上司进行最完美的沟通。

所以"向上管理"的定义是：从战略上配合上司的作风和目标，并将其与自身的作风和目标融合起来，从而能够有所作为，辅助上司并实现个人的职业目标。即为了让你、你的上司和公司取得最好成绩，而有意识地配合上司一起工作的过程。从这个定义中可以看出，"向上管理"不完全等同于向上沟通，两者存在内涵的差异，前者的内涵明显要大于后者，后者仅仅是指信息的传递。

2."向上管理"的难点

向上管理存在一定的难度,只有真正有能力的人才能真正做好向上管理。向上管理的困难包括:①传统观念的认识,历来的管理都是自上而下的管理;②和上级权威人物交往经常会出现沟通困难的情况;③容易被视为不服从领导政治行为而被别人所警觉;④"向上管理"万一方式方法不当,很容易得罪领导,难逃责难。在以上的观点中,"万一不当,责难难逃"或许是大多数人不愿意碰触"向上管理"的潜在的最重要原因。"向上管理"是从个人到组织,而公司管理都是从组织到个人,这就让"向上管理"的出发点和组织的初衷相违背,所以向上管理可做不可说。可做,是因为个体都有发展需求,只要需求不过分,领导也能允许并理解。不可说,是因为这种与组织的诉求相违背的东西,说出来会让大家都很难堪,一般都心照不宣,并且如果被其他人发现,有可能会引起组织内部矛盾,影响自己职业前程。

15.2 "向上管理"的内容和方法

"向上管理"是一门艺术,我们要充分了解哪些是可以"向上管理"的,哪些不可以。这就要掌握"向上管理"的基本内容及其方法。

1."向上管理"的内容

很多人会有这样的经历:同样的岗位,同样的工作任务,自己兢兢业业、辛勤工作、贡献不小,却一直碌碌无为,公司激励员工的各种福利，如升职加薪轮不到自己，奖金只能拿末等，而同事没有自己努力，却总是能得到领导的青睐和器重，平步青云，很快成了你的上级领导或者老板的左膀右臂。这在一定程度上说明人家"向上管理"肯定做得比你好。"向上管理"包括以下几方面的核心内容：

（1）保持与上司彼此适应的工作风格。和睦的工作环境要求和谐统一的工作方式，需要在工作和沟通中接受上司处理问题、交流看法的方式，并明确自己的职责要求。上司的工作风格并不是不可改变的，但是对于员工而言，首要的事情是先适应上司的工作风格，然后在适应的基础上再建议上司作出工作方式的调整。

（2）能有机会与上司分享相互的目标和期望。在与上司共事的过程中，非常重要的一点是经常沟通双方的目标和期望，并通过不断沟通目标期望来提升各自的能力。一旦形成这样的状态，双方都会发现对方是一个很好的参照物，能够在不自觉中提升目标值，使得各自的努力都逐步上升到一个新高度。

（3）形成相互依赖、诚实和信任的伙伴关系。记住，"向上管理"是一个相互依赖的关系，是配合和协助的关系。很多情况下，下属不能让上司觉得难堪，更不能在工作中对上司不诚实。若失去上司对你的信任，将为自己的职业生涯制造极大的发展障碍。

（4）创造为领导"拾遗补缺"的机会。领导也是人，有时也会犯错误，在与领导接触的过程中，我们可以用敏锐的眼光、细致的态度、专业的精神发现领导在工作中的一些失误或不当，甚至是大的错误。切记：一定要以下属的口吻，在适宜的场合，以恰当的方式为领导补台。为领导"拾遗补缺",领导会对你刮目相看,产生更好的印象。

2."向上管理"的方法

做任何事情都是有原则的。管理上有自上而下的管理方法,也有自下而上的管理方法。以下是"向上管理"常用的七大基本方法:

(1)帮助上司做决策。帮助上司决策时要注意:首先,适时地提醒上司以往讨论有关该项目决策的内容,以及具体目标是什么;其次,利用事实或数据来提供解释,最好使用一些图表和影像来帮助他迅速地做决策;最后,在上司决策好后,要以书面的形式呈现他所决定的内容,保证无误无缺漏,而且要成为这个决策的坚定拥护者。

(2)管理上司的时间。工作中要处理的问题越简单,就应使上司花越短的时间在上面,下属应帮他准备资料、做摘要,以及综合不同的信息与可能的选项等。切记:不要把例行性问题与重要问题混为一谈,重要的问题一定让上司拿主意。

(3)和上司汇报并分享你解决问题的方案。你职责范围内的事务,也可以向上司汇报,让他给你出主意、想办法和提供帮助。一定要先从基本任务谈起,告诉上司你的目标是什么,目前进度如何,哪些地方需要他提供意见。明确告诉上司自己制定出的可行方案,具体的做法、工作项目、期限以及必要的人力资源。

(4)让上司获取更多的信息。不要以为上司知道的跟你一样多,要去尝试教会他。要明白上司看问题的角度比较广、组织部门间的互动关系把握比较准。所以你有两种选择:第一,用一堆上司不懂的技术资料迫使他同意。这种方法虽然可能让上司学到技术上的知识，但是也很可能造成沟通障碍，导致双方信任不足；第二，利用易懂的语言、文章、事例，以图表或摘要的方式，帮助上司掌握更多的信息。面对面的讲授和学习，可以令人放松并增强信任，有利于作出更好的决策。显然第二种选择比第一种效果要好得多。

（5）向上司试探给自己更大的授权。上司对你有了新的任命，似乎应该是件令人高兴的事情，但是职务上的授权有多大，应该如何使用，却又不容易妄下断言，所以需要进一步探询，以免引起不必要的麻烦。

试探授权有一定的方法。方法一：打出安全牌，凡事征询上司的意见。后遗症是上司可能认为你没有魄力，凡事都举棋不定，无法担任重任。方法二：按照自己的想象去做。这种完全主观的做法后果不是很令人满意，往往在实践中会发现自己的决策权原来并没有想象中的那么大。方法三：试探水温法。具体操作介于前两者之间，既有征询又有自己的主动出击，在无前例可循的情况下，这种方法尤其适合。

（6）承诺并兑现各项工作目标。在"向上管理"中一定要承诺自己可以达到的目标，不要因为没有能力完成对上司的承诺而耽误目标的实现。如果承诺了而又无法完成，则会让上司降低对自己的信任度。

（7）对上司要注重礼仪和小节。一定要分清界限：领导就是领导，下属就是下属，讲究相应的上下级礼仪非常必要。小节一向是很容易被忽视的地方。许多人在言语和行为上对上司很尊敬，但一个眼神和一个动作就可能引起领导的反感。注重小节才能实现"向上管理"并取得成效。

15.3 "向上管理"的技巧

在进行"向上管理"之前，必须明确反思自己，是否树立了正确的观念，是否做好了管理之前的准备工作。"向上管理"是为了工作的更好开展，为了组织的共同目标。"向上管理"有以下八点技巧：

（1）让上级自己决定改变。不要让上级觉得下属存心让他改变。为此要充分了解上级的处境与需求，例如：为什么要做这个工作？这个工作要给谁来检验？想要达到的效果是什么？相互了解是做好管理的前提。

（2）先和个别同事共同商量以评估现状。这里事实上寻找的是情报，找到上级最赞赏的同事来了解上级对自己的工作要求是什么。这些情报包括：工作的目标是什么？工作中最重视的是什么？以及征询意见，如：你觉得我还有哪些需要改进的地方，等等。

（3）提供信息让上级拥有更多决策选择。向上级给出充足的资讯，需要将项目分成阶段性的报告。开始阶段：将不清晰的地方问明白，并商讨资源和时限；执行阶段：检查项目，有偏差即时修正；总结报告前的确认阶段：完成90%以上的工作之后，与上级进行最后的沟通，先以草案方式进行最终核查，确定后才100%地完成报告。同时也要报告坏消息。需要注意的是，报告一定要提出解决对策,比如麦肯锡有这样一个"向上管理"的策略:在向上提出建议时,或试图去说服一个比较资深的人去做某件事的时候,一定要给出3个原因,不是2个,也不是4个,要正正好好给出3个原因。

(4)千万不要隐瞒,保持诚实和信任。千万别高估自己,或把上级当笨蛋、当智障,最大的可能是,最后只有你自己被蒙在鼓里。要明白,老板没有几下子也不可能当老板,你在干什么,老板会一清二楚。

(5)尽量迎合他的长处,避免他的短处。了解上级的强项和弱点,不是让你用上级的弱点来"攻击"他,而是学会"提醒和解围",代替他完成不擅长的、无法照顾到的,甚至是不愿意做的工作。

(6)适应彼此的个性和风格。不管领导的个性与风格存在什么问题,我们都只能适应,不要试图去强行改变。多数情况下,能改变的只有我们自己。

(7)有选择地利用他的时间和资源。尽量摸透上级的工作习惯,而不是打破已有的局面。别挥霍老板的资源,例如:提案技巧——拿出98分的企划案,让主管补充2分,既是尊重主管的意向,又能更容易地获得主管的协助。我们告诉上级时间即可,不用解释制造手表的原理。给上级选项,而不是问他该如何做。把成功公式化,在成功完成一项任务后,提炼出标准的流程和做法。

(8)赏识性"管理"效果更佳。人人都有被肯定、被赞美的需要,领导也不例外。在日常接触中,适时用一些赏识性语言夸赞领导也是一个技巧。比如,上级在大会上做完了工作报告,提出了公司下一年的理念和策略，不妨在会上或会后给领导发一个微信，表示对此高度认可，同时称赞领导"有理论、有高度、有创新，有思路"。这对强化相互间的认同有很大的帮助。

戈德·史密斯曾经说过："世界上每个决定，都是由'有权利'的那个人来做的，不是'最合适'、也不是'最聪明'、更不是'最有资格'的那个人；而那个'有权利'的人，通常不是你。"一个众所周知的常识是：少了上级的支持或资源，你不可能将工作做得那么好，至少不会得到上级的重用；协助你的上级升迁，你也将有90%的机会被顺利上移；为一个有前途的上级工作是成功的捷径。"向上管理"也不等于拍马屁，我们解决的问题越多，达成的业绩越好，与上级领导相处得越融洽，我们的能力与不可替代性就越强，职业筹码就越多。在职场中，我们都是一个利益的共同体，在目标统一的前提下，相互借力才是最容易成功的方式。大多数的情况是：团队的目标达成了，个人目标也就实现了。合作共赢、相互成就，才是"向上管理"的最佳手段。

下篇

管理者的方法与艺术

16 不同层级管理者的工作重点和工作方法

经过在基层的工作实践和锻炼,积累了比较丰富的专业技能和管理技能,受到公司基层员工及部门员工的拥护,同时公司的高层主要领导也非常肯定你的经验与能力,那么有相当一部分人就会脱颖而出,逐步走上基层、中层和高层的管理岗位乃至领导岗位。

16.1 管理和领导的区别与联系

"管理"和"领导"这两个词我们都耳熟能详,我们称呼自己的上司,也即领导为"头儿""BOSS""老板",但落实在文字当中,我们又会反复强调各项管理工作,提到"管理人员"。要真正弄清"领导"与"管理"之间的区别与联系,并在日常工作中按照个人具体工作情况和环境,把握好角色,运用适当的方法,全力开展好工作,还是有一定难度的。从某种意义上讲,"领导"与"管理"是一个大型组织,比如一个公司或企业的"阴阳"两面:"管理"更多是强调低头做事,从制度、规范和流程等各方面推动员工服从管教,顺从上司的控制;而"领导"则强调要多"抬头望路",谋划运筹,并通过交流、沟通和激励等手段,激发员工追随领导者的宏伟愿景,采取"拉式"而不是"推式"的策略从更高的目标、更远大的理想和更广阔的格局出发,鼓励员工主动参与到共同解决问题的工作中去。由此可以看出,作为公司的领导者,需要对公司面临的各种环境变化进行系统分析,对未来公司的发展方向进行准确的预测,并结合公司内部的人力资源和竞争优势,提出应对各种危机和挑战的具体方略,这就要求他们有战略思维和全局观念,胜任力强,善于决断,愿意承担风险并能够主动推进变革。

1. 领导与管理的区别

领导与管理的区别是多方面的。表16.1体现了领导者和管理者之间的区别。

表16.1
领导者与管理者的区别

领导者	管理者
有追随者	拥有下属
给出方针	发号施令
管理思想	管理行为
主动做事	被动做事
个人权威	岗位权力
放权、授权	控制、约束
注重创新和变革	注重过程和任务
打破常规	循规蹈矩
依赖信任、激励能量	依靠控制、保持稳定

从表中可以看到，领导者和管理者最重要的区别在于工作思维和风格之间的差异：领导者要培养追随者，而不是拥有下属；领导重在"导"，包括管理思想、给出方针，管理者重在"管"，管理行为和控制员工表现，当然，他们运用的方式方法都有较大的区分。另外，领导与管理的区别在于，领导主要和人打交道，用人、决策和出主意是其基本范畴，管理则涉及发挥人财物的综合效能，管理的范围相对更为宽泛。

除此之外，二者在以下几个方面也有区别：

（1）领导与管理在职能上有区别。

领导的主要职能：一是定战略，二是建班子，三是带队伍。

管理的基本职能：一是计划，二是组织，三是协调，四是领导，五是检查。

可见，管理的范围比领导更为广泛，涉及人财物和信息等方面的要素，领导更聚焦做战略工作和人的工作。

（2）领导者和管理者的任务有区别。

领导者的任务：一是致力于整体队伍建设，二是致力于全局战略规划，三是致力于保证重大决策的正确落实。

管理者的任务：一是致力于管理环境的优化，二是致力于发挥人财物的系统综合效能，三是致力于管理体系的优化设计与实施，四是致力于员工思想的沟通和潜能的开发。

简言之，**领导者的职责是确定做正确的事，管理者的职责是正确地做事！**

2. 领导与管理的联系

在实际工作中我们很难将管理工作和领导工作分得一清二楚，我们可以将高管称为领导，同时领导从事的工作有相当部分也可以从管理的范畴上去定义。

两者的联系在于：首先，领导是从管理中分化出来的。由于劳动分工的逐步细化，专业从事组织、指挥、决策职能的要求就会变化而来，所谓的"领导"就应运而生。管理权与领导权的分离，也催生了一门以研究领导活动及其规律的综合性边缘学科——领导学。其次，管理和领导无论是在社会活动的实践方面，还是社会科学的理论方面，都具有较强的交叉性和借鉴性，这包括从事管理工作的领导和身在领导岗位的高管，在具体工作的实施中用到的方法、工具甚至理论，许多是相同的，如目标管理的应用、激励理论、KPI 和 PDCA 等方法，都会在各自不同场景下得到应用，但它们的原理和方法是基本一致的。

3. "懂管理，会领导"对我们的启示

管理强调的是技术流程、制度规范和资源的有机匹配，是系统的整体优化。领导则强调通过个人的魅力和影响力去影响团队和员工，充分调动他们的积极性，提升组织的活力。在公司管理层岗位上，"懂管理，会领导"就一定要把握好以下三个方面：

将"以人为本"的理念贯穿工作始终。人是生产力中最为活跃的因素，将发挥人的积极性和创造性作为一项基本准则，就能充分挖掘出公司内各类人才的潜能。坚持"以人为本"的思想，就是在尊重人、关爱人、塑造人的前提下关注员工的成长与发展，满足其

基本需求，增进理解与支持，同时增强员工的责任感和危机感，使其时刻有忧患意识，能与公司同荣辱、共进退。

将"以领导的思维推动管理工作提升"作为重要的工作方法。领导思维首先从领导理论入手。简约领导理论认为：领导是"又领又导""先领后导""少领多导""重点在导"。这也告诉我们，无论是管理工作还是领导工作，无论作为一名管理者还是领导者，以身作则、带头示范是必须的，也是最有说服力的。领导冲在前面，员工才更有信心紧跟领导的步伐一往无前。但回归领导的本身，"领导就是把自己的思想装进他人的头脑，引领下属朝着既定目标去解决问题，达成目标的过程"，怎么样让员工思想上信服，理念上趋同，行动上一致，"重点在导"，也就是平常讲的引导、教导、疏导、辅导和督导。"引导"是方向上的导，要以目标为指引；"教导"是理念上的导，拓展思维和更新观念，是各项工作的前提和基础；"疏导"是思想上的导，思想通才能干劲足，干劲足才能推动工作顺；"辅导"是方法上的导，工作方法和做事方式对头才能事半功倍；"督导"是程序上的导，有好的执行过程才有好的结果。由此可以看出，"导"更为全面、系统，也更为深刻、更具智慧，因此也更为重要。只有员工的思想通了，认识到了，方法明了，程序懂了，才能做到目标更明确，方向更坚定，干劲更大，让管理工作更有思路。这就是"以领导的思维推动管理工作提升"的重要工作方法。

将提升个人领导力水平作为职业生涯的重中之重。领导力并非高层领导干部或管理者所独有，对基层普通管理者，甚至最底层的员工而言也是十分重要的能力。领导力在三个层次上有不同的体现。个人层面上，是否有乐观思维、心态健康向上、能力出众、有担当和责任感、愿意不断积累资源和始终能保持强大的学习力是个人领导力的最重要体现；在团队层面上，能否换位思考并有同理心、是否有亲和力与影响力、能否有效地控制情绪，是否能与团队成员保持高效沟通，说到底就是为人处事的情商高低，体现了个人在团队中的感召力和魅力；在组织层面上，是否具备高层领导应有的判断力，抗挫折力，创新力和引领组织抵御风险、迎接挑战的本领和能力，都决定了领导者的地位和作用。因此，在职场中全面修炼领导力，提升领导力水平将是一项长期的不断的考验。

16.2 哪些人适合当领导和高管

从20世纪30年代开始的领导特质理论，集中研究有效领导者身上所具有的个人特征。该理论认为，领导者良好的素质和特质是与生俱来的，他们具备一些不同于他人的特点，如充满智慧，目标明确，有远大的理想、坚毅的毅力等。

柯克帕切克和洛克经研究发现：领导者与非领导者之间主要有六种不同的特质，这六种特质对一个人能否成为有效的领导者起着至关重要的作用。它们分别是进取心、领导愿景、诚实与正直、自信、智慧和工作相关知识。表16.2简要描述了这六种特质。

表 16.2
区分领导者与非领导者的六项特质

内　　容	表　　现
进取心	领导者表现出强烈的意愿，拥有较高的成就渴望
领导愿景	领导者有强烈的愿景去影响和领导别人，他们表现为乐于承担责任，主动积极
诚实与正直	领导者通过真诚与正直以及言行高度一致，而在他们与下属之间建立相互信赖的关系
自信	下属觉得领导者从没有缺乏自信。领导者为了使下属相信他的目标决策的正确性，必须表现出高度的自信
智慧	领导者需要具备足够的智慧来收集、整理和解释大量信息，并能够确立目标，解决问题和做出正确的决策
工作相关知识	有效的领导者对于公司、行业和技术事项拥有较高的知识水平。广博知识能够使他们做出富有远见的决策，并能理解这些决策的意义

美国管理学家彼德从反面对难以胜任领导职务的人的12种品质做了研究归纳，这12种品质是：（1）对别人麻木不仁，吹毛求疵，举止凶狠狂妄。（2）冷漠，孤僻，骄傲自大。（3）背信弃义。（4）野心过大，玩弄权术。（5）独断专行。（6）无法建立同心协力的队伍。（7）心胸狭隘，挑选无能之辈当下属。（8）犟头犟脑，无法适应不同的上司。（9）目光短浅，缺乏战略头脑。（10）偏听偏信，过分依赖一个顾问。（11）懦弱无能，不敢行动。（12）犹豫不决，缺乏决断力。

一个好的领导可以发挥其领导能力和人格魅力，带领团队冲破重重障碍，从逆境走向成功；而一个不称职的领导，不仅自己碌碌无为，还会将团队推入深渊。一个领导者如果不具备其应该具备的基本品质，就无法胜任领导职责，即使被推上了领导的岗位，其结果也只能是带领团队走向失败和消亡。

16.3　不同层级管理者的特征

公司领导及管理人员也是分系统和分层次的。比如在大公司，特别国有企业中，有党务系统，有书记、副书记、纪委书记，还有下设的组织、宣传部门负责人，行政上有董事长、总经理之分，还有局级、处级、科级差异。对于不同层次、不同工作性质的领导者，在素质修养的要求上，既有相同的一面，又有特殊的一面，尤其对他们在知识和能力的要求上，存在较大的差异性。处于高层的领导，主要任务是确定方针政策、进行战略规划，他们应当有较高的政治理论水平，政治上成熟，有丰富的基层工作的经历和经验，善于协调，知人善任，学识渊博；担负党务领导工作的干部，应当有从事政治思想和组织工作的知识与能力，能在企业复杂的环境中，把握群众的思想脉搏，具有相应的思考力、判断力和解决人际关系问题的能力。就大型企业来讲，高层行政领导应该有较高的筹划决断能力和经营管理水平，能统揽全局，运筹帷幄；党委书记应该有较高的理论涵养和政治水平，擅长做人的政治思想工作；总工程师应该是专业知识素质很高的工程技术专家；总经济师应该是擅长经济核算的经济学专家；总会计师应该是精于理账管家的高级会计人才。总之，不同的领导岗位，应该配备不同层次、不同特长的领导成员，以各司其职，人尽其才。图16.1表明了在企业中不同层级的领导工作对领导者的业务能力、决策能力和沟通协调能力上的要求是有较大差异的：作为基层领导，业务能力远远重要于决策能力，而对于高层领导而言，正好相反，决策能力远甚于业务能力。图16.1也表明，沟通协调能力对于基层、中层和高层领导来说是同等重要的。

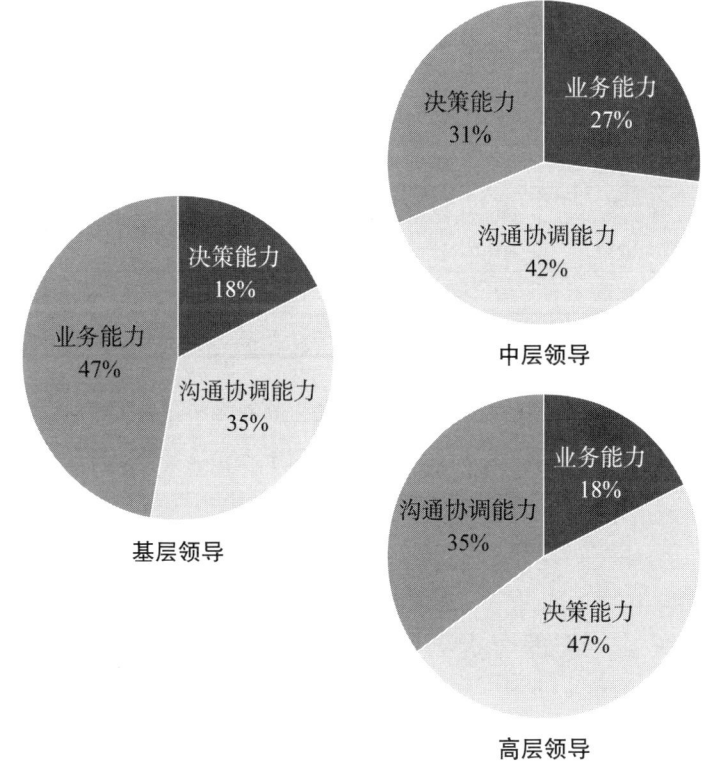

图16.1 不同层级领导的能力差异

此外，各层级的领导者（管理者）在工作中关注点和着力点也存在比较大的差别，如表16.3所示。

表16.3
不同层级管理者的不同行为特征

行为 特征事项	基层	中层	高层
关注工作	细节	环节	"大"节
使用手段	技术手段	战术手段	战略手段
关注结果	指标	目标	目的
工作状态	"很忙"	"从容"	"闲"
关注环境	重视"地利"	创建"人和"	顺应"天时"
工作态度	乐于表现	相对中庸	隐藏、忍耐
着力点	着力"改变"	重在"应变"	设法"求变"
权力欲望	争取"硬权"	善于"软权"	学会"授权"
人格塑造	做"具体事"	练"全面人"	育"接班人"
行为特点	重在"执行"	系统"管理"	高效"领导与激励"

最后需要指出的是，基层、中层和高层领导的工作重心和管理方法也存在明显的区别，把握好各自的工作重点和工作方法，才能做到事半功倍。

16.4　管理层提升领导力的"3-4-8"模型

关于如何提升管理人员的领导力，有许多模型，如领导六力理论模型等。这里结合笔者长期的教学经验，简单介绍一下提升领导力的"3-4-8"模型。领导力提升的"3-4-8"模型，代表的是领导力提升要从个人、团队和组织3个层面上进行,每个层面上都有4项要素和8项修炼。如图16.2所示。

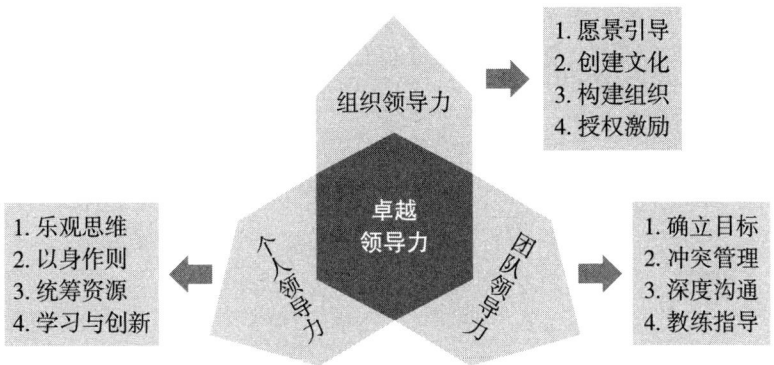

图16.2 领导力提升的"3-4-8"模型

个人领导力的八项修炼:

(1)培育阳光心态、改善心智模式;

(2)知足常乐,达观为人;活在当下,操之我手;

(3)身先士卒,勇于担当;目标明确,持之以恒;

(4)适应环境,控制情绪,淡定沉稳,自信成熟;

(5)勇于面对挫折,适时把握机遇;

(6)培养良好习惯,提高自身修养;

(7)广结人脉,统筹资源,搭建事业平台;

(8)不断学习,勤于思考,勇于创新。

团队领导力的八项修炼:

(1)团队目标明确,路径明了,措施得当;

(2)搭建有效的内部交流和沟通平台;

（3）学会赏识性管理；

（4）提倡相互间分享；

（5）以价值观为本打造团队工作良好平台；

（6）掌握制度管理与人性管理的平衡——刚柔并济；

（7）构建有效的激励和约束机制——利益共同体；

（8）创建积极向上的团队文化和团队精神。

组织领导力的八项修炼：

（1）找准角色定位，明确职责分工；

（2）完善制度建设，优化管理流程；

（3）明确战略目标，构筑共同愿景；

（4）以文化建设为引领，逐步形成凝心聚力共谋发展的新局面；

（5）顺势而为，因势利导；

（6）方圆兼顾，刚柔相济；

（7）贵人相助，借力运筹；

（8）善于授权，奖罚严明。

16.5　如何提升基层和中层管理人员的执行力

对于以从事基层和中层管理工作为主的领导者而言，他们最重要的是要具备指挥能力、执行能力、协调能力这三个要素，因为基层和中层的管理者（领导者），他们是日常各项生产经营活动的组织者和指挥员，需要运用组织的力量和管理者个人的影响力，来调动各方面的积极性和创造性，使各项决策付诸实践，预期目标得以实现。这其中的智慧在于能把具有不同才能和个性的团队成员以恰当的方式组合起来，形成配合默契、步调一致的行动集体和团队，这就要求基层和中层的管理者具备出众的组织、指挥、协调能力和强大的执行力。执行力是团队制定目标和实现目标之间不可缺少的一环。好的团队能够表现出强大的战斗力、竞争力和凝聚力，在执行各项目标任务时，不推诿，不拖沓，按时保质完成任务，能够把上级的规划和任务变成团队全体人员的具体行动，也就是能把计划真正落到实处，最后形成好的结果。大家经常讲，"再好的战略不去执行都是空谈"。所以对基层部门和中层部门来讲，强化执行力成为一个当务之急。

在基层和中层管理工作中如何形成团队工作的强大执行力呢？

第一，基层领导、中层领导要做好表率。尽管你可以在口头上或形式上宣扬自身的领导风格和能力，但公司的员工更多地会默默观察你的实际作为，一旦察觉到你表里不一，员工就会对你失去信心。同时这种传导效应会扩散开来，只要有一部分人对你有看法，剩下的大部分员工也可能在钩心斗角的工作环境当中寻求自保之道。

第二，要强化制度约束，规范优化流程。在公司中执行力不够，往往与各项规章制度流程烦琐、制度不尽合理、制度执行不够规范有密切的关系。所以基层的管理者和领导者一定要经常梳理各项规范制度，确保所有的制度流程规范、精炼、简洁，以便于全体职工的理解和执行。

第三，做到人事相宜。团队执行力就是用最合适的人干合适的事。当公司部门或者团队在某一个时期遇到比较大的困难需要去克服的时候，一定要选择那些有能力、有工作积极性、勇于创新、不断探索、敢于硬碰硬的员工，把他们放到关键的岗位上去执行最重要的任务，这也是保证团队和部门各项工作能够得到贯彻落实、取得实效的非常重要的一环。

第四，强化监督与检查。在基层工作中，对布置的工作和任务、下达的指标等，一定要注意进行监督检查和追踪跟进，以确保原定的各项计划能够按照时间进度、标准要求来完成。

第五，要建立强有力的指挥系统，排除指挥中的障碍。通过科学合理的管理体系和组织体系，加强团队班子成员之间的团结与协作，建立有效的沟通交流机制，推动团队和部门的整体工作不断向纵深发展。

第六，要把执行力与奖罚措施挂钩。韦尔奇讲过，团队执行力就是企业惩罚制度的严格实施，对执行力强、效果好的员工，一定要给予及时的表彰和奖励；对执行不力，不能按期、按指标完成任务的，也要给予惩罚。只有做到奖罚分明，及时兑现，才能够进一步强化团队执行力。

第七，创建执行文化。没有形成强有力的执行文化，也就没有严格执行的工作氛围。执行力文化就是把执行力作为所有行为的最高准则和终极目标的文化，其关键在于通过团队文化塑造来影响团队和部门所有职工的行为，进而提升团队和部门的执行力。

16.6　高层领导如何提升战略管理能力

与基层和中层领导不同,对公司高层领导而言,其主要的职责和任务,一是定战略,二是带队伍,三是建班子。就公司的战略决策和整体统筹而言,高层领导要做好以下几个方面的工作:

第一,公司高层领导要具备随机决断的品质和本领。具体来说,首先要顺应潮流,把握形势,科学决策。根据时代发展潮流,正确把握不断变化的国际国内形势和行业发展趋势,明确公司发展的战略;其次是认清市场竞争形势,把握公司发展机遇。要善于从整体出发,对全局有深刻了解,正确处理好公司内部外部关系,从全局考虑抓住要害,带动整体。要根据公司的人力、物力、财力状况,认真分析在不同的历史发展时期,如何根据环境形势的变化,在做好企业各项运营工作的同时,采取有效措施提升公司的核心竞争能力。

第二,公司高层领导要有通盘运筹的能力和艺术。所谓通盘运筹,就是领导者在工作的安排布置上善于深谋远虑,总揽全局,抓住要害,牢牢把握主动权。通盘运筹是一种高层次的领导能力和艺术。首先要学会总揽全局抓大事。古语云:"不谋全局者,不足谋一域"。公司的高层领导一定要围绕全局计划安排公司的各项行动。要学会用广角思维,善于在大背景大环境中观察分析事物,要树立全局观念和系统观念,把局部工作同全局的总目标和发展形势联系起来。在具体工作中,既要抓影响牵动和带动整体工作的关键环节，又要顾及公司方方面面的相关因素，防止只顾一点不及其余，还要求高层领导对公司各项工作进行巧妙布置和高度协调。其次是立足当前谋长远。一个优秀的公司高层领导眼光要远，凡事能深思熟虑，立足现实，看到未来，这才是长治久安，永葆公司兴旺发达之上策。

这就要求公司领导：一是要处理好远与近的关系，力戒眼光短浅，急功近利，如在对人才培养和使用上，不能只顾眼前、能应付当前的需要即可，而没有长远打算，或对工作骨干只使用不关心爱护等；二是要有预见性，在周密调研和科学分析的基础上，对公司的发展情况和可能面临的困境预先做出正确的推测和判断，力求"多看几步棋"，以便未雨绸缪，使自己处于"预则立"的境地；三是要以长远战略为目标，以规划为引领，循序渐进，环环相扣，稳步发展，避免犯片面性和急躁冒进的错误。

16.7　管理者的领导方法概述

公司中无论是决策，还是选人用人，都离不开一定的领导方法。方法得当，就能事半功倍，比较顺利地达到领导活动的目标；方法不当，就会适得其反。努力提高领导水平，是适应和胜任现代公司领导工作的一个紧迫的课题。

1.日常工作领导方法

（1）调查研究的方法。调查研究是公司管理人员履行自己的职责，推动各项工作落地的一项基本功。

调查，就是通过各种手段、途径，全面系统地了解和掌握客观事物，占有大量的、准确可靠的第一手材料；研究，就是在通过调查获得丰富材料的基础上，进行去粗取精、去伪存真、由此及彼、由表及里的加工制作，从客观事物的本来面目中找出其规律性。调查是研究的前提和基础，研究是调查的继续和深入。调查研究的目的，在于通过对事物的本质及其规律性的认识，正确指导当前和今后的实践，实事求是地解决各种问题。

调查的方法有：典型调查、专题调查、会议调查、抽样调查、民意调查等。

研究的方法则包括：对材料进行科学处理、对材料进行辩证的思考、定量或定性分析等。

（2）检查总结的方法。检查总结是管理工作中的重要环节。检查总结的过程，是督促实施决策的过程，又是对决策再认识的过程，也是一个信息反馈的过程。通过检查，可以了解决策的执行情况和结果，从而使各项工作落到实处；通过总结，可以衡量得失，梳理经验教训，也可以进一步改进领导工作。因此，检查总结是完成领导任务的有效手段，是改善领导效能的锐利武器，也是提高干部素质的必要措施。

在运用检查总结的工作方法时要注意：坚持标准，客观评价；系统分析、全面综合；跟踪检查和阶段检查相结合；上下检查相结合；开展好批评与自我批评。

（3）思想政治工作方法。思想政治工作是公司管理工作的重要内容，也是中国具体环境下公司领导的基本职能之一。做好思想政治工作，除了遵循客观规律，坚持正确的方针、原则外，还要采取正确的方法，使思想政治教育更加具有说服力、感染力、吸引力。

思想政治工作的基本方法有：正面教育方法、典型示范方法、区别对待方法、入情入理的方法、生动活泼的教育方法、抓倾向抓苗头做好预防工作的方法等。

（4）领导激励的方法。领导激励，就是领导者调动下属工作积极性的过程。其目的在于：激发人的正确的动机，调动人的积极性、主动性和创造性，充分发挥人的作用和潜力，从而保证最大限度地实现领导活动的目标。

激励的基本原则有：实事求是原则、公平合理原则和适时适度原则。

激励的内容包括：目标激励、榜样激励、表率激励、关怀激励、荣誉激励、兴趣激励、环境激励、物质激励、过程激励等。这些内容可归纳为精神激励和物质激励两大类，二者缺一不可。

2. 高层领导的主要领导方法

（1）战略管控法。战略管控法就是公司高层领导对公司发展战略进行整体统筹、精准定位，并付诸实施，同时，审时度势，根据外部环境和条件的变化，扬长避短，及时调整公司的整体发展战略和布局，并因势利导，通过战略调控，实现公司生产经营活动的平衡过渡。在整个战略管理和战略调控过程中，充分发挥领导者把控时局、聚焦时事、洞察未来、知己知彼、扬长避短的领导艺术，体现出高层领导者的胸怀大局、审时度势、运筹帷幄。

（2）文化引领法。文化引领法就是公司领导重视企业文化建设，按照企业文化建设的基本要求，坚持以文化培育理念、以文化规范行为、以文化凝聚力量、以文化引领企业发展，扎实推进公司企业文化建设，使企业文化在公司内部"落地、生根、开花、结果"。

文化引领作为企业高层领导的领导方法之一，特别要关注企业文化生长的"二、三、四"法则，即，抓好二个关键：领导重视和落地生根；关注三个阶段：普及阶段、深化阶段、提高阶段；把握四个环节：内生于心、外见于行、寓意于制、固化于物。

（3）组织推动法。组织推动法就是借用企业组织力的概念，在领导活动过程中，运用公司中各种组织的力量和组织变革中产生的动能，推动公司领导活动取得最佳效果。它强调，在重视组织功能、优化组织结构、推动组织变革等三个方面共同努力。

（4）管理提升法。管理提升法就是公司领导在公司的生产运营管理、质量管理、绩效管理、人事管理、财务管理、成本管理、行政管理、安全管理等各项管理工作中，突出制度建设，采取有力措施，克服薄弱环节，夯实管理基础，增强管理效能，全面提升企业管理水平。

（5）创新驱动法。创新驱动法就是在公司发展过程中，公司领导秉承创新理念，通过技术革新、工艺改进、有效整合资源，创立新的制度规范和激励机制，实现工艺创新、技术创新、管理创新、机制创新、商业模式创新等，使企业不断增强核心竞争力。

17 "新官"上任烧好"三把火"

　　无论是升职上任、平职调任，补缺上任还是临危上任，也不论是刚刚走上管理岗位的新领导，还是因工作变动而出任新职的老领导，在到达新岗位时，都面临着如何打开新局面、树立新形象的问题。这其中，除了必备的基本素质和认真勤恳、积极热情等条件外，正确认识公司环境特点和自身肩负工作的特性，尽快进入和扮演好自己的角色，理顺各种关系，积极创造条件，把握时机，烧好上任之初的"三把火"，是领导者在新的工作岗位上遇到的首要问题。要掌握好走马上任的艺术和技巧，就必须遵循"自信、稳重、实干"这三个基本要则。"自信"，就是要信心百倍地走上新的岗位，以饱满的热情、扎实的作风去带动和影响下属的情绪和工作积极性；"稳重"，就是要客观地审视现实，正确地对待和评价前任，准确地把握和扮演好自己的角色；"实干"，就是务实，多进行调查研究，了解情况，掌握信息，以卓有成效的工作树立起自己的威信，从而开创领导工作的新局面。

17.1 上任之初应注意的问题

新领导在上任之初,需要逐步了解并掌握自身肩负工作的特点和规律,摆正自己的位置,正确处理好同领导群体、同职能部门、同基层单位和下属的关系。更重要的是,要懂得上任之初为人处事的艺术和技巧,要有胜任新工作、开创新局面的思想准备和坚强信念。

1. 要满怀信心地就职

接受组织安排,走上新的工作岗位,切忌怯阵怯场、畏畏缩缩,尤其要注意上任之初应以良好的精神状态、饱满的工作激情、扎实的工作作风,留给人们上佳的第一印象。因为对新上任的领导者,人们总是格外留意他的言谈举止、风度气质、工作能力、口才、智慧。第一印象会对以后的工作产生长久的影响。因此,上任之初要做到谦虚谨慎,精明干练,谈吐清楚,思维敏捷,充满信心,并满怀热情地努力干好一切事情。这既会给上级领导留下深刻印象,又会对下属产生极大的影响,同时,也是新任领导自我勉励所必需。如果信心不足,牢骚满腹、情绪低落地上任,对很重要的事情不予重视,对应该办的事情不感兴趣,对应该安排的事情不以为然,这种消极情绪就会产生不良影响,再想挽回,往往需要很大的气力和很久的时间。

2. 要正确对待前任

新上任的领导,必然会遇到对前任工作的评价问题。在评价前任工作时态度是否客观公正、方法是否恰当、处理这一问题是否讲究艺术，对继任领导的工作开端关系极大。大多数新上任的领导，必然要进入前任曾在其中工作过并继续存在的环境中。此时，留任人员仍在这个环境中继续工作，前任的工作指导思想仍会继续产生一个时期的影响，过去的工作制度、工作程序、工作习惯以及工作作风仍将延续一段时间。新任领导要正确把握对前任工作的评价问题，有利于自己迅速进入角色，有利于稳定留任人员的情绪，引导和激发留任人员的积极性，也有利于处理好与各方面的关系，保持工作的连续性。

（1）肯定前任的成绩要充分。肯定还是否定前任的工作成绩，不仅仅涉及前任个人的工作成败得失问题，还会涉及前任领导和整个群体的工作评价问题。如果新上任的领导存有私心杂念，不讲究方法艺术，有意或无意贬低前任的工作成绩以提高自己，夸大前任工作的不足以炫耀自己，则肯定会伤害留任人员的自尊心，也会引起其他人的反感。充分肯定前任的工作成绩，一方面，会表明新任领导真诚理解和感谢前任领导及整个工作团队为新任领导工作打下的良好基础，表明新一任的工作是在原有成绩的基础上开拓前进的；另一方面，肯定了所在单位的工作人员多年的艰苦努力和辛勤劳动的成果，从而营造一种信任和团结的气氛。这样，离任的领导及留任的工作人员也会尊重新上任的领导，并支持其工作。充分肯定前任的成绩，不是有意去吹嘘、夸大。对于前任的工作，应以事实为依据，恰如其分地评价，这既是一个原则问题，也是一个方法艺术问题。

（2）评价前任的不足要慎重。对前任领导在工作中存在的问题视而不见、有意掩饰，或事不关己不闻不问，都不是科学的处理方法；随意夸大、无限上纲、过分渲染，也不是实事求是的态度；对原来行之有效的工作制度、工作程序、工作方法全盘推翻，一概否定，更不是明智之举。不吸取、继承和发展前任好的做法和经验，会丧失政策的继承性和连续性，使工作陷入混乱，无章可循，甚至走入歧途；而过分地渲染存在的缺点，把遗留问题和困难看得过大，既会使自己陷入悲观消极情绪之中难以自拔，在工作中穷于被动应付，又会给以后的工作设置障碍，影响下属的积极性。在指出前任的不足时不慎重，评价前任"这也不行，那也不好"，就会给人一种逞能的印象，留任人员就会冷眼旁观，产生逆反心理，看你怎么干，看你如何办。如果你在工作之初拿不出一套好办法，工作一段时间没起色，就会引发失望和议论。工作尚未全面展开，新上任领导在评价前任失误时，务必慎之又慎，一定要客观、公正。

对待前任工作中的失误，正确的做法是，虚心听取留任人员的意见，谦虚地向留任人员请教。前任工作中的不足，最好由留任人员介绍，如何改进，多听留任人员的建议。对于前任的失误和不足，要引以为戒，并在集中大家智慧的基础上，克服不足，避免失误，改进工作，从而使整体工作有个良好的开端，而这也正是新领导上任之初最基本的方法和艺术之所在。

（3）工作要保持连续性。新领导上任之初，需要掌握其工作规律，科学地安排人力和物力，合理分配时间和精力，需要区分轻重缓急，确保重点，尤其需要制定切实可行的工作制度、工作程序，严格岗位责任制。明确工作性质、任务、权限、责任、程序、标准和方法，使整体工作做到系统、规范、科学、高效，不能因领导的变动而受到影响，不能因前后任的主张不一致而中断。新上任的领导，应胸怀坦荡，光明磊落，对于原有的行之有效的工作制度、工作程序应予以保留。不能为了突出自己、显示自己，就对前任的正确工作方法和所定制度随心所欲，想变就变，使工作失去章法。当然，保持整体工作秩序的连续性，并不是亦步亦趋，一切照老一套办事，没有创新和发展。对于那些确实不完善的或因形势变化而不再适合的规章制度，没有必要碍于前任面子而不据实改变。但怎样改，必须等看准了再动手，切忌为了显示自己"高明"而胡批乱改。否则，就会出现混乱局面，再予纠正就要费很大劲了。

3.分工变动要慎重

部门或机关的留任人员，都曾分管某几项工作或经常性承办某些事项，一般来说，业务精，情况熟。新上任的领导来到一个新的环境，面临着全新的人际关系，如果不稳妥慎重，就容易把事情搞乱，或者产生一种排他性。例如，把对自己的上任表现得一般或冷淡，与前任领导接触多、关系好的同事，看作是前任领导的"红人"，认为这些人难指挥、难领导；而把对自己的上任表现得十分热情、主动接触、各方面表示支持的同事，则看作是自己人。然后，匆忙进行工作分工的调整。这样做的结果是：新接替的人不见得能胜任工作；被调整的人会产生对立情绪；没调整人的处于不安之中，无所适从。正确的做法是：首先对大家一视同仁，持信任态度，从而稳定全体人员的情绪；其次，了解每个人的长处和短处、工作能力和思想状况，做到心中有数；最后，根据过去的工作状况和现在的工作需要，在保持稳定并有利于推进工作的前提下，有条不紊地进行分工调整。

新领导如果一上任就急于进行分工调整，搞"一个将军一个令"，甚至有意识地培植自己"信任"的人，形成自己的"小团体"，必然会引起人们的思想混乱。受到伤害或被冷落的人，会产生不满情绪，甚至会成为今后长期工作中的不安定因素。对此，新领导在上任之初应保持清醒的认识。

4. 要摆正自己的位置

新领导上任，一定要依据自身的职权进行重新定位，摆正自己的位置。对此，必须注意做到以下几点：

（1）服从而不唯唯诺诺。这一点对副职尤其重要。要忠诚地按照领导的意图、要求和需要，尽心尽责做好本职工作。这就要求自己的个性不能太强。要摸清正职领导的思路，忠于领导意图，配合正职领导做好工作。遇事既要主动请求，及时汇报，又要在关键时刻以原则为重，不依附、不回避，争取领导的理解和支持。如果唯领导是听，唯领导是从，俯首帖耳，随声附和，谨小慎微，被动行事，领导出现失误也不提醒、不补台，作为副职也是失职。

（2）诚实而不作假弄权。无论是正职还是副职，作为领导最根本的一条，就是要踏踏实实，尽心尽责地工作。对待事业、对待公司、对待员工，必须满腔热忱，勤勤恳恳，埋头苦干，献身工作，不计得失。

（3）注意"补台"而不以正确者自居。作为领导者，特别是副职领导，一定要有"补台"意识，在相关决策前如发现有不足之处，应提出补正意见供主要领导或班子成员参考，在政策或工作方案"出台"后，如出现不妥应设法"补台"，这是每位领导应尽的责任和义务。但补台"不能突出自己，不能以正确者自居把主要领导置于有错误的境地。"补台"不仅要补领导人工作上的失误，还要注意领导人"威望"上的"补台"，维护主要领导的权威。

（4）顾全大局而不介入矛盾。当领导群体中有了意见分歧，有了个人矛盾时，作为班子成员夹在中间，往往左右为难。遇到这种情况，一定要顾全大局，在相互谅解、搞好团结方面多做些工作。

（5）保持公正而不搬弄是非。作为领导群体中的一员，必须保持公正、客观、超脱的理念和风格，成员之间有不同意见和主张，能开诚布公地交流，绝不可在背后搬弄是非。一般地说，对于非原则性的问题，应以宽容的胸怀待之，容人之言，容人之过，从而锻炼自己的忍让、承受能力。对涉及原则性的非议，则不能听之任之，但要注意方式方法，最好是等待气氛缓和后，把握时机，弄清是非，这既可以解决问题，又不影响团结。同时，要正确理解批评，要有甘受委屈的精神，自觉承揽影响领导威信的责任，不能处处计较，因小失大。

（6）谦虚而不傲上凌下。作为领导，也应遵守本分，对上尊重，对下谦虚。如果自以为地位重要或自恃有才干，对下口大气粗，盛气凌人，对上傲慢无羁，性格急躁，不注意身份和场合，信口开河，举止不当，则会引起上下级的反感。

17.2 尽快进入和扮演好自己的角色

一般来说，人们对处于一定地位的人，总有关于他应该怎样或不应该怎样的评价、期望或要求，这实际上是一种"角色"意识。社会中的"角色"，实际上就是居于特定地位的人应该怎样想、干何事、如何干、树立何种形象，以及在他所处的特定社会关系中，人们对他的思想、作风、言行、风格的评价、期望或要求的"模式"意识。新上任的领导，如何尽快进入和扮演好自己的角色，就是上任之初必须考虑和注意的一个问题。

新上任的领导要尽快进入角色，就需要在思想上进行角色观念的转化，在岗位上实现职责的转变，在行为上完成工作角色的转变。由此，才有可能尽快进入角色，并扮演好自己的新角色。

在思想上要进行观念的转化，是指要尽可能摆脱过去工作岗位的习惯思维及其观念的影响，站在新领导岗位这一角色立场上，尽快树立应有的责任意识、组织意识、协调意识和公关意识，妥善领导、组织和安排好自己肩负的各项工作职责。如果缺乏思想上的角色意识，就难以尽快进入角色。

在岗位上要实现职责的转变，是指到新的岗位上工作后，要尽快担负起新的工作岗位应承担的岗位职责，履行好各项工作职能。

在行为上要完成角色的转变，是指新领导要明确自己的角色，找准自己的位置，努力工作，既尽职责又不逾矩，既要服从又要主动，既要主动开拓，又要协调配合。

新领导上任迫切需要办的事情，就是根据自身工作职责，进行调查研究，熟悉情况，了解应该知道的方方面面。对上下左右的各种关系、里里外外的各种问题，都要周密思考，细心策划，把应该办的事情加以排列，根据自己的精力和时间，统筹安排，逐一办好。

17.3　多方面了解情况

了解情况是做好全部工作的基础。做任何一个部门的工作都必须先了解情况，做到心中有数，然后才能根据实际情况处理问题。对于新上任的领导来说，了解和熟悉各方面的情况尤为重要。领导所肩负职责和岗位工作的特殊性，决定了只有熟悉各方面的情况，才有可能胜任工作。

1. 了解情况的必要性

出主意、谋战略，用好人、带队伍是领导的首要职责。而要做到决策资料准确翔实、立足实际并具备超前思维、处理问题胸有成竹，首先要对各方面的情况了如指掌。不了解本单位、本部门人、财、物，产、供、销情况，不了解团队组织机构和人员配备，不了解面临的客观形势，不了解员工的思想倾向和对公司发展及改革的期望，就难以做好领导工作。

对上要了解上级主管部门的基本要求，要熟悉公司主要领导人的性格、气质、工作作风，要准确把握现实的生产经营机制和管理体制，了解经营现状和发展规划；对下要了解企业各职能科室、车间班级的基本情况，知晓他们的思想、工作情况和相互间的交叉及联系情况，以便及时协调和沟通，密切相互间的配合；对内要掌握本单位、本部门工作人员的思想情绪、工作能力、家庭状况，只有这样才能做到工作上爱护、生活上关心、使用上信任，充分调动积极性，搞好各项工作；对外要了解用户的分布情况，了解与周围社区交往及社会公关的状况，以便根据企业发展的需要，进行公关策划，广交朋友，树立企业形象。只有全面客观地了解方方面面的情况，才有可能按照实际情况搞好工作。

2.了解情况的基本方法

（1）查看书面材料。古代的地方官员每到一地，先看县志和府志，了解风土民情，然后查户籍钱粮，了解民生疾苦。今天，查看书面材料仍是了解情况的有效方法。从本单位的报告、文件、总结、简报、典型材料、统计资料等，能得到许多单靠耳听和手记所得不到的信息。当然对这些材料要善于分析，从中发现有价值的东西。

（2）座谈调查。这是新领导熟悉、了解情况的有效手段之一。座谈调查要注意事先拟出提纲，选择与会人员，从不同层次的人中了解情况，采取讨论漫谈式，亲自做好记录；要选择比较了解情况、有一定实践经验和分析能力、作风正派的人；要对座谈得来的材料进行比较分析，从中得到符合实际的认识。

（3）走访调查、个别交谈。这是新领导了解情况的主渠道。由于座谈调查时来不及或不便细问，或涉及各种利害关系等问题，一些人不愿当众讲心里话，因此需要进行个别交谈。座谈调查仅能得到应了解的部分认识，更多的情况需要新领导主动走访、个别交谈才能掌握。上任之初，新领导要主动拜访领导班子成员、各职能部门负责人、基层组织负责人，对协作单位、兄弟单位、上级部门也要主动拜访。个别交谈比座谈调查更深入、更细致、更直接，对于了解一些关系复杂的问题，具有明显的效果。通过个别交谈，有利于增进双方感情交流，可以更详细、准确、真实地了解有关情况。个别交谈时，新领导要根据了解情况的内容和受访者的不同特点，采取灵活多样的交谈方式。走访交谈要注意轻松随和、虚心请教、善于启发。

（4）直接观察。新领导上任后，对应了解的情况进行直接观察，是获得第一手材料的重要方法。无论是参与会议、组织会务、汇报情况、沟通联系，还是按照领导安排调查研究，都是观察的好机会。观察方法有参与观察、随机观察、粗略观察和重点细微观察等多种，可根据需要灵活运用。

17.4　怎样踢开"头三脚"

新领导上任后，不能急于先踢"头三脚"。这是因为，情况不明时不能急于动作。经过一段时间的工作和了解，各方面情况比较清楚之后，就可以大刀阔斧地、有计划有步骤地拉开架势，闯开一条路，把局面打开。那么，怎样才能踢好"头三脚"呢？

"头三脚"如何踢，没有固定的模式，全靠新领导根据实际情况，对症下药，量体裁衣，选好突破口。突破口选得好，就能旗开得胜，今后工作就好干；选得不准，连出几个错招，今后就会步步被动。选好突破口不妨从以下几个方面考虑：

（1）先解决上下左右最关心、反响最大、最迫切需要解决的问题。如能做好这件事，则震动大、影响深，可事先获得上下左右的称赞。有些问题看起来是个"老大难"，其实只要做出一番努力，是完全可以解决的。这时，就需要将此作为突破口，认真做好准备，争取上下左右的支持，瞅准时机，集中力量，一鼓作气把它攻下来。这样一来，就会使你的威信大增。

（2）拿妨碍工作的主要问题开刀。如果公司或部门工作秩序混乱、效率低下、人心涣散、关系复杂，有时是缺乏规章制度所致，有时是因为风气不正、有人作梗，或者是因为领导软弱、缺少主见。无论何种情况，均应找准妨碍工作的主要问题，采取得力措施，重点突破。比如，某办公室主任上任不到一个星期，就果断地把一位负责接待工作的干事调离了原岗位，原因是这位干事自恃和厂领导关系好，经常利用工作之便多拿贪吃，占公家的便宜，在办公室内外造成了恶劣的影响。事实表明，主要问题解决了，其他问题就容易解决了。

（3）从前任的不足之处下手。针对前任之短，对症下药，把前任的短处变成自己的长处，往往能很快打开局面，也容易迅速收到奇效。前任的短处，往往是引起非议的原因，也是导致工作被动的根源。新领导反其道而行之，就会获得大家的好感，取得大家的信任和支持，被动的工作也会在新领导的引导下迅速改观。

（4）从最有把握的地方突破。将可供选择的"突破口"排排序，分析哪个问题最有把握解决，就先动哪一个，也是踢好"头三脚"的一种方法。一炮打响再放第二炮，炮炮不空，逐步扩大战果。有些问题虽然也应解决，但自己不熟悉，还没有解决的能力或条件，没有成功的把握，就不要盲目行事，而留待以后解决。这也符合"慎重初战、务求必胜"的原则。

  无论选哪个作为突破口，都需要得到上级领导的理解、体谅和支持。如果没有领导的理解和支持，就很难取得成功。有了"尚方宝剑"，也就解除了后顾之忧，容易取得工作开端的胜利，并为今后的工作打下坚实的基础。

18 "新领导"管理"旧同事"
——注重建立权威和有效指挥

对一个新提拔的领导者而言，在工作当中，他必然会面临领导过去与自己一起工作过的"旧同事"的难题，这个问题处理不好，不仅难以开拓新局面，而且会长期影响自身工作的积极性和信心。在公司中作为"新领导"，如何尽快树立自己的权威，这是需要认真考虑的问题。一个新上任的领导者，不仅应能文善武，成为工作中的多面手，而且还应该是一个受人尊重、为人信服且具有一定权威的人，一个没有权威的领导者是很摆平各种关系推进部门整体工作的。这就需要从上任伊始就建立并坚持严密的组织和强有力的制度规范，强化组织和个人的执行力。这一切都离不开领导者的权威。一个"新领导"，如果指挥方法不当，必然会出现下属各行其是、各自为政，或者牢骚满腹、消极怠工的局面，"新领导"也就随之威信扫地，说话没人听，办事没人跟，号召无人应，指挥无人动，任务完不成，最终导致人心不稳，从而影响公司和部门的整体运转。所以"新领导"在不断提高自身工作能力的前提下，还要在自己的职权范围内真正掌好权、用好权，巧妙地进行指挥，从而获得"旧同事"的信任和拥护,让下属在工作中有"服从感",思想上有"敬重感",感情上有"敬爱感",心理上有"敬畏感",行动上有"敬佩感",关系上有"亲密感"。

18.1 权威从哪里来

每一位领导者都希望在纷繁复杂的政务及事务性工作中一呼百应。在实际工作中,有的领导有权威,有的领导没有权威,究其原因主要有:一是某些领导者自身素质低下。有的指挥不力,缺乏科学的管理知识,没有驾驭全局的本领,不能充分地发挥下属的工作积极性和主动性;有的抓工作不得要领,抓大事心中无数,在大量繁、杂、忙、细的事务性工作中,自己先无所适从;有的言而无信,朝令夕改。二是缺乏应变能力,不会把握全局预测未来,走一步算一步,碰到意想不到的事情和新的情况,往往毫无准备,手忙脚乱,穷于应付。三是事必躬亲,只相信自己,认为自己什么都比别人强,一切都要自己过问和亲自动手,整天忙忙碌碌,不分大事小事要事杂事,一概参与,事无巨细,大包小揽,还经常加班加点,分不清轻重缓急,白白地浪费了宝贵的时间。四是工作无计划,消极被动。工作中既无明确的工作目标,也无科学的统筹安排,消极等待,推一把动一下,缺乏主动开创新局面的气魄和胆略。五是看问题绝对化,喜欢走极端,自己认为好就是好,自己认为坏就是坏,一切从本人好恶出发,不会一分为二地看待事物。六是对下属举止不妥,自视为"官",高傲专横,冒昧轻浮,致使下属对他不尊重，并且没有好感。七是解决问题不彻底，对于本应及时果断地处理解决的事情，总是借口工作忙，或没有仔细研究，一拖再拖。即使解决问题，也常常留下尾巴，导致问题越堆越多，整体工作效率低下，无形之中设置了一些不必要的障碍。八是不切实际，好大喜功。在制定计划、采取措施等方面总是主观要求达到最佳，不考虑客观实际和部属的业务能力和素质能否达到所要求的目标，因而工作带有一定的盲目性。九是正副职之间关系不协调，争权夺利，推过揽功。同时总是喜欢批评别人而对自己网开一面，对别人的批评总是耿耿于怀，缺乏一定的肚量。上述种种现象表明，领导者在具体工作中，特别是在指挥工作中，加强自身素质和个人修养，讲求工作方法和工作艺术，对做好本职工作具有十分重要的意义。特别是树立自身权威并恰当地运用权威，是实现指挥技巧必不可少的先决条件。

那么，什么是权威？权威有哪些形式？领导怎样树立自己的权威呢？

权威即威望、威信。在日常工作中，权威是指领导者以权力为基础，以个人的经验、知识、才能、品质、性格为特征的对下属产生的影响力、号召力和统御力的总和。

由此可以看出，权威是实施领导工作、把握领导权、发号施令和检查工作的基础，同时也是领导者团结一班人，做好各项工作的根本保证。权威可以分为外来权威和自有权威两类，如表18.1所示。

表 18.1

权威类型表

来源	形　式	结　果
外来权威	1.职务权威：被上级领导或组织部门任命或聘任，在不同岗位上所拥有的不同的职权 2.观念权威：人们在社会历史发展过程中的传统观念起主导作用 3.法律权威：为维护个人或团体利益而制定，通过法律机关来实施 4.制度权威：在工作程序和技术业务上强制别人接受	1.和自有权威相结合而发挥作用 2.持传统观念的人能接受，对反对传统观念的人则无作用 3.切合客观实际，就容易被人接受使人畏惧而接受
自有权威	1.统领权威：有团结领导下属的能力 2.指挥权威：能利用权力发号施令 3.业务权威：有一定的专业技术和特长 4.示范权威：在言行上为人楷模	1.上下左右同心协力干好工作，不扯皮、闹矛盾 2.方法适当可以被人接受 3.内行领导容易被人接受 4.会起到一定的影响作用和激励效果

每一位领导都希望自己能有权威，下级主动地接近、支持，愉快地在他的领导下做事。领导一定要有自己的权威，有了权威，才便于指挥、便于工作。权威既不是自封的，也不是别人捧起来的，既不能指望从上级的任命中产生，也不全是领导职权本身固有的，而更多是靠自己的言行、业绩，靠自己的辛勤工作和博学广识和高超的指挥方法和领导艺术在人们心目中形成的一种力量和影响。

领导者树立权威的基本途径有以下几种。

（1）以德取威。就是靠良好的政治品格和思想道德品质取得人们的信赖，树立起较高的威信。在政治品格上，要坚定不移，忠诚积极，实事求是，坚持原则；在思想品德上，坚韧不拔，无私奉献,勇为诤友,乐于助人,谨守本份,勇挑重担;在道德品质上,要言行一致,表里如一,清正廉洁,遵纪守法,严于律己,以身作则,不以权谋私,不玩弄权术,不搞吹吹拍拍、拉拉扯扯、瞒上欺下;在对待同事上,能坚持公平、公正原则,一视同仁,一碗水端平,坚持五湖四海,不搞"圈子文化"、拉帮结派。如果领导在这些方面注意树立自己的形象,就会得到上下左右,包括"旧同事"的敬佩和尊重,威信自然也就会提高。

(2)以学识取威。专业化方面达到较高的水平,成为本职工作的内行,才能树立起较高的威信。如果没有足够高的业务水平,甚至不学无术,指手画脚,很难设想会有多少人佩服你。具备必要的专业知识,并与同事有更多的共同语言,这样就容易得到人们的尊敬和佩服。

(3)以才能取威。才能体现在各个方面,如领导能力、分析和处理问题能力、预见能力、决策能力等。这方方面面的能力,总是通过领导者的一言一行、一举一动表现出来。例如在业务上,如果表现为有较深厚的理论基础、较高的政治水平、广博的知识面、较强的文字和口头表达能力、干练的办事能力和组织能力,办事认真,工作效率高,就容易获得上下左右的好感,威信自然就会产生。

(4)以信取威。古人云:言必信,行必果。言必信,就是说话一定要讲信用,不食言,不说空话、大话。具体地说要做到:一是说话一定要承担责任,说了就要算数,信守诺言;二是对做不到的事情,决不要许诺,既已许诺,就一定要兑现;三是对较有把握的事情，也不要说绝，应留有余地，以防万一；四是对人要诚实、坦率，不当面一套、背后一套。行必果，就是行动一定要坚毅果断，善始善终，不能说了不算、定了不办、半途而废。一个领导只有始终坚持"言必信，行必果"，才能获得上下左右的信任。最容易损害领导者威信的，莫过于被人发现他的不诚实。

（5）以情取威。情，就是领导和下属之间同志式的感情。这种感情，是在长期的共事和生活中逐步建立起来的，是人与人之间互相了解、互相尊重、互相信任、互相体谅的表现。有了这种感情，就容易与同事们同甘共苦，甚至生死与共，同时其威信自然就高。作为领导在日常工作中应注意与上下左右的感情交流，与人处事时努力做到理解、同情、尊重、信任和关心，从而建立较深厚的感情。在待人接物时，要努力做到谦虚谨慎，作风民主，待人宽厚，平易近人，通情达理。这样，就容易沟通感情，树立起较高的权威。

（6）以度取威。要虚怀若谷，宽宏大量，要尊重同事，善于团结每位员工，特别是那些对自己有过不同意见的人，要经常倾听他们对工作的意见和建议；要正确地对待犯错误的下属，要有宽广的胸怀，容人之言，容人之见，容人之过，最大限度地发挥每个人的能动性。

18.2　怎样对下属布置工作

领导不论职位高低、权力大小，在具体工作中必然要依靠下属来完成各项工作。这其中既有简单的行政事务工作，也有复杂的对外业务工作，特别是在人手少、任务重、时间紧的情况下，如何布置这些复杂的工作，是做好整个工作的重要环节。领导在布置工作时要注意以下几点：

（1）任务与职能相称。首先，对下属布置的工作应当是属于他岗位责任制范围之内的事，决不能搞乱摊派，把本应属于甲的事让乙去做、属于乙的事让甲去做，那样必然会打乱工作秩序，令人无所适从。当然，在一些特殊情况下，也可以临时变通，但不能太多，只要是正常情况，就应各司其职、各负其责。其次，给下属布置的任务要与他的能力相一致，有多大能力的人就分配给他多重的活儿，在量上及难度上都要适当，既不强人所难，也不大材小用。

（2）交代必须明确。在布置工作时，要向下属明确交代以下问题：工作任务是什么，属于何种性质，有什么意义；应达到什么样的目标和效果才算完成任务；什么时候完成；执行任务者在人、财、物和处理问题方面有哪些权限；执行任务中可能出现哪些情况，需要注意什么问题，该向谁请示汇报。当然，以上各项要因人因事而异，重要的事就要交代得严肃、明确、具体，简单的事就可以粗略一些。对于反应敏捷、经验丰富的人可以简明扼要，不必耳提面命；对于新手和能力差的人，要尽可能交代得细致、全面、准确。

（3）要同下属商量。在下达指令、布置工作任务之前，自然要有充分准备，把问题考虑得周密些。但在向下属交代的时候，还是应当抱着商量的态度。对于自己感到不太有把握的意见，要虚心向下属征询意见,对正确的意见和建议要及时采纳。要善于启发下属动脑筋、想办法,创造地去开展工作。对于那些执行者有权随机处理的细枝末节,则不必过多纠缠、议论不休,以免束缚下属的手脚。所以,一般情况下,不要以领导者自居、指手画脚,让下属俯首听命、机械地服从,要从信任的角度出发,坚持尊重、平等、虚心的态度,下属才乐于接受任务,工作起来也才更有干劲。

(4)对所布置的工作心中有数。要掌握本单位特别是本部门目前的工作重点,了解上面的领导意图和下属的思想动态;要分清轻重缓急,重要的工作往往时间要求紧急,必须立即布置下去,一般的工作按部就班即可,这样能使工作井然有序、有条不紊地进行。

(5)目标要切合实际,积极稳妥。目标是布置工作的起点,工作目标则是围绕企业或部门的整体目标而确定的具体指标。因此在制定工作目标时,一要让目标的内容十分清楚具体,每个下属都应十分明白各自的任务完成后所要达到的目的,使各个具体工作目标一目了然,给完成工作奠定一个良好基础;二要使目标确定得积极稳妥。良好的目标要以稳妥为原则,决不能凭一时的想法或冲动去作出决定。

18.3 领导怎样检查工作

检查工作是领导考核下属工作任务完成情况的一种手段。检查工作时不能"睁一只眼闭一只眼",敷衍了事,要严格按规定进行,功过分明、奖惩适度。领导应尽可能以客观的标准、科学的方法来评价每个下属工作的优劣；下属则希望通过检查工作来肯定自己的成绩，避免工作中出差错，使工作更有把握。

检查工作一般有以下几种形式：一是让下属员工自查。即根据自己在一定时期所要完成的任务、达到的目标随时进行自查自纠，对照标准独立思考，改进工作，避免出错。二是员工之间互查。使员工之间相互比较，共同促进，形成竞争向上的局面。三是不定期地进行领导抽查。这样的抽查会对下属在思想上形成一种压力和紧迫感；四是领导对下属进行全面检查。检查职工的工作成绩和工作态度，看是否按所布置的工作完成了全部任务，达到了预期目的，从而表彰先进，鞭策后进，总结经验，吸取教训。在检查中发现的问题及时解决处理，发现的错误及时纠正，把可能造成的失误和损失减少到最低限度。

领导在检查工作时，很可能对下属进行批评，所以要特别注意克服急躁情绪，对员工的想法也要换位思考，尽可能避免无谓的冲突。第一，语言要得当，头脑要冷静，态度要和蔼，切忌感情用事，伤害对方，导致下属产生对立情绪；第二，要实事求是，功就是功，过就是过，对成绩和缺点既不夸大，也不刻意缩小，不要戴着"有色眼镜"看人，更不能把个人感情掺杂到检查工作中去；第三，要客观公正，无论检查什么工作都要按事先规定的标准和行为准则进行。在检查过程中，对下属员工既不吹毛求疵、求全责备，也不能随随便便、漫不经心。

检查工作的最终目的是更好地完成工作任务，达到预期目标。检查工作应注意以下几个方面：

第一，要恰当使用奖励。对出全勤、工作认真、能按时完成任务的工作人员都要给予肯定和奖励，使其感到自己的行为得到了领导及同事的认可，从而产生兴趣，建立信心，使自己的工作更好地进行下去。一是物质奖励，要真正做到论"功"行赏，严防"偏赏"或"无功者受禄"。同时奖励方式、方法也要不断创新，因为新颖的刺激和变化可能使人更敏感，激励作用更大。如对表现突出员工可以采取奖励延长年假、奖励外出疗养等方式。二是精神奖励，也就是我们常说的表扬，包括口头表扬和把个人的荣誉记入档案等。所以领导在表扬下属时要讲究方法，恰到好处。一般不用长篇大论去评价，更不是非得开个像样的表彰会才算是对他人的重视。对下属可用简短的、带有鼓励性和启发性的语言，对他们说一声"辛苦了""合格了""完成得很好""受累了""这回很好"等。在有一段时间国内外流行的现代企业"一分钟管理法"的三条秘诀中，后两条就是"一分钟表扬"和"一分钟惩戒"。其中"一分钟表扬"的方式特别提到"不要长篇大论，通常用不了一分钟"。但要注意：一要让下属知道你对他们的工作评价；二要及时表扬他们；三要告诉他们为什么说他们干得好并具体地指出好在什么地方；四要告诉他们你很高兴，他们的工作对整体和其他人会有多大助益；五要鼓励他们再接再厉。物质奖励和精神奖励是相辅相成的，两者互为补充，缺一不可。

第二，要正确使用惩罚。惩罚不外乎有两种形式，一种是经济手段，一种是批评教育。经济手段都是先发"安民告示"，然后按规定办事，方法上无须赘述，但要防止单纯依靠经济手段或滥用经济手段的不良倾向，还要与其他的规章制度相配套。批评人则要注意方式方法，包括选择批评的时间、地点、理由、对象等。

检查下属的工作完成得如何，还要考虑到各种复杂的条件及环境的影响。一般地讲，要多肯定下属的主观努力和辛勤劳动，要尊重他们的成果，对存在的不足和造成的失误也不要随意指责，重要的是通过检查工作，发现问题，找出根源，及时加以纠正，使下属不断调整自己的行为，更好地适应工作。

18.4 "新领导"要善于排除指挥障碍

指挥是领导者的具体且直接的职能，是领导权力的突出表现。指挥作为领导活动，具有强制性、约束性和统一性等特征。新上任的领导往往在指挥当中存在以下几方面的障碍：一是面对过去的"旧同事"，不敢或不能主动给他们布置任务，出现了接触起来不自然、说起话来也不硬气的现象，很可能会产生要求不严、考核不严、奖罚不严的结果。二是针对部分老员工，特别是一些"隐形员工"存在的问题束手无策。团队中的"隐形员工"，他们的典型特征是：感到自己被轻视或者不被欣赏和重视，或者不能作为，经常产生抱怨和不满，得过且过，无所作为，消极怠工，慢慢变成"隐形人"。这些对组织而言都是隐患。这些"隐形员工"如果没有得到很好的纠正处理，就如同团队的"刺儿头"一样，会严重的破坏组织文化，对团队和公司的凝聚力和战斗力有极大的杀伤力。三是碍于情面，管理制度执行不严、流于形式。表现在具体工作中，下属违反了工作纪律或制度规定，由于都是"旧同事"，碍于情面，处理不会十分严格和规范，有时甚至流于形式。四是关键时刻缺乏指挥魄力，导致贻误战机，影响整体和全局。

指挥反映在领导者与被领导者的关系上，首先表现为权威与服从的关系，其主要形式是命令、指令等。各项工作要做到井井有条，按部就班，就需要有一个能对处理各种问题起决定性作用的很明显的权威，所有下属必须服从这个权威的意志，同时这也就是一种自我约束。因此，领导一方面要依据大多数人的意志和手中的权力，行使指挥之职；另一方面又要耐心启发和积极诱导下属人员的自觉性，取得他们的理解、信任和支持。在这样的基础上进行指挥，令行禁止更会卓有成效。

指挥是对下级组织和个人的推动和促进，概括起来，主要有命令、说服和示范三种方式。对"新领导"而言，除特殊情况采取"命令"的方式外，尽可能采用"说服"的方式来指挥下属。尽管作为领导有权命令下属，但如果能以说服的方式、商量的口吻下达命令，指挥会更有效，事情会办得更完美。因此在下达命令时应加上"我建议""不知你能否"之类的用语。下达命令的方式很多，但效果不尽相同，只有当命令本身在一定程度上有说服力时，才最易被人接受。例如某位领导对一位下属说："你有能力胜任这项工作吗？"会使下属难以对答，如果将方式变换一下："你承担这项工作怎么样，有困难吗？"下属在这句话面前，就会十分自然地说出完成任务的打算和措施，也会提出没有把握的方面。这时就应抓住机会，对下属有信心的地方给予鼓励、有困难的地方给予支持，

18 "新领导"管理"旧同事"——注重建立权威和有效指挥

下属的自信心就会增强，积极性就会充分发挥出来。

指挥是一门复杂的领导艺术。"新领导"在指挥中应注意以下几点：

（1）要充满自信、方法得当。"领导就是领导！"。新领导上任一定要有自信心，面对"旧同事"时，在把握好自身的角色、大胆开展工作的同时，适当地注意方式和方法。和过去的"旧同事"打交道，在尊重他们的基础上，也要尽快建立自身的权威，树立领导的威信，这些都是指挥工作的当务之急。

（2）要抓住时机，当机立断。一个高明的指挥员，必须善于抓住有利时机，当机立断。俗话说，"机不可失，时不再来"，机遇往往是非常难得的，当稍纵即逝的时机到来时，果断地把握住，不迟疑，不寡断，更不朝令夕改，是指挥成功必不可少的前提。大量的实践表明，时机适宜，果断指挥，往往事半功倍；错过时机，则事倍功半。

（3）要尊重上级职权，不越级指挥。新上任的领导要严格约束自己，尊重主要领导职权，自觉维护领导团队的威信，对于主要领导交办的任务要尽职尽责，保质保量去完成。遇到重大问题或特殊情况要及时请示汇报，并提出自己的处理意见供主要领导参考。对属于主要领导职权范围的事不越级处理。当上下级发生矛盾或工作中出了问题受到领导批评时，要持谦虚谨慎的态度倾听批评意见，冷静而又实事求是地分析自己的思想和工作方法是否正确。对领导安排的工作或处理的问题有看法时，不要操之过急，要选择适当时机以坦诚的方式交换意见。

（4）充分信任下属，做到"兵识将意"。"将意"之所以要让"兵识"，不只为了便于指挥，更重要的是为了培养下属创造性地进行工作的能力。因此，在指挥中，第一，要充分信任下级，鼓励他们大胆工作，放手让下属施展他们的才华。下级工作做得好，要及时表扬，一时出现差错，应帮助他们吸取教训，鼓励他们轻装前进，而不是一味责怪他们。第二，生活上要关心下级，设法创造条件和机会满足他们的要求，只有这样才能暖人心，解人意，激发其工作积极性，并建立起深厚的情谊，一旦在工作中出现某些障碍，他们也会自觉地去排除，从而努力工作。第三，工作中要严格要求，逐步培养一种严谨踏实的工作作风。

（5）服从大局，驾驭全局。领导工作毕竟是涉及全局的事情，这就要求在指挥中一定要识大体、顾大局，从大局出发，服从大局的需要。因此，当领导的要有一定的战略眼光和韬略，善于周密思虑，居高临下，统筹全局，纵览宏观。因为负有统领、协调、督办、检查等多重职责的领导者所面临的工作千头万绪，问题纵横交错，如果穷于应付催办的事情及出现的细小问题，陷于具体的事务堆中，虽"眼观六路"却"六神无主"，必然分散时间和精力，实际上也就失去了自主能力，最终会失去全局，给企业整体工作带来不利影响。

（6）言行一致，从严要求。新领导处在指挥的地位，必须在指挥过程中言必行，行必果。决定一经作出，下属就要认真贯彻执行；规章制度一经建立，就具有权威性和约束力。总之，言行一致，才能确立有效的指挥和严明的秩序，各项工作才能步入正轨。

（7）要善于变通，做好预案。领导工作涉及方方面面，一般可分为常规性事务和应急性任务两大类。对于常规性工作，可按正常的工作程序，按照轻重缓急，依次分类处理即可。上级领导指派的某些应急性任务，就要求新领导在指挥中精于部署，巧于调度，因时而异，因地制宜，依据事态的发展随机应变，做好预案。

19 如何处理好人际关系

职场打拼，在奔向成功的征途中，除了个人自身的素质能力、专业背景和资源以外，处理好与周围的同事、领导的人际关系至关重要。现实生活中的很多例子告诉我们，即使你的能力再强，工作经验再丰富，如果没有领导做你的强大后盾，如果没有同事对你的鼎力支持和全力配合，你的职业生涯也不会一帆风顺。在职场中，如果不善于处理人际关系，就会影响团队成员之间的理解和信任，使团队缺乏凝聚力和战斗力，从而影响到整体的工作绩效。同时，糟糕的人际关系，会给你带来各种心理阴影和烦恼，直至影响你在工作中的自信心和斗志。有人曾经为在职场上的领导如何处理好人际关系总结过很多箴言，如当领导应做到"不与下级争利，不与同级争宠，不与上级争功"。凡此种种都告诉我们，在职场中打拼，特别是已经在职场当中取得了一定成功的管理者和领导者，应该充分把握和运用好协调人际关系的技巧和艺术，只有这样才能为你的职业生涯发展创造更好的条件，积累更多的人脉，奠定更为坚实的基础。从公司领导者所处的地位和所承担的任务以及生活的环境来看,他要和上下内外、前后左右的不同层次、不同类型的人打交道、相接触,必须学会和掌握处理各种人际关系的艺术。

19.1 与下级关系的处理艺术

领导的下级是一个相对的概念,对于集团公司总经理来说,他的下级是各处处长(或分厂厂长);对于厂长来讲,他的下级则是部门负责人(或车间主任)、班组长等。领导在处理同下级的关系时要注意以下几点:

(1)用人得当。就下属而言,他们素质不同,才华各异,不可能在同一水平线上,自然是能力有大有小,水平有高有低。比如,有的办事果断、雷厉风行,但性情急躁;有的足智多谋、温和可亲,却又优柔寡断。有的埋头实干,有的擅长交际。有的可任中层主管,有的可作部门参谋等。作为领导者,必须量才使用,根据各人的特点,用其所长,避其所短,做到人尽其才、才尽其用、各得其所。

(2)批评有术。对下级的缺点和错误给予批评教育,是很有必要的,但要区分不同对象,采取不同形式,讲求批评的方式方法,注意分寸尺度。比如,对于脾气暴躁、容易冲动者,宜采取商讨式批评;对于自尊心强、固执己见者,宜采用渐进式批评;对于依赖性强、试探性心理较突出者,宜采取触动式批评。开展批评,要考虑被批评者的处境、态度,若其一时难以接受,可以转开话题,缓和气氛。批评下属,一定先要搞清事实真相,以帮助对方提高认识为出发点，态度要诚恳，不能采用讽刺、挖苦的口吻。如果批评错了，也不能只顾自己面子，不顾别人委屈，要敢于主动承认错误，消除影响，既有利于团结，也能表现出自身勇于承认错误的胸怀。

（3）关心爱护。关心爱护下级，满足人的情感需要，是调动下级工作积极性的重要方法。领导者要善于用爱抚、亲和的艺术，理解、关心、信任、宽容和尊重下级，刻意创造心情舒畅的氛围，发挥情谊的作用。比如，登门拜访下级，下级有喜事时表示祝贺，下级遭遇不幸时进行劝慰，对女性职员在怀孕期与哺乳期适当给予照顾，都会使下属感到温暖和鼓舞，无疑也会增强领导的亲和力。

（4）助人成长。每个人都希望自己能有所作为，成就一番事业。作为领导者要把握下级的这种心理需求，尽力帮助下级进步成长。要在思想上关心、政治上爱护、业务上扶助，为他们的人生发展和职业生涯规划出谋划策，为他们早日成长和施展才华创造有利的条件和环境。

（5）善于授权。领导工作头绪繁杂，任务很重，单靠领导者个人，纵有三头六臂，也不可能包办一切。工作中要主动给下属加任务、压担子，让他们得到锻炼成长，为更多年轻人搭建事业发展的舞台。因此，要敢于放权，善于授权，恰到好处地把应当委任之权真正交给下级，让他们司其职、用其权、尽其责、使其智、成其事，充分发挥他们的能动性和创造性。

（6）及时沟通。调动和发挥员工的积极性和能动性，就要把握和了解员工的内心世界和真实需求，因此及时、全面、细致地与员工进行沟通非常必要。领导一是要真能"俯下身子"，经常与员工交流，而且是真诚交流，这样才能全面真实地了解部门或公司的实际情况；二是要建立健全公司或部门的沟通渠道和平台，让大家能畅所欲言，这样更有利于互通情况、上情下达和了解民意，消除领导与员工之间的误解，有利于创造良好的工作氛围。

19.2 正副职关系的处理艺术

正职和副职都是班子的成员。一个公司或部门的班子成员是否团结，相互之间能否密切配合、互相补台，是决定一个公司或一个部门工作效能高低的最关键的因素。班子不团结，相互拆台，内耗丛生，必然影响到工作的效率和效能。班子成员中的正职也好，副职也罢，一定要明白，从工作上讲正副职之间的关系是一种领导和被领导的关系。也就是说，在班子中的正职处于领导地位，他对企业或部门的工作负全面责任；副职是正职的下属，在正职的授权和分工负责制的制度下，分管公司或部门当中某一个或几个方面的工作。

19.2.1 正职与副职相处的技巧

正职作为公司或部门当中的一把手，必须做到政治立场坚定，具有强烈的事业心和进取精神，能够以身作则，带头示范，有全局观念和统筹协调能力。在具体实践中，正职除统筹负责公司或部门整体工作外，还经常分管公司或部门对上和对外的具体工作。

正职和副职相处的要诀包括：

（1）正己正人。即正职作为一把手，自身首先要思想坚定，任务目标明确，同时做到廉洁清正，带头示范。正己才能正人，这是一把手以德服人的最根本的立足点。

（2）知人善任。在班子调整和班子成员分工时，正职要全面把握班子成员在专业背景、工作经历、业务能力、个人性格、年龄结构等方方面面的特征，并结合公司和部门的具体情况，让每个副职的分管工作都能体现出人事相宜、人尽其才、用人所长、避人所短、各得其所的特点，这是提高工作效能的最为重要的一环。

（3）理解关心。一把手也要有换位思考的境界，要充分理解并关心每个副职在具体工作当中遇到的实际情况和困难，并尽心竭力帮助他们解决问题。要做到对副职政治上关心，工作上关注，情感上关爱。

（4）随时沟通。班子成员分工后各负其责，正职授权给副职处理某方面的工作，也要随时和副手进行沟通，及时了解在具体工作当中遇到的各种困难，共同寻求解决问题的方案。

（5）大度从容。作为一把手，要有宽广的胸怀和容人之量。当副职和自己在某一方面产生矛盾，或有不同意见的时候，要学会倾听，认真思考和分析。"有多大的胸怀，才能造就多大的领导舞台"，这句话告诉我们，正职对副职要严格要求，但不能吹毛求疵；要善于倾听，不能刚愎自用；要严于律己，宽以待人，特别是对在工作中有不同意见、不同观点的副职要有容人之量，也能容人之过，更不能有亲疏之分，甚至拉帮派、搞小团体。

（6）奖罚分明。对副职工作表现突出，业绩完成优异的，要敢于及时奖励，甚至可以重奖；对副职工作不利，工作成果没有达到要求的，也要及时给予惩罚。只有做到奖罚分明，才能够更好地调动副职工作的积极性。

（7）刚柔并济。既要对副职提要求、压担子、讲指标、比成绩、看结果，也要经常在思想上、行动上、情感上和言语上多关心和激励温暖副职，做到恩威并施、方圆有度。

19.2.2 副职与正职相处的技巧

作为公司或部门班子成员，每位副职在配合正职做好工作方面，都要努力做到以下几点：

（1）知己知彼。首先要了解正职工作的动机、愿望、中长期目标和其领导风格，同时要把自己所具备的能力特长、工作需求和工作目标想清楚，明确自己在目前工作中具备哪些优势，哪些方面还有不足，这样才能在工作中做到扬长避短，发挥出最大的作用。只有全面了解正职的特点、风格和作风，摆正自己在班子中的位置，才能够很好地实现班子结构的有效匹配。

（2）建立信任。信任是班子成员开展工作的基础，特别是副职，一定要让正职看到你身上的优点特长，了解你的理想和目标，取得他的充分信任，他才能够更好地授权让你在公司的舞台上大展身手。怎样在尽可能短的时间内让正职对你有信任感呢？一是工作中做到态度积极，主动作为。也就是说，在自己分管的工作中要认真分析，积极思考，脚踏实地，不断地开拓进取，要做到"勤字当头，忍字为上，敢字当先"。二是忠诚为本。副职要坚决服从正职的领导，主动维护正职的权威，关心和支持正职在整个工作中的安排部署和统筹全局的考量。要有强烈的补台意识，不把工作中意见分歧和实际中出现的工作差错扩散到其他群体。三是保持学习心态。要谨记，作为班子的一把手能走到今天的位置，肯定有很多方面值得自己学习，所以作为副职，一定要以认真学习、不断进取的姿态，努力与正职相互配合，完成班子的共同目标。

（3）尽心尽责。对正职的最大的支持，就是做好副职所分管的各项业务和工作。因此，在具体实践中，要全面正确地领会正职的工作方略，努力在自己分管的工作中起到排头兵和引领的作用。同时作为副职，要经常向正职汇报工作进展和遇到的问题，有什么新的想法、新的创意和新的改革方案也要尽可能地征得正职的同意和支持，也就是当好正职的助手和参谋。除此之外，还要真诚地与其他副手相互配合，做到既有分工又有协作，相互学习，相互支持，共同促进，共同提高。

（4）心态良好。作为副职，除了工作压力大外，可能会经常受到正职的批评，所以一定要保持良好的心态。同时要做到与正职保持适当的距离。要注意用权而不越权，关系密切但上下级分明，谏言而不代替决策，支持帮助而不揽功，相互沟通而不猜忌。

19.3 与同级部门关系的处理艺术

我们所说的同级关系，是指组织内同一层次上的不同部门领导者之间的一种横向人际关系，如销售部与营销策划部、综合办公室与审计法务部之间的关系。处理好同级领导之间的关系，应注意以下几个方面：

（1）积极合作而不越位。在工作中，要注意尊重其他部门及其领导者的职权，维护他们的威信，不干预和随意评论对方的工作。以"钦差大臣"自居，不适当地插手别人职权范围内的工作，会打乱别人的部署，伤害他人的感情和自尊心，影响同级之间的关系。

（2）明辨是非而不计较。同级领导在一起工作，往往会因为在某些事情上意见、看法不一致而产生分歧，甚至会出现争吵。对此如果处理不好，久而久之就会形成隔阂，影响合作。领导者在处理同级关系时，凡事要从维护团结出发，做到"大事清楚，小事含糊"。也就是说，对涉及原则性的问题，要分清是非，不妥协、不让步，但要讲究方式方法，避免言辞激烈，伤害对方感情；注意不把矛盾公开化，不把领导之间的分歧扩展到下级和群众中去。对一些无关紧要的"小事"，应采取不计较、不深究的态度，对己严，待人宽，谦和忍让，豁然大度。

（3）见贤思齐而不嫉能。处理好同级关系，不仅要有容人之短的度量，而且要有学人之长的胸怀，见贤思齐，欢迎别人超过自己。当然，领导者应该有竞争意识，但不可有嫉妒心理，妒贤嫉能，往往是同级之间关系紧张、内耗丛生的"祸源"。

（4）相互沟通而不猜忌。同级之间经常沟通，建立和谐的感情氛围，就容易取得对方的理解和信任，彼此之间的"心理防线"也容易消除。相反，同级之间缺乏相互沟通的意识，各打自己的"小算盘"，最容易发生心理冲突，产生怨恨猜忌，造成"僵局"。

因此，与同级领导相处，要经常注意沟通思想，消除不必要的猜忌，增进感情，增进团结。

（5）支持帮助而不揽功。同级之间常常会有一些工作上的交叉，此时应相互支持和帮助。只有互相支持和帮助，才能互相配合。当其他领导者在工作中遇到困难时，要主动帮助其排忧解难；当对方出现失误和差错时，应主动补台，不能看人家的笑话，更不能趁机拆台。同级之间要做到权力不争，责任不推，困难不绕，有功不居，有过不诿，这样关系就会更加密切、融洽，真正做到同舟共济。

19.4　高层领导与群众关系的处理艺术

高层领导在公司中是领路人和掌舵者，平时可能与基层的员工接触不多。但领导工作是全方位的，需要做好调查研究、组织指挥、批评教育等各项工作，这些都涉及处理与基层群众关系的问题，这就要求公司高层领导者讲求同基层群众交往的艺术。

（1）平易近人，甘当学生。要树立以人为本的亲民思想和为员工服务的意识，认清自己同群众的关系。要放下架子，打掉官气，以"普通一兵"和"小学生"的身份出现在群众之中，与群众交朋友，向群众学习，使他们感到你可亲、可敬。

（2）体贴下情，关心群众疾苦。一是要了解群众的思想、愿望、意见和要求，洞察群众心理，把握他们的情绪；二是要设身处地地为群众着想，理解群众中暂时存在的一些客观和现实的想法和行为，逐步加以引导；三是在力所能及的情况下，多为职工办实事，办好事，解决他们迫切需要解决的住房、子女教育、社保等问题，为大家谋利益；四是对于职工要求解决而又一时解决不了的问题，要向他们解释清楚，取得谅解；五是向职工指明发展前景，并努力创造解决问题的条件，给大家以期望，激发他们的工作热情。

（3）坚持走群众路线。首先，要注意广泛倾听基层员工意见，了解大多数人的思想状况，并把各种分散的意见集中起来，进行优化，使之变为科学的、系统的并为大多数员工所接受的意见，然后再贯彻下去。其次，要把集中群众智慧后形成的决策或意见及其来龙去脉给大家讲解清楚，把政策和决定变为员工的自觉行动。

19.5 家庭关系的处理艺术

家庭问题是任何领导者都无法回避的重要问题。那么，怎样处理好与家庭成员和其亲友的关系呢？

（1）注意避免"家人参政"。要严格遵守相关的纪律，保守公司的机密，正确对待"枕边话"。要经常向家人灌输"不参政"的思想，耐心说明"家人参政"的危害和消极影响，严格防止家人干预和插手自己的工作，或利用自己的权力与威望去干违反原则的事。

（2）坚持杜绝"子女权力"。首先，要经常教育子女树立正确的人生观，加强品德修养，自立自尊，奋发成才。其次，要制定必要的家规,不让子女享有"特权",严禁子女打着自己的旗号在外边"搞名堂"。一旦发现,要及时制止,消除不良影响。

(3)正确对待"亲友求助"。作为领导,手中有一定的权力,有亲友前来求助的情形是难免的。对此,最主要的是分清是非,讲清道理。亲友求助的目的、性质各不相同,有的是确实遇到困难需要帮助,有的则是为自己谋取私利,因此要区别情况,分别对待。要以党纪、国法为准绳,符合规定的可以考虑帮忙解决;不符合规定的则婉言回绝,并耐心说明道理;对拒不听劝的要提出批评。当然,也要注意不能以"官"自居,冷淡对方,以免伤害亲友之间的感情。

20 高效领导的做事方式

领导工作千头万绪，能否使各项工作进展顺利，取得最佳效果，取决于领导者是否具有科学的领导方法和工作方法。领导除了做好日常工作外，还要完成许多应急性、临时性的工作。这就要求领导者掌握好处理具体事务的艺术和技巧，既要学会并善于"弹钢琴"，十个手指井然有序，默契配合，使整体运作井井有条；又要围绕公司在各个时期的中心任务，集中精力做好战略决策等重要工作。为此，领导者必须学会：日常工作有计划、具体事务善运筹、利用时间讲效率、科学管理懂授权，成为技艺高超的"钢琴手"，使整体工作有条不紊，忙而不乱，科学高效。

20.1 如何集中精力干正事

一些公司领导干部经常抱怨自己成天不得休息，忙来忙去也没什么成就。这固然是领导自谦之词，但也反映了一些领导者在本职工作中目标不明、责任不清的一面。忙，要忙到点子上、忙出效益来,这个"点子"就是领导应干的正事,其效益就是科学及时地处理与公司生产经营管理全局相关的那些工作。忙不到"点子"上就是瞎忙,忙不出效益来也等于白忙。

那么,作为一名领导者,怎样才能集中精力干正事呢?

1. 找准中心成大业

经济工作是公司的中心工作。领导活动的出发点和归宿点都是公司的生产经营活动。作为公司领导一定要围绕经营管理工作中的主要问题开展工作,特别是要做好各项事关全局的决策工作。科学、民主的决策应注意以下几个方面:

(1)在决策的准备阶段,发现需要解决的问题,确定决策目标。领导在日常工作中要善于从全局的角度考虑问题,从纷繁复杂的现实生活和当前工作中,发现那些潜在的、尚不为人所注意却又可能影响全局的关键性问题,进行深入研究。要清楚当前主要应抓什么问题,从哪里突破,达到什么目标。在发现问题和确定目标的过程中,要紧密围绕本单位在发展变革中出现的新情况、新问题,以及经营管理中的难点、热点问题,深入开展调查研究,收集准确可靠的信息,围绕决策搜集数据,保证决策方向正确。在收集信息、调查研究的基础上,召集重点人员拟定初步方案。拟制方案时要注意方案的可行性、多样性、层次性。同时,在拟制方案的过程中,还要注意全面深入地细致分析,坚持多比较、多思考、多碰撞,尽可能吸纳多方意见和建议。

(2)在决策确定阶段,通过科学分析和论证来选择方案。领导要从以下三个方面对备选方案进行权衡比较、分析评价。一是分析限制因素。即分析评估备选方案实现的步骤、途径、方法等，在哪些条件下可以实施？在哪些条件下可能受到限制？限制因素来自何方？是客观的还是主观的？排除限制的具体措施有哪些？二是分析潜在问题。即预测备选方案在实践中可能发生的问题、困难和障碍及发生问题的范围、程度、原因等，进而提出防范措施和应变办法。三是对结果进行综合评价。即评价备选方案实施后达到的结果，综合评价其经济效益和社会效益，从而作出最后决断，领导选择收益最大、损失最小的方案。

（3）在决策实施阶段，注意选好试点并不断修正原来的方案。试点要具有代表性，在试行过程中能总结出经验教训。试点开始后，领导还要经常深入到点上进行调查研究，或派专人蹲点，及时将试点执行中的新情况、新问题、新经验反馈给决策层，并针对问题提出意见和建议。试点结束后，要及时作出综合分析，总结出值得推广的经验和应吸取的教训，为方案的普遍实施做好充分准备。当然，如果方案经过实验证明行不通，就要修正方案或重新决策。

2.倾其精力谋正业

一些领导觉得，自己身为公司或部门负责人，多做点日常工作也应该，认为自己对什么事情都有责任，唯恐哪件事情未办好，会被别人说工作不努力、能力差。因而事必躬亲，而下级却闲来无事，结果既浪费了自己的精力，又挫伤了下级的积极性，使下级产生依赖或对抗情绪，工作缺乏责任感和主动性。为了提高工作效率，作为领导要尽量克制自己，不为那些琐碎的小事而浪费过多的精力，要善于放下不必要的工作，避免"捡了芝麻，丢了西瓜"。要学会抓大事、抓主要工作，只做那些非做不可的事情；应该由下级提出的办法就让下级准备，不替下级思考问题，要责权明确，搞好沟通，减少不必要的扯皮和误工等。对那些非做不可的工作，也要综合考虑，哪些先办，哪些后办，哪些可合起来办；哪些要重点抓，哪些只要过问一下就可以了；哪些事必须按规定程序办，哪些事可以采用简便易行的程序等。同时要最大限度地向下级授权，这样才能节省时间，集中精力干正事。

3. 约束自我成正果

领导者要谋正业、成正事，就一定要把自己约束在自己的职权范围内。乍听起来，这好像是不言自明的，其实却不然。实践表明，要做到这一点并不容易。许多领导干部常常"不务正业"，专干别人的事。比如，本来属于下属人员干的事，他给代劳；本来是主要领导负责的事，他也插手；本来是其他职能部门范围内的事，他去包办。这样一来，尽管"两眼一睁，干到熄灯"，忙得焦头烂额，却效能很低，费力不讨好，真是"种了别人的田，荒了自己的地"。要改变这种状况，需要从以下几方面入手：

（1）参谋适度，谋断分开，只谋不断。这一点对企业中的副职来讲十分重要。谋，指副职领导在领导决策过程中的参谋活动。断，是指决断，即人们常说的正职领导"拍板"。副职协助正职决策，其作用明确限定在"谋"的范畴，不能涉及"断"的领域，只有"谋"的责任，没有"断"的权力，不能有意无意干扰一把手的决策。

（2）不失职、不越权。失职的原因在于：一是对自己的职责范围理解得不够，表现为该办的事没办好，本来是职责范围内的常规性工作，因为疏漏或失误没有办好；二是虽然知道自己的职责范围，但由于业务水平不高或过于谨小慎微而不敢行动，表现为明知该办的事也要等待领导的指示，或者领导授权后还要处处请示领导，"拨一下动一下"，往往一项工作要领导多次催促才能完成，否则就被动等待或拖着不办；三是责任感不强，工作中无计划，丢三落四，该做的工作没有做、该办的事没有办等。

越权的原因在于：一是对自己的职责理解得过宽，工作热情有余，经验不足或方法不妥，本来是其他人员权限范围内的事，自己却去插手，本来是应请求上级的事，擅自作出主张；二是虽然清楚自己的职责范围，但由于工作有成绩或受到了领导的重视，自我感觉良好，忘乎所以，越权参与，指手画脚，背着领导擅自对下发号施令。

4.善于授权提效率

学会授权，是领导最有效的"分身术"。领导的主要职能是定战略、成大事，在成事过程中不可能事必躬亲，一定要善于授权，调动大家的积极性。作为领导要认清以下几点：

第一，将下属可以办成的事授权给下属去做，能有效地减少领导者的忙乱现象，改进工作作风，提高工作效率。有些较重大的工作任务可委派给副职或得力人员。

第二，领导的重要职责不在做事而在成事。授权是领导者的"分身术"，作为一名领导要善于找"替身"，努力从繁杂的事务中解脱出来，才能提高领导工作效率，实现自身的成长和发展。

第三，授权是领导培养下属、调动下属积极性的有效办法。特别是对培养年轻后备干部而言，要想使他们尽快脱颖而出，就应该为其提供机会，有意识地给他们压担子、派任务、提要求，甚至让他们在自己的指导下，承担一些难度较大的工作。

领导在授权时，要注意以下几点：

一忌既用又疑，授而不放。既已授权下属负责某项工作，就不要过多插手、干涉，授了权就要信任，要使下属能够在其位谋其政。如果安排工作后能对下属说："干吧，出了问题我负责。"下属必当倾全力为之。当然，用人不疑的同时还要做到疑人不用。

二忌有亲有疏，授权不均。授权要根据工作需要和下属的才能来确定，不能任人唯亲、厚此薄彼，使下属产生不必要的心理摩擦，造成内耗，影响工作。

三忌越级授权，直接指挥。一般情况下，领导在授权时应授予某副职或某部门负责人，而不宜越级授予部门下属某个人员，这样会挫伤部门负责人的积极性、责任心，产生埋怨和依赖心理。要注意把自己的决心、意图和要求通过直接下属去部署、实施，无特殊情况不轻易越级指挥。

四忌撒手不管，督导不力。放手使用、授权下属不是放任自流，听其自便。授权后，领导者的事务性工作减少了，但监督和协调的职能反而重了。下属能否正确地使用授给他们的权力，下属的工作是否偏离了总目标和总轨道，各个下属在工作过程中是否发生了摩擦和冲突，能否使授权事项依照预定的目标按期、按质、按量完成，下属是否滥用授予他的权力谋取私利等，都需要领导经常监督、协调，发现问题及时纠正。

五忌授权不当，授任无方。一是要防止把权力授给那些只知盲从的所谓"老实人"，而不敢授给那些有思想、有能力但不盲从的人；二是要尽量把应授的权授给通才，授给有全局观念、能统筹考虑问题的人，而不要授给思想简单、办事不果断、过于谨慎怕事的人；三是要掌握授权的事项内容和分寸，授给的只能是日常性、常规性、一般性工作的部分权限，对于全局性的、重要性的、复杂的工作不能授权，必须由领导亲自处理，以防造成失职和不应有的损失。

六忌揽功诿过，欺下瞒上。下属的工作有了成绩，是下属努力的结果，同样也能说明领导有方。如果下属工作中出现失误和其他问题，作为领导必须主动承担失察之责，或用人不当之责，或指导不力之责。如果领导者表现出揽功诿过，欺下瞒上，轻则工作不会进步，重则众叛亲离，实不可取。

20.2　如何应对忙乱现象

领导工作千头万绪，作为公司领导或部门领导，每天会有许多事情需要处理，岂有不忙之理。因此，忙，是领导的正常现象，也是工作积极、事业心强的一种表现，只有什么事也不干的人才不感到忙。但是忙应该有限度、有秩序、有效率，应该忙而不乱。

（1）要建立科学的工作秩序。越是处在基层的领导，工作越是事无巨细，每件都应认真做好。为使工作不出纰漏，在"繁、杂、忙"中井然有序，首先必须建立健全岗位工作责任制，分工明确，职责范围清楚，既分工又不分家，团结协作，恪尽职守。

（2）工作要有计划性。这是领导工作高效有序的中心环节。领导者对担当工作若没有比较妥当的通盘安排，势必疲于应付，顾此失彼。精于计划的人则居于支配者地位，能积极主动地开拓新的局面。因此，必须做好工作计划，按部就班地开展各项工作。

①长期计划。即在较长的一个时期内，或一年，或三年，自己的工作和事业要达到什么水平、自己所领导的部门工作人员素质要提高到什么程度，都要有一个积极进取的、明确的目标。这个目标通过几步来实现，每一步的大致起止时间，要有一个总体的安排。一般地讲，长期计划应围绕企业的长远目标制定，要结合事关全局的中心工作来开展。

②年度计划。应当在回顾上一年的工作和事业进展情况的基础上，做出新的年度计划，以便更有效地在新的一年里为企业生产经营服务。

③月份计划。月份计划是年度计划的具体化，月份计划必须围绕企业或部门工作的重心制定，既要统筹安排，又要突出重点。

④周计划、日计划。就是要把完成的工作按周、按天的先后顺序安排好。比如在一天内或一周内，要做好哪几件事，哪些事先做，哪些事后做，在哪个时间内以哪件事为重点，哪些事由自己在哪些时间完成，哪些事安排哪些下级在哪些时间完成。这样有助于克服忙乱现象，避免丢三落四，顾此失彼。

（3）做好时间管理。时间是最宝贵的资源，每个人都应珍惜分分秒秒的时间，成就一番事业和干一些有益的工作。会不会利用时间，不单纯地看是否全天排满了工作。有的领导从早忙到晚，不仅上班时间排满了工作，而且在八小时之外还在继续加班和操劳，这种精神固然可嘉，但也可能是因为没有做好时间管理。当然，领导要做的事情总是很多，有限的时间和大量的工作始终是无法调和的矛盾，这就要求其不仅有强烈的时间观念，而且要有统筹时间的本领和技巧。

①强迫自己每天都要有所成就。"今日事今日毕""不让一日空过"，有了这样一个强制性命令，就会自觉地珍惜每一小时、每一分钟，使每天都在紧张的努力中度过，使第二天在前一天成果的基础上和新的追求中开始。

②善于节约时间。要想做好时间管理，首先必须善于检查自己的时间使用状况，看看时间究竟用在了什么地方，从中找出被时间浪费的原因，以便节省时间、提高效率。如果能利用好被浪费的时间，就能完成更多的工作。

③敏锐地捕捉时机。无数事实表明，善于抓住时机，是最大的节约、最高的效率。办任何事情，都有一个最佳时机。办得及时，就省时省力，事半功倍；错过时机，则费力费时，事倍功半。

④尽量保持时间利用的连续性。根据心理学家的研究，当人专心做一项工作或思考某一问题时，最好能一气呵成，不要中断，因为被打断的注意力通常需要很长时间才能接续。所以，当需要集中精力、专心致志地思考重要问题或处理关键工作时，事先要估计可

能出现的干扰,预先安排出一段相对集中、不受干扰的时间,以保证其相对连续性。如在拟定决策方案进行深度思考时,可找一个无人打扰的房间,专心致志去思考;处理重要事情时,尽量少受来访、电话等干扰。

⑤有效利用碎片时间。巧妙地运用碎片时间,一是要把碎片时间压缩到最低限度,使一项活动尽快转为另一项活动,避免较长的时间过渡。二是对碎片化的空余时间充分加以利用,做一些有意义的工作,如随身"三带":带笔、带本、带书(或报),这样既可以见缝插针地学习,又可以随时把好的经验、感想以及自己思维的灵感记录下来。积零为整,巧妙运用,就会获得更多的时间,这也是高效工作和事业成功的诀窍。

(4)妥善处理计划外工作。在日常工作中,最令领导头痛的是计划外的事情太多。这种计划外的工作主要来自三个方面:一是本单位职工来访。有的是为了工作安排、落实政策、调转之类的个人问题,也有的是来向领导提意见、建议和反映问题的,还有的是一些熟人找领导帮助办事的。二是上级领导机关下来检查指导工作及兄弟单位之间的横向交往。三是突发事件,如企业安全生产中的一些恶性事故等。这些计划外工作,每个领导都无法回避,有些事情,如必要的接待工作等,也在领导职责范围之内,只是因为它常常不期而至,难以预料,所以可能冲击正常工作安排。这些计划外的工作如果处理得不好,就会使该做的事未做、领导的大部分时间都被用在了琐碎的事务上面。对待计划外的工作,总的原则是:对于那些属于自己职责范围内的、能够对工作起促进作用的事情,不应因为工作忙而一推了之,而应耐心地、认真负责地处理好;对于那些不该自己处理的,或纯属干扰自己工作的事情,就不要纠缠其中,以免贻误正业。

①处理好员工来访。如果员工来访不是为了解决个人问题,而是对领导提出批评、对工作提出建议,或反映一些有价值的情况和问题,领导就应当接待,耐心听他们讲,并做好记录,对他们勇于负责的精神给予充分的肯定。如果员工来访是为了解决个人问题,首先要区分其反映问题是否合理,是属于基层单位或职能部门解决的问题,还是必须由领导解决的问题即对来访者进行"过滤",该领导接待的就接待,不该领导接待的,介绍到有关部门去。

②正确对待会议和外部客人。对于会议,要根据情况区别对待。对于上级召开的会议,如果是自己负责的工作,或是受本单位主要领导的指派必须参加的会议,就应到会;对于一些职能部门召开的业务会,要考虑一下,哪些该参加,哪些不该参加。

对于上级领导或有关主管部门来检查指导工作,领导要亲自接待,并做好汇报工作,听取他们对本单位工作的指导意见。有的可以一陪到底,有的也可以由职能部门汇报,参观则由有关人员陪同。对兄弟单位来访,要友好热情,不失礼仪,一般采取"兵对兵,将对将"的对应接待办法。

③冷静面对突发事件。有的企业生产环境复杂,安全作业条件差,各种灾害性事故时有发生。如果领导接到报警电话,要遇事不慌,尽快召集其他领导人员共同研究,提出应对方案,并做出精心安排,同时做好事故的善后处理工作。

20.3 领导的工作习惯和生活习惯

前面我们在8.4和8.5节中分别就培养好的工作习惯和生活习惯进行过细致介绍。处于公司高层次位置的领导要求必须具有较高的工作水平、工作效能和良好的工作作风、精神状态，这些大多又源于其良好的工作习惯和生活习惯。针对公司中高层领导的工作特性，这里重点介绍领导在工作中应特别注意的工作习惯和生活习惯相关事项。

1. 养成好的工作习惯

（1）凡事皆有准备。有准备就会使工作从一开始就进入"负载运转"状态，减少"空转"时间，以免消极被动。

第一，每天的工作，除头一天做好计划外，当天还要利用效率手册，对当天的安排再作思考，这样不仅能为下级树立良好榜样，还能使一天的工作处于主动状态。

第二，注意搜集和积累材料。对于重要的材料，要勤于动手，搞笔记摘记、卡片或剪贴，并定期整理分类，逐步形成一个小的资料库。开会、听汇报、谈话、讨论中的要点也要注意记录。有些事件、人名、数字以及下级的要求、意见等，最好随时记在本子上。有个"备忘录"在手，处理问题就方便多了。

第三，了解班子成员特别是主要领导的工作策略和思路，这也是有准备地开展工作的前提。一方面留心主要领导平时的谈话及工作安排，从中捕捉领导工作的基本思路和思维方式；另一方面，细心观察领导在处理各项工作时采取的一些基本工作方法及策略,这样有利于克服自身工作的盲目性,少走弯路。

(2)当日事,当日毕。领导者一定是快节奏的,必须增强时间观念,有事快办,不拖拉,随时想着"还有一大堆事等着我去做"。

(3)注重效率。开会和约见要准时,要养成开短会、说短话、写短文的良好习惯,力求用最短的时间、最高的质量,达到办事的最佳效果。

2.改变过时的生活方式

改变过时的生活方式,逐步形成新的生活方式,是做好领导工作的客观要求。现代公司要求领导者是通才、多面手,具备"长、宽、高"的特点。"长",就是要有一技之长,有适应领导工作需要的特长,能文善武,内外皆通,应付自如;"宽",就是要有宽广的知识面,既懂经营,又懂管理,兴趣爱好广泛,信息意识强烈;"高",就是要有高度的事业心和责任感,有高超的领导方法和技能。就目前来讲,生活方式变革应从以下几方面入手:

(1)丰富业余生活。领导不仅在工作上要大胆开拓,在生活上也要勇于创新。要根据自己的特点爱好、愿望、条件,培养多方面的兴趣,使业余生活从枯燥单调变为丰富多彩,从呆板乏味变为活泼充实。

(2)持续学习,不断进步。一个成功的领导者,必须具备广博的知识和较强的工作能力,而这些不是凭空得来的,必须通过持续不断的学习来获取,特别是领导担负着繁重的工作任务,紧张工作之余一定要保持强烈的学习兴趣和强大的学习能力。这一点可参见本书8.4.2。

（3）生活规律，陪客有度。养成良好的生活规律有助于领导者在工作中保持旺盛的精力，提高办事效率。为此，要做到按时休息、适当锻炼，要劳逸结合，养成良好的生活习惯。陪客、娱乐要适度。陪客中既要热情大方，以礼相待，又不能超过自己可以承受的限度。不劝酒，不酗酒，也不沉湎于牌桌、麻将桌。

20.4　如何既突出重点，又统筹兼顾

从公司领导的工作现状来看，有的领导对具体工作抓得很出色，但对带有全局性、长远性、根本性的工作考虑得不够，不善于提出宏观的战略目标和对策；有的缺少思维的条理性、深刻性和预见性，对工作缺乏科学的安排，往往顾此失彼，很难做到统领有方、应付自如。领导如何抓住重点、照顾一般，使有限的人力、物力和时间得到合理的调配使用，防止顾此失彼，特别是在关键目标和关键环节上，怎样才能集中主要力量，突破重点，带动全局，推动整体工作高效有序，是每位企业领导都应该认真考虑的一个重要问题。为解决这一问题，就要学会通盘运筹的工作技巧，既突出重点，又统筹兼顾。

1. 总揽全局抓重点

领导在布置和处理工作时，一定要善于从本单位的全局利益出发，围绕全局计划自己的行动，发挥局部的作用，配合全局，保障

全局。如果离开全局盯局部，最多只能收到"头痛医头，脚痛医脚"的效果。因此领导必须学会使用"广角"思维，善于在大背景、大环境中观察和分析事物。眼界要宽，树立全局观念和系统观念。与此同时，在处理各项具体工作时，也要从总体需要去考虑，既要抓影响、牵动和带动整个工作的关键环节，又要顾及方方面面的相关因素。这实际上是对各项工作巧妙布置和高度协调的技能。这就涉及如何准确地确定重点和如何牢牢地抓住重点两个方面。

2. 立足当前谋长远

一个称职的企业领导，要不断提高自己的领导艺术水平，善于深思熟虑，立足当前，放眼未来。为此，一是要处理好远与近的关系，力戒眼光短浅，急功近利；二是要有预见性，在周密调研和科学分析的基础上，对某项工作的进展预先作出正确的推断，要"干当前，谋未来，想长远"，未雨绸缪，使自己处于"预则立"的境地；三是要以长远战略为目标，循序渐进，环环相扣，避免犯片面和急躁冒进的错误。

3. 善于分清轻重缓急

按事情的重要程度安排工作，是建立在"关键的少数与次要的多数原理"基础上的。这个原理由意大利经济学家巴雷特于19世纪末20世纪初首先提出并应用于经济管理。其含义是：在任何特定群体中，重要的因素通常只是少数，而不重要的因素则占多数。因此，只要能控制住那些重要的因素就能控制全局。这个原理经过多年的演变和概括，成为现在管理界流行的"二八原理"，即80%

的价值来自20%的因素，其余20%的价值来自80%的因素。如，80%的看报时间往往花在20%的版面上，只要掌握20%的主要信息，就可以了解80%的主要内容；如果有10件事，完成了最重要的两件，即可收到80%的效果。所以，作为领导在一般情况下，应先考虑事情的轻重，再考虑事情的缓急，先办重要而又紧迫的事，其次是重要但不紧迫的事，再次是紧迫但不重要的事，最后是既不重要又不紧迫的事，这样才能克服忙乱现象，收到事半功倍的效果。

为了更好地分清轻重缓急，还应掌握和运用好ABC分类法，即对每项工作提出三个问题：能否取消这项工作？能否与其他工作合并？能否用更简便的方法来代替？经过这样的筛选、过滤之后，把那些必须做的工作分为ABC三类。

A类：约占全部工作量的20%，具有本质上的重要性和时间上的迫切性，完成与否，完成的质量如何，事关全局工作的效果，须集中全力及时处理。

B类：约占全部工作量的30%，其重、急程度次于A类，但对全局工作影响不太大。对这类工作不必倾注大量的时间和精力，做好一般性的处理即可。

C类：约占全部工作量的50%，大都是一些无关紧要的、琐碎的、也不迫切的工作。这些工作通常可以授权或委派给下属人员。

在实际工作中，哪些工作属于A类，哪些工作属于B类，哪些工作属于C类，并无清晰的界限，可以根据工作的有效性、关键性、重要性和迫切性等进行分类。应该注意的是，抓好重点工作，并非放弃一般工作，我们提倡既要保证重点，又要照顾一般，不能是抓中心就搞什么压倒一切，把其他工作置之度外，用中心工作排斥其他工作；也不能误以为只要抓了中心工作，其他问题就会迎刃而解。只有抓住重点，兼顾其他，才能收到最佳的效果。

21 调动下属积极性的方法

公司中每一位员工情绪的好坏、工作主动性的大小、工作热情的高低直接影响着整体活动的质量和效率。那么靠什么来调动下属的积极性呢？调动下属积极性的方法和途径多种多样，如物质激励、环境激励、思想政治工作等，都是在实际工作中广泛运用的手段。作为领导，重任在肩，统领部下齐心协力、团结合作、共同完成各项活动，离不开"量才用人""以理服人""以情感人"这三条激励下属的最基本的方法和艺术。"量才用人"就是领导要掌握用人技巧，做到知人善任，在充分发挥每个人特长的基础上，采取有效措施，培养下属快速成长；"以理服人"就是在处理工作和与人交往时应遵循相应的规则、规范，如在表扬或批评下属时，就要公正准确、有理有据，让人心服口服，这样才能起到应有的作用；"以情感人"就是要求领导者根据下属的情感需要，通过相应的言行举止，增进和下属的交流，建立起深厚的感情，从而激发其积极向上的工作情绪，提高工作的自觉性和主动性。

21.1 掌握用人的艺术

对于领导最基本的要求是善于用人。我国明末学者王夫之说过："能用人者，可以无敌于天下。"领导会不会用人，关系到能否实现人尽其才、物尽其用，关系到下属整体的工作效率、精神状态，关系到整体工作能否协调发展，关系到能否把自己负责的单位或部门建成活力强、效能高、成果多、贡献大、团结协作、生机勃发的先进集体。因此，知人善任、合理用人是公司领导者领导艺术和技巧中的一个关键环节。

对下属实施科学领导和管理，做到知人善任的基本内容包括：了解下属；选贤任能，知人善任；用人所长，因才施用；宽以待人，团结为重；合理授权，量才使用；注意发挥群体优势，谋求最佳整体效能；支持扶持，助人成长。

领导工作的效能，是通过对下属的影响，由下属的活动表现出来的。上述内容涵盖了各级领导对下属的选拔、配备、使用、培养、评估等诸多环节，掌握好这几个环节，就能发挥下属的聪明才智，取得成功。

1. 充分了解自己的下属

了解自己的下属，就是要知人。人之不同，犹如其面，只有知人才能善任。知人，就是领导者通过考察，对人有个全面的、正确的、符合客观情况的认识。

领导只有充分了解下属，量才用人，才能充分发挥好下属的积极性和能动性。

了解下属，应掌握以下六个原则：

（1）对下属要全面考察。即要考察他的德、能、勤、绩等各方面，以便对下属有基本了解。在考察中，要将"德"与"才"相结合，二者不可偏废，要以德为重，能、勤、绩与职相宜。

（2）要辩证地看待、认识下属，不能求全责备。德才兼备是要求，但不是要完人。因为贤人也有不贤之点，能人也有不能之处，苛求没有缺点的人才只能是幻想。只要下属在某一方面有特长，能在工作中独当一面，就要大胆地起用。

（3）既要知道下属的长处，又要知道下属的短处。"金无足赤，人无完人"，每个人都有其长处和短处，作为领导既要了解下属的优点，同时也要了解其缺点，才能做到人尽其用、才适其职。

（4）要善于识别真伪，透过现象看本质。识人不能看其在一时、一事、一方面的表现，而要从多方面进行观察，然后连贯起来进行判断，方可得出结论。古人云，"白石似玉，奸佞似贤""没有百炼火，孰知寸金精"，这就告诫我们，识人需要较长时间、较为全面的考察，要善于识别真伪，透过现象看本质。

（5）要善于发现人才。要看到人的发展前途，对下属有个发展评估。人的素质不是一成不变的，随着人的实践锻炼和自我造就，会形成新的素质。领导者要善于从人才的当前状态看发展，从潜在素质看趋势。如是可造之才，就应设法培养、锻炼、使用之。

（6）要在实践中不断考验和了解下属。要看下属员工的真才实学，重在工作表现和工作成绩，并以此为依据，鉴别其是不是人才,是属于哪一层次、哪一方面的人才。要重点考察下属的组织能力、思维判断能力、创新开拓能力和其他方面的特殊才能。

只有充分了解自己的下属,把那些思想品质好、业务能力强、文化水平高、身体适宜且具有开拓精神和求实创新的员工选拔、安排到合适的岗位上去,才能做到人岗相适、人事相宜、人尽其才。在识才的基础上,合理使用下属,充分发挥每一个人的优势,集众人之智,用众人之力,才能把工作做好。

2.不拘一格,唯才是用

见微知著看本质,不拘一格用人才。任何一个人都有优点和缺点,不同类型的员工也有不同的专长和不足。领导对下属的考察、培养和使用,一定要做到客观、公正、全面,要善于发挥下属的长处,不拘泥于小节,不失于偏颇,不听信流言。"为政之本在于择人",要从工作的实际需要和利益出发,胸怀全局,广开"才"路,按照德才兼备的原则,选拔、培养和使用好下属。

唯才是用必须同"德"相结合。德是政治标准,主要是指政治立场、思想态度和道德品质;才是业务标准,指有聪明才智、知识技能和分析问题、解决问题、胜任本职工作的能力,有全心全意为人民服务的本领。"德"须和"才"相统一,不可偏废。"有德无才,难当大任;有才无德,其才足以济其奸"。康熙皇帝认为"论才则必须以德为本",美国的管理学专家杜拉克断言:"一个人的品德与正直方面如果有缺点,则足以败事"。应当坚决防止把无才无德的人安排到重要的岗位上。

(1)进行控制管理。尤其对具有绝对信心或资历较深的下属经常加之贬抑，会起到旁敲侧击的效果。当然，这种贬抑是善意的。如你的下属是一个在其他专业方面较通的人才，是一个比你资历深得多的人员，他们在处理一些事务上由于时间长或有一定的专业知识便自以为是，领导不妨经常对之进行点化，适时进行贬抑甚至批评，使下属的行为规范化。

（2）进行激励管理。一开始就宣布你的"最低目标"，会使你的下属有压力感、紧迫感，使下属总感到工作还未干好，以激励和促使下属提高工作能力。

（3）效能管理。比如，可故意忽视你在事前就听到的关于某一下属的传闻，而故意称赞或询问，使得下属认为你已掌握了他的很多东西，进而使其感到内心的不平衡，从而自觉地检查不足，求得进取。

（4）利用管理。心理学认为，只要你向对方表示关怀，对方也会给予回应；并肩齐坐，较易建立友好的关系。除了级别上的领导和被领导关系外，在同事关系上、上级和下级的关系上，也应是这样的。你替下属完成了一件下属因故未能完成的事，并不说明你做领导的就是事必躬亲，而是体现了你对下属的关心。

3. 用人所长，各尽其能

人员的选配、组合和使用等是构成领导效能的重要内容。领导在人员选配和使用过程中必须努力做到用人所长、各尽其能，这样会促进每个成员的主动性、积极性、创造性的发挥，使得各项工作协调发展，高效运行，整个组织的整体贡献突出，有利于整个领导和管理活动的成功。那么，领导在用人时需掌握哪些正确的原则和方法，才能真正做到知人善任呢？

（1）选贤任能，知人善任。任人唯贤，就是要把那些思想品质好、业务能力强、身体素质适宜且具有开拓精神，能独当一面的员工选拔、安排到合适的岗位上去，做到人事相宜。要给能力提供提升的舞台，安排的工作与之性格和气质相适应，各遂其志，各展其能，有利于发挥其长处。

（2）用人所长，因才使用。古语云："尺有所短，寸有所长。"用人贵在用其长。领导在选人、用人时，要善于抓住人的品质、个性和优点，做到扬长避短，不能求全责备。比如，办公室主任如果把一个开朗、活跃、善于交际的人安排去搞内务，把一个内向型、业务型的下属安排去处理员工来访，无疑会让工作陷于被动。

（3）宽以待人，团结为重。下属在日常工作中，对事物往往会有不同的看法，彼此间会发生一些矛盾和冲突，由于能力水平的问题，在处理一些事务中也会出现一些差错。作为领导一定要虚怀若谷、宽容、谅解、拾遗补阙，这是一个称职领导具有高度修养的表现，也是取得下属信任的前提。

（4）合理授权，量才而用。领导的重要职责不在做事而在成事。授权是领导者的"分身术"。在明确责任的前提下，按照分工负责的原则，授予下属一定的权力，把那些可以交给下属办理的事情放下去，让他们围绕一定的目标，充分发挥他们的主动性、创造性和聪明才智，独立自主地完成工作任务。

（5）突出整体效能。在一个单位或部门中，构成人员不可千篇一律，应是"生、旦、净、丑、末"齐全，使其各随其志、各展其能、各尽其责，积极配合，完成各项任务。领导在用人时，不但要讲求如何最大限度地发挥每个人的能量，更要注意通过对全体工作人员的有机组合和调度，进行科学分工，组成效能最好的人才团、参谋部，以谋求最佳整体效能。在合理搭配的人才团中，各种专业、年龄、才能、气质、特长的部属互相补充、促进、激励、学习，不仅能更好地发挥每个人的个体作用，而且能带来巨大的整体效能。

4. 要尽力帮助你的下属

管理学家帕金森说过："一个管理者的主要任务就是帮助他一起工作的人，使他们得到发展。如果他对此做得卓有成效，不仅会更好地完成自己的任务，也不仅为自己的晋升铺平道路，而且他将拥有一批有才干的、训练有素的人才，他们将完全忠实于他。"作为领导要注意随时了解下属工作和生活上的困难，为他们更好地工作创造便利条件，解除其后顾之忧；要及时了解下属的心理状态和物质、精神需要，努力做到体贴入微。领导工作效能的提高，很大程度上取决于领导者与下属之间关系的协调和心理相容程度。

作为领导，对下属的帮助一般体现在工作、生活、思想等方面。领导对下属的帮助，应采取以下几种形式为宜：

（1）诱导式帮助。应以工作内容为主，加以诱导式帮助。下属工作的好坏，完成各项工作的熟练程度如何，不仅是下属能力水平如何的问题，还与上级主管的领导、组织的培养造就有关。通常情况下，领导作为负责人，阅历较深，观察事物、分析问题、解决矛盾的能力较强，处理、协调各种复杂事件的效果较好，同样，下属也难免在工作等方面出差错或有不尽如人意的地方。作为领导,绝不能不理会下属的想法、意见、要求,而简单地说"行"或"不行"、"对"或"不对",以诱导式帮助下属是较好的解决问题的办法。如一位办公室主任安排下属起草工作报告,当发现报告不符合要求时,应该耐心地予以指正,提出修改意见或告诉下属应该怎样写,而不应该全面否定,自己下笔或当着下属的面将报告扔进纸篓,这样极易产生副作用。

(2)批评式帮助。这是领导帮助下属的另一种主要方式。任何时候,领导者对下属的要求和约束、规章制度的设立和执行,都要掌握好存在宽和严的关系。领导对下属不该犯的错误必须批评教育。对某些性质严重的问题更是必须态度明确,进行严肃的批评。

(3)激励式帮助。激励式帮助会引发下属积极的心理反应,令其振奋、愉快。善于表扬的领导会因此而建立起与下属的感情联系并调动他们的积极性。比如,关心爱护下属、加强情感联系、及时帮助下属从困境中解脱等,不失为好的方法。

5.要有意识地培养下属

企业各项事业的发展都需要人才,人才培养是各级领导面临的十分重要的课题和任务。那么,如何培养下属呢?

(1)树立榜样,典型示范。首先,领导要以良好的形象和务实的工作态度出现在下属面前。孔子曰:"其身正,不令而行;其身不正,虽令不从。"作为一名领导,小到言行举止,大到工作态度、思想修养,都会对下属产生直接影响。其次,要扬善为主,激励上进。单位或部门内部好人、好事，好的经验、做法很多，领导要善于发现、总结和提倡，通过树立典型，使求实、上进之风气形成开来，促进下属工作能力的提高。

（2）授权加压，促其成才。授权是领导培养下属、调动其积极性的有效办法，可以激发下属自觉的、创造性的心理活动，培养其在复杂环境中的心理素质；可以尽快地让下属经受锻炼，增长才干，特别是在培养后备干部时更是如此。

（3）加强实践，全面提高。要安排下属利用调查、开会、义务劳动、挂职锻炼等一切实践机会，深入基层，熟悉情况。有条件的话还可派下属到条件艰苦、矛盾较多的环境中实践一段时间，以磨砺其克服困难、处理问题的意志和本领，培养其心理适应能力。

（4）用好专才，培养全才。领导要用全局、战略的眼光，对人才进行再培养，使他们由专才变通才，由原来的纯专业型、单性格型向多专业、灵活多维型性格方向发展，掌握更多的本领。同时，要注重高层次的、专业技术强的骨干人员的全面培养，使其在心理、素质、作风各方面臻于完善。

（5）坚持德才兼备的原则，知识教育和思想教育相结合。一方面，要重视抓下属的业务知识学习和其他知识的学习，使下属及时掌握最新的管理方法和工作方法，做到博学多识；另一方面，要加强以形势、纪律、职业道德、光荣传统等主要内容的思想政治教育和社会主义核心价值观教育，提高下属的政治觉悟和思想水平，使下属成为德才兼备的优秀人才。

21.2 掌握表扬与批评的艺术

在管理下属和领导下属的过程中,经常会用到表扬与批评这两种手段。为达到好的效果,就要讲究表扬与批评的艺术。

1. 表扬的艺术

表扬是激励下属的一种方法,但如何运用得当,使其真正地起到调动下属积极性的作用,则是领导艺术和工作技巧的体现。有些领导者虽然在实际工作中经常运用这一方法,但常常达不到预期的激励效果,原因就在于没有很好地理解表扬是一种艺术,也需要掌握高超的技巧。

表扬作为一种激励方法,有以下几个方面的作用:

(1)表扬是对下属工作的肯定。下属受到领导的表扬,表明自己的工作得到肯定,从而加强了工作的倾向性,投入更多的精力去向此方向发展,使本职工作变成自身的兴趣,而有兴趣的工作会伴随快乐的情感体验,从而调动起全部的积极性、主动性,发挥出潜能,成为提高工作效率的强有力的动力。

(2)表扬可以满足下属的心理需要。每个人的生存都有其生理的和心理的需要。一般来说,最基本的生理需要在文明发展的今天基本上通过自身的努力都容易得到满足,而心理的需要就需要得到社会的认可才能满足,尤其是荣誉感和成就感,如通过表扬直接得到领导的认可,就会提高下属的工作积极性。

(3)表扬能激励个人巩固和发扬良好的行为,使一个人不断向好的方面转化。要运用好表扬这一激励方法，领导者在实施中，应注意把握好以下几方面：一是要着眼长处，注重贡献。二是情况要真实，评价要准确。表扬要依据事实，恰如其分。如若失真，不仅起不到激励作用，反而会引发各方的不满，降低领导者的威信。三是表扬要用事实说话，切忌空泛。四是要围绕目标，突出重点。把表扬的重点放到下属完成目标的成绩上。要使表扬紧紧围绕群体目标，保证并促进其顺利完成。五是表扬时机要恰到好处。表扬要及时，不及时会使表扬的作用降低。六是表扬时态度要诚恳热情。表扬效果的大与小，与领导者表扬时的态度有直接关系。如果领导者在进行表扬时态度冷漠无情，应付差事地说上几句，是不会有好效果的。领导者在表扬时应满腔热情，以此实现与下属的感情交流。七是要选择好表扬的方式。当众表扬的效果要大于个别当面进行的表扬，而背后间接表扬的效果要大于当众当面表扬。八是要因人而异地选择好表扬的语言。一般来说，初参加工作的年轻人喜欢领导者的夸奖；有威望的年长者则希望表扬的语气上略带敬重的意味；对性格机敏的人，表扬只需三言两语就可以心领神会；而对疑虑心重的人，用语就应准确清楚，以免因表达不清造成误解。总之，不同年龄、不同性格、不同经历的人，对表扬的要求是不一样的。对于这一点，领导应给予特别的注意。

2.批评的艺术

批评是一种很难掌握而领导者又必须运用的激励方法。因为在实际工作中，作为领导要完全避免使用批评是不可能的。为了使批评能收到比较好的效果，必须掌握运用批评方法和技巧，了解批评的要领、批评的方式和批评之忌。

（1）批评的要领。

第一，批评的依据要准确。批评是件严肃的事情，不能轻信别人的道听途说而随便批评人。领导者一定要掌握确凿证据，并应在批评前分析问题产生的主客观原因，保证批评准确无误。一旦批评错了，最好的办法是第一时间向被批评者道歉。

第二，对不同的批评对象要区别对待。如对性格暴躁的人，宜用缓和的方式；对性格内向、善于思考的人，宜用提醒为主的方式。

第三，领导者要勇于承担自己的责任。下属的缺点、错误常常与领导者有直接或间接的关系，即使是完全应该由下属个人负责的问题，领导也负有领导和教育不够的责任。所以，在批评下属的时候，领导者也要主动承担责任，这样易使批评取得较好的效果。

第四，批评不对，允许申辩。批评时，要允许被批评者讲明情况，进行申辩，如果申辩属实，应当帮助被批评者澄清，决不能让人受委屈。不允许被批评者申辩的批评是达不到预期效果的。

第五，批评结束，多予勉励。批评的目的是希望下属改正缺点或错误，今后更加努力地工作。因此，在批评结束之前，最好能给予必要的勉励，让他放下包袱，打消顾虑，轻装前进。

第六，批评之后，继续关心。受到批评后的下属，在心理上有压力，领导者要表示关心和体贴，若看到他做出成绩，要及时给予表扬和鼓励。

（2）批评的方式。

第一，无声式。对一个一向积极要求进步且自尊心很强的人而言,如其工作出现失误并且已陷入深深的反思之中,领导者最好的办法是充分信任他,让他在工作中认识并改正错误。"此时无声胜有声",这种无声的批评比有声的批评效果要好得多。

第二,责己正人式。这是一种先责己后批评他人的方式。采用这种方式易消除批评者的思想顾虑,能有效缩短领导者与被批评者之间的心理距离,增强批评的说服力,容易收到积极的效果,而且还可以体现领导者正直负责的品格和对下属关心、爱护的深厚感情。

第三,直言疏导式。这是一种不隐瞒自己观点,直率严肃指出对方失误或错误的批评方式。这种方式具有很强的刺激和鞭策力,有助于使被批评者顿悟猛醒。对于不能认识到自己的错误,或对不重视改正自己的缺点、错误的人,采取这种批评方法时,要注意把疏导渗透其中,以理服人,否则达不到批评的效果。

第四,委婉暗示式。这是一种批评时注重含蓄蕴藉,而不是直接指出错误的批评方式。这种方式下没有直接的面对面的交谈,可以避免批评时极易形成的尴尬局面。具体方法有:①暗示法。犯了错误的人大都十分敏感,稍有暗示,就会触及思想,提高认识。②启发法。借助其他事例进行教育,往往没有提出批评,就可引导犯错误者自觉认识。③商讨法。注重对问题的透彻分析,帮助犯错者提高认识,没有剑拔弩张的氛围。④参照法。作具体的对照,进行比较分析,以便提高犯错误者的认识。这些方法,不具有批评的气势,但使用之却可达到批评的目的。这种方法比较适宜对敏感、自省意识强的人的批评。

第五,"三明治"式。美国企业家玛丽·凯什在《谈人的管理》一书中写道:"不要光批评而不赞美,这是我严格遵守的一个原则。不管要批评的是什么,都必须找出对方的长处来赞美,批评前和批评中都要这么做。这就是我所谓的三明治策略——夹在两大赞美中的小批评。"这种先表扬后批评,最后再以鼓励结束的批评方式,容易使批评收到好的效果。

要使批评收到好的效果,领导在批评下属时要注意:不要发怒,不要恶语伤人,不要以势压人;要就事论事,不要全面否定过去,更不要否定未来;批评最好在私下个别进行,切忌背后批评。

(3)批评之忌。有人总结出领导批评下属应注意十忌:

一忌道听途说,夸大事实;

二忌以偏概全,一切否定;

三忌动辄训斥,咄咄逼人;

四忌当时不讲,秋后算账;

五忌讽刺挖苦,当众揭短;

六忌不分层次,无限上纲;

七忌头疼医脚,千人一方;

八忌以人类比,硬性联系;

九忌操之过急,拔苗助长;

十忌严于律人,宽以待己。

21.3 处理好与下属的冲突

领导在与下属工作过程中有时也会出现某些冲突,如果不能很好地解决这些冲突,使矛盾激化、冲突扩大,就可能影响正常的工作关系,阻碍领导者自身的工作,甚至使整体工作陷于瘫痪。这就要求领导者必须与下属之间协调一致,相互支持,相互配合,相互协作,才能顺利实现既定目标。领导与下属之间发生冲突,原因是复杂的。从领导者来说,自身素质和能力水平不高、思想方法和工作方法不对头、对下属关心不够、协调沟通不及时、利益处理上不公平等,都有可能引发冲突;从下属来看,个人思想观念、工作方法同领导有差异,个人需要和目标未得到实现等,都会产生不满情绪,也是导致冲突的因素。为解决冲突,化解矛盾,领导必须注意做到以下几点:

(1)保持公正。这是领导者职业道德的核心。它要求对待下属公平合理、正直、不偏不倚,尤其是在工资、奖金、福利等物质利益的分配上要公平合理。因为这类问题很敏感,涉及全体成员的切身利益。如果一些员工付出的并不比别人少,而所得又不比别人多,就会感到领导办事不公平,进而与领导产生冲突。这些矛盾如果不及时处理和解决,下属可能采取消极怠工的方式对付领导,也可能采取严重的直接对抗形式,直至造成严重恶性事故。因此,对待下属的不满,不能硬堵、强压,而应该积极疏导,让下属畅所欲言,让他们发泄怨气。同时,对于下属提出的一些问题,只要条件具备，当前能够予以解决的一定要及时解决，或者靠组织解决，或者靠同事间的互助予以解决，或者给对方提供便利以便他自己解决。对于一时难以解决的问题，一定要讲清道理，说明具备何种条件时才能予以解决。对于下属不现实的要求，要通过耐心的说服教育，使其暂时放弃；对于不正当的要求，要通过批评教育使其主动改正。

（2）平等待人。这是解决领导者与下属冲突的基本原则。这里首先要警惕"权力效应"。坚决反对"有权就有理""权力越大，说了越算""官大一级压死人"的思想和作风。在处理与下属的关系时，领导不能有高高在上的感觉，而让下属唯命是从。如果领导者凭借权力，不尊重下属，轻视下级的人格，总是以高人一等的面目出现，盛气凌人，则久而久之，冲突不可避免。因此，作为一名领导者，必须加强自身思想修养，牢记领导就是服务，权力就是责任。在避免和解决冲突中，领导的示范作用不可小视。如在利益、荣誉面前，先人后己，就能从根本上避免冲突的发生。当发生冲突时，应以博大胸怀，主动接近下属，做耐心细致的思想工作，必要时放弃自己应得的利益和荣誉。在面对下属的不满时，应能自我控制，即善于克制自己的情绪、语言和行为，防止矛盾激化。当然，如果下属出于私利泄私愤，无中生有或造谣惑众，就必须给予严肃的批评和教育，直至采取纪律手段。

（3）要有民主作风和方法。民主作风是现代领导者必须具备的品格，也是减少矛盾和冲突的良方。民主作风的实质是深入群众，相信群众，与群众打成一片，遇事同群众商量，求得他们的支持和配合。领导决不能自恃高明,轻视下属,搞一言堂;遇事要多和副手商量,处理问题时也要听取下属的意见,要形成一种平等、民主的良好氛围,集众人之智,用众人之力,共创工作新局面。

(4)要严于律己,宽以待人。为避免发生冲突,减少内部摩擦,领导者要树立严于律己、胸怀坦荡、宽以待人、善与人和、处事豁达的形象。要大力倡导"容人之短,取人之长;容人之言,虚怀若谷;容人之过,携手共进;容人之怨,吃苦耐劳"的风气,创造相互理解、相互尊重、相互配合、相互协作的良好人际关系。

21.4　真诚帮助犯错误的下属

在工作中,每个人都会犯错误。当下属犯错误后,作为领导一定要采取正确的态度来帮助下属,使其及时改正,重新振作,重新投入到工作中去。

(1)要帮助下属敢于承认错误,有勇气面对现实。一个人犯了错误以后,心理上就会产生一种挫折感,必然引起思想上和行为上相应的反应,这种反应有时是积极的、理智的,有时是消极的、非理智的。积极的、理智的反应能够使其从错误中吸取教训,变坏事为好事。

(2)要认真帮助下属分析犯错误的原因。一个人犯错误后,承认错误是改正错误的起点。但是生活中也有一些人,每次犯错误承认得很痛快,但一辈子总是连续犯类似的错误。原因就在于,承认错误时,没有对所犯错误对主观和客观原因进行认真分析。因此,领导要积极地帮助犯错误的同志认真分析原因，共同寻找改正错误的方法。

（3）要帮助下属用积极的态度总结经验教训。积极而不是消极地总结经验教训，这是让包袱变财富、坏事变好事的关键。"吃一堑，长一智"，人就会越来越明智，越来越有成就；而"一朝被蛇咬，十年怕井绳"，人就会越来越胆小怕事，无所作为。因此，领导要善于帮助下属从积极的方面吸取教训，犯了错误及时改正，防止重犯类似的错误。

（4）要帮助下属恢复信心。人犯了错误后很容易丧失信心，怕失去领导的信任和支持。领导者要帮助下属恢复信心和勇气，不能被一时的失误捆住手脚。

21.5 注重感情投资

情感需要是人类最基本的需要。领导者通过运用不同的方法和手段来满足下属的情感需要，和下属建立起深厚的感情，从而激发下属良好的工作情绪。情感激励具有极大的激励作用，是人的行为最直接的一种激励因素。

感情投资之所以必要，是因为人人都有情感需要。如果领导处处对自己的同事和下属平等相待，以诚相见，感情相通，心心相印，从思想上理解他们，从人格上尊重他们，从政治上帮助他们，从生活上关心和爱护他们，从工作上信任和支持他们，他们心理上和精神上的这种需要得到满足，就会焕发出高昂的热情，以良好的面貌做好各项工作。这种投资之所以必要，还因为感情不是单向的，而是双向的，双方互相影响，互为因果。"投之以桃，报之以李""你敬我一尺，我敬你一丈""人心换人心"这些俗语都说明，在现实生活中要想得到别人的理解和尊重，首先要学会理解和尊重别人。一个对别人冷漠无情、麻木不仁的人，很难得到别人的关心和体贴。不要认为下属对自己的尊敬、关心和支持是天经地义，而把自己对别人的关心和尊重看作是一种"恩赐"，要设身处地，将心比心，善于用感情去打动和征服下属，不断增强与下属在感情上的融合度。注重感情投资，要经常和下属保持感情交流和沟通。有效的情感交流要注意以下几个方面：

（1）要相互信任。这是实现情感交流，达到有效激励的前提和保证。领导在日常工作中，要放手让下属大胆去干，要充分发挥他们的能动性和积极性；要善于授权，给下属多派任务、多压担子，使其在有利于磨炼意志、增长才干的各种环境中得到锻炼和提高。

（2）要交流意见。经常与下属交流情况，向他们解释要做什么和为什么要做；每天要到各办公室走走，同副手或下属等照个面、打一声招呼，对下属的工作要随时表示重视和赞许；要耐心听取下属的意见和建议，不论是否接受，都要全神贯注，尽量少插话，表示理解和尊重。只要时间允许，即使是牢骚，也要让人家说完，然后再解释或说服。交流意见时，要开诚布公，真挚坦率，当然也要讲究一些方式和技巧。

（3）要体察下属。领导者应具有体察人心的能力，能够及时了解下属的思想和情绪变化，并根据这些变化采取相应的措施。如下属在工作中遇到了挫折，就要及时加以开导、鼓励，使其振作起来；当下属由于家庭、同事等关系处理不好而情绪低落时，要及时与其谈心，并帮助解决或加以协调。

领导在向下属进行感情投资时，需要注意以下几点：

第一，感情投资的目的是密切上下级之间的情感联系，使下属每个成员都更加热爱自己的工作，并在良好的人际环境中发挥出个人的最大能量。这是感情投资的唯一目的，而不能要求别人感恩戴德，在私人利益上给予回报。

第二，这种"投资"必须是自觉的、一贯的、一视同仁的，而不应当是消极的、偶尔的，也不应该有亲疏之分。

第三，对于"投资"后的反应，要有一个正确的认识。人之不同，效果也有差异，有时能够立竿见影，有时则需要较长的时期才能结出果实。但应当坚信，"精诚所至，金石为开"，只要功夫下到了，误解消除了，彼此间的感情会更深厚，心贴得会更紧。

第四，这种"感情投资"不排除语言上的赞赏、慰藉和物质上的帮助，但它与拉拢、行贿和玩弄权术的人心收买完全是两码事。切不可把感情投资庸俗化，以"感情投资"之名，行歪门邪道之实。

21.6　构建利益共同体

公司要想获得良好的发展，必须保证员工劳动关系的和谐稳定，还要经营好各种关系从而打造公司利益共同体，这是公司的不二之选。公司领导在经营过程中,不仅要考虑公司经营者的利益,在关注行业的发展与竞争对手的同时,更要重视员工的利益,与员工和谐共处,这才是企业的长远发展之道。"抱团取暖,共同发展"应该成为公司的行动准则,只有让全体员工形成一个利益共同体,才能够最大限度地调动和激发员工的积极性,才能减少员工流失和跳槽的现象,使公司始终保持强劲的动力。那么,如何来构建利益共同体呢?

(1)形成共同理念。首先要从理论和思想上理顺领导和员工之间的关系,决不能认为领导和员工是站在对立面的。当今时代,就公司整体发展而言,老板和员工之间的关系已不再是简单的雇用和被雇用的关系,而是一种全新的合作共赢的关系。老板提供发展平台,员工施展自我才华,共同努力,相互协助,合作共赢,才能让公司发展越来越好,老板得到了利润,员工得到了回报和成长。在这种理念下,公司与员工才能成为利益共同体。

(2)建立有效的激励约束机制。比如,实行年薪制,或者形成一套完善的内部股权分配机制,也可以利用期权来激励员工。当然股权、期权一定是与年限捆绑在一起的,也就是说,必须在相应工作期限内完成应该完成的业绩和目标,才能够分时间段获得相应的股权和期权。当然,激励还有很多其他的办法,比如让员工参与公司的生产经营决策,让他们有自豪感;改善员工工作环境,提升员工的满意度;创造各种条件让员工感到舒心,提升员工的幸福感;等等。

(3)助力员工成长。对员工而言,在公司这个平台上的成长前景是其最为看重的因素。如果一份工作无法让人得到成长，他就会很难长期坚持下去，所以作为领导要多给予下属指导和帮助，比如在员工的职业发展规划、自我能力提升、知识体系和能力体系完善等各个方面提供必要的帮助，都会让员工觉得未来很有奔头，有内部成长空间，就会对公司形成更多的信赖，有利于树立与公司共成长、同进步的信念。

（4）加强人文关怀。现在上班族面临的压力很大，各种负担让部分员工身心俱疲，就需要公司特别是管理层的领导，秉持"以人为本"的理念，把关心员工、尊重员工和管理员工统一起来，营造良好的交流、分享和沟通氛围，采取切实行动，向员工传达更多的人文关怀。比如，建立母婴室，为哺乳期女员工提供方便；建立咖啡屋，让员工能够在工作间隙有更好的休息；设立健身房，让员工在工作之余方便锻炼身体；等等。这些人文关怀对化解员工心理负担，丰富文化生活，增加对企业的认同感都很有帮助。

参考文献

［1］陈天荣，2014.领导人才特质商数研究［C］//中国领导人才评价与开发——2014中国领导人才论坛暨第四届党政与企业领导人才素质标准与开发战略研讨会论文选集：230-236.

［2］迟忠波，2017.马化腾的情商：中国企业家精神的典型样板［J］.中外管理（11）：76-80.

［3］杜娟，2008.胆商：当代青年成功的必备素质［J］.广西青年干部学院学报（4）：47-48.

［4］盖晓明，2005.汉语言文字与大学生人文素质教育［J］.宁波大学学报（教育科学版）（6）：107-110.

［5］耿敬北，2011.独立女性的成长历程——《小妇人》的主题分析［D］.济南：山东大学.

［6］古宫昇，2018.亲和力［M］.北京：台海出版社.

［7］顾红，宋长春，2013.基于供应链理论的应用型本科高校大学生就业力培养模式刍议［J］.高等农业教育（9）：83-86.

［8］管平，胡家秀，2008.职业发展导向人才培养模式刍论

[J].黑龙江高教研究（1）：94-96.

［9］郝巍，2019.论艺术类专业大学生就业核心竞争力的培养[J].现代职业教育（34）：292-294.

［10］何芳，2019.青年职业发展的现状与问题探析[J].当代青年研究（5）：117-122.

［11］胡援成，刘秀元，吴飞，等，2017.高管薪酬、业绩与胜任能力识别[J].经济学（3）.

［12］蒋晓琳，2020.法律视野下的大学生实习期间权益保障机制研究[J].法制博览（27）：30-31.

［13］金劲彪，韩玮，2019.大学生实习权益的保障机制研究[J].黑龙江高教研究（1）：54-57.

［14］金树人，2016.生涯咨询与辅导[M].北京：高等教育出版社.

［15］靳宇晖，2021.女性平等就业权保护研究[D].北京：外交学院.

［16］雷萌，2021.职场女性的可持续发展分析[J].现代商贸工业，42（18）：53-54.

［17］李萌，2018.自控力[M].成都：成都地图出版社.

［18］李晓凤，龙嘉慧，李永娇，2021.破茧蝶变：社会工作介入女性职场性骚扰的理论及实践策略[J].中国社会工作（24）：12-14.

［19］李尧，杨俊杰，余五新，2012.试论大学生创新能力的培养[J].教育与职工第32期（总第744期）.

［20］李银河，2018.女性主义［M］.上海：上海文化出版社.

［21］丽尔·桑德伯格，2013.向前一步：女性，工作及领导意志［M］.北京：中信出版社.

［22］梁琼月，2015.职业女性事业的发展障碍分析及对策探讨［J］.经济管理者（8）.

［23］刘镜，赵晓康，2021.职场性别差异化管理的难点与领导者的统筹艺术［J］.领导科学（9）：71-74.

［24］刘平青，王雪，等，2018.领导力开发［M］.北京：北京师范大学出版社.

［25］刘晓筝，2020.浅谈大学生的专业与就业选择［J］.河南财政税务高等专科学校学报，34（6）：54-57.

［26］刘训涛，曹贺，陈国晶，2011.TRIZ理论及应用［M］.北京：北京大学出版社.

［27］柳青，2003.有效沟通的技巧［J］.中国社会科学.

［28］卢文俊，2014.应届毕业生择业自我效能感及择业内隐、外显态度的研究［D］.西安：陕西师范大学.

［29］鲁萍，2017.男女平等语境中当前我国职业女性所面对的职场不公正及突破［D］.济宁：曲阜师范大学.

［30］陆静，2019."80、90后"性格特征对职业行为的影响——"80、90后"就业执业现状调查［J］.现代职业教育（30）：164-165.

［31］马华维，2007，姚琦.新员工入职期望及其影响因素［J］.心理科学（1）：79-83.

［32］迈克尔·A.韦斯特，2018.卓有成效的团队管理［M］.蔡地，侯瑞鹏，姚倩，译.北京：机械工业出版社.

［33］梅芳，吴进，2021.全日制大学生实习期劳动权益保障问题探讨［J］.现代商贸工业，42（36）：126-127.

［34］梅耶·马斯克，2020.人生由我［M］.北京：中信出版集团.

［35］乔辉，2002.必须胜利——用胆商打造一往无前的创业精神［J］.科技创业月刊（9）：62-63.

［36］秦俭，2021.女性职场发展的"痛点"与"着力点"［J］.中国大学生就业（19）：13-15.

［37］任娜，郭家辉，潘菲，2013.大学生兼职经历与未来就业竞争力的相关性研究——以北京师范大学本科生群体为例［J］.财经界（15）：266-268.

［38］石华灵，2016.大学生的职业素养和就业能力培养研究——从情商的角度进行思考和研究［J］.太原城市职业技术学院学报（1）.

［39］孙妍，2022.青年就业特征及变动趋势研究［J］.中国青年研究（1）：5-10.

［40］唐有财，2011.中国城市职场的性别不平等：基于权力的视角［J］.妇女研究论丛（4）：20-26.

［41］特雷泽·休斯敦，2017.理性的决策：女性如何做决定［M］.张佩，译.北京：北京联合出版社.

［42］王磊，2013.新员工入职期望与组织社会化关系研究

［D］.沈阳：辽宁大学.

［43］王琴，2016，李明.女性主义视角下的职业性别歧视［J］.贵州民族报（7）.

［44］文柯，2012.幸福人生的心态课［M］.武汉：武汉出版社.

［45］吴泽华，2018.面部模仿条件下面孔高兴程度和注视区域对笑容评价的影响［D］.长春：吉林大学.

［46］熊国保，2001.加强大学生语言文字应用能力势在必行［J］.陕西师范大学学报（哲学社会科学版）（S2）：235-236.

［47］徐明，2022.论在新冠肺炎疫情影响下我国未来青年就业问题［J］.广东青年研究，36（1）：79-89.

［48］薛永斌，2016.企业领导学：框架·理论·方法·艺术［M］.北京：中国市场出版社.

［49］杨胡凤，张羽，2015.工程师所受高等教育的质量对其职业发展的影响研究［J］.高等工程教育研究（5）：8-14.

［50］杨曦灿，2015.浅谈大学生沟通能力的培养［J］.青年时代（4）.

［51］叶猛，2005.素质教育要立足"十商"的培养［C］//基础教育理论研究成果荟萃上卷（三）：253-255.

［52］尤瓦尔·赫拉利，2014.人类简史：从动物到上帝［M］.北京：中信出版社.

［53］于振斌，2007.将情商培养引入学校教育［C］//中国当代教育理论文献——第四届中国教育家大会成果汇编（上）：307-310.

[54]张小诗,2014.准员工:实习生的华丽转身[J].中国大学生就业(综合版)(7):14-16.

[55]赵东山,2022.俞敏洪:继续留在战场上[J].中国企业家(2):72-76.

[56]周峰,2017.张金体实习对大学生就业能力的影响研究——以北京林业大学人文社会科学学院为例[J].北京教育(2).

[57]周文霞,李硕钰,冯悦,2022.大学生就业的研究现状及大学生就业困境[J].中国大学生就业(7):3-8.

我的"五感"

· 代后记 ·

一、对职场的感想

时光飞逝，转眼就到了法定的60岁退休年龄。回首近40年高校工作的经历，有很多感想，希望我的感想对步入职场的年轻人能够有所启迪。

我周围的许多同事、学生对我职业生涯的评价应该都是高分，家人的评价也算可以。但我最多只能给自己打80分，这扣掉的20分，除了大学所学的采矿专业我一天也没用上外，最主要的是自己感觉这40年中事情做了一大堆，岗位换了好多个，在大多数岗位上任劳任怨，也算有所创新。但总体说来，面较广但聚焦不够，专业度不强，有点浅尝辄止。

2018年，中国传媒大学将"弘道崇德，经世致用"作为学校的价值追求提了出来，这对职场工作人员来讲也是非常适用的。《道德经》讲，"行有道，达天下"。道是万物万法之源，是创造一切的力量；德是要根据自然、社会和人类的客观需求去做事，它代表了不违背自然发展规律，要顺应自然，发展自然，发展社会，改进自己的践行方式。所以对职场人而言，最重要的就是遵循基本的职业道德，做到"畏业、敬业、爱业、乐业和创业"。这里讲的"畏业"和"敬业"是基础，"乐业"和"爱业"是目标，"创业"是职业的追求。

畏业和敬业，我的理解就是，如果我们选择了一个职业并拥有了一份工作，就应该摒弃打工仔的心态，做一个充满正能量，有责任感的人，要投入全身心地投入到工作中去，做一个忠诚事业，用责任心开拓工作业绩的人。用自己的辛勤付出和努力，以优良的业绩赢得领导和同事们的尊重和信任，用自己的无私奉献和脚踏实地的工作，为所在单位的发展提供正能量，奉献新业绩。

乐业和爱业就是要在工作中充分挖掘自身的才华和潜能，发挥个人长处，补齐自身短板，做到扬长避短，特别是在工作中，通过主动承担责任，勇于开拓进取，不断突破自我，为实现自身的价值追求奠定基础。能够将个人的兴趣爱好、特长和自身的能力、价值观、目标追求等有机地结合在一起，秉持"快乐工作，幸福生活"的理念，使自己的职业生涯更加丰富多彩。

职业生涯追求的第三个层次就是"创业"。它不是一般意义上的创业，而是指在职业生涯工作过程中能够不断地更新观念和解放思想，勇于创造和变革，敢于突破自我，创新工作理念、工作机制和管理机制，突破一系列陈规陋习的束缚，进行全面的系统变革和创造，进而收获非凡的工作成就。回首在传媒大学工作的20年，统战部"运用科研模式推进学校统战人士建言献策""中传机关党委手机报""工会节日慰问品直送入户"，创办多所"中国传媒大学

MBA公益学校"、二次创建"中国传媒大学MBA创新创业孵化基地"等可算是值得回味的创新举措。

一个人要想在职场上有所作为,一定要做到"气""势"兼备。

所谓"气",一是要有底气。在职场上,要想赢得别人的尊重,必须做到"一身正气,两袖清风"。身正不怕影子斜,这是做人的根本,也是最重要的底气。如果你老是想动歪脑筋,走歪门邪道,或者老想着找捷径、图省心省力,那么你无论当领导还是当同事,都必然会人微言轻,不会让人佩服;另外,你在职场上的底气,取决于相应的专业能力,也就是说,必须具备相应的核心竞争力,能够独立、高效和创造性地完成工作,才能赢得领导和同事的尊重与爱戴。"有为才能有位"讲的就是这个道理。

二是要有勇气。虽有底气,但不善于抓住机会,不能主动积极地去开拓工作,也不会得到领导和同事们的认可。所以当机会来临时,要勇于抓住机遇,敢于接受挑战。特别是在遇到工作和事业上的挫折时,更要充满必胜的信心,勇于迎接一切挑战,从失败中吸取教训,并勇敢地面对前进道路上的一切艰难险阻,这是在职场上取得成功的必要条件。

三是要接地气。接地气,就是要善于与周围的同事或领导保持密切的联系,经常全方位地交流与沟通,能够取得大家的信任,也就是我们常讲的,"要善于与群众打成一片,炼成一块"。要主动倾听,乐于分享,认真交流,并注重在日常工作中与周围方方面面的人保持情感沟通,充分体现你的个人魅力和亲和力,这样就可以将更多的人凝聚在你的周围共同成就一番事业。就我个人而言,"上冷、中温、下热"可算是对我的特点的概括。我并不善于和上级加热关系,相反与下面的普通教师或职员的关系一向不错。

四是要有气度。宽广的胸怀是成就事业的重要基础。无论身为员工还是领导,都应当充分地倾听别人的不同意见,要有容人之量,能容人之过。特别是要善于倾听和吸纳和你有不同意见的人,待人接物保持坦诚,一定要以事业为重,相互间要做到尊重理解。

五是要逐步建立自己的气场。所有有魅力的领导者都有自身强大的气场。气场来自坚定的理想信念和"以终为始"的目标追求,来自先人一步对未来发展趋势的准确判断,也来自自身过硬的素质、在同事和团队中的影响力和感召力,更来自以身作则、带头示范的行动力。

如果说"气"是个人能量,那么"势"就是能量发挥的环境和条件。从某种程度上说,"气"和"势"也可以理解为职场成功的内因和外因。也就是说,追求职场成功必须把握各种形势、环境和条件,为此要做到"顺势而为,因势利导",并且要学会"借事造势"。

俗语称"识时务者为俊杰"。就是说,一定要充分认识和把握社会发展的大趋势,把自身职业发展的方向和职业选择的逻辑建立在对社会整体发展的趋势判断上。比如在选择职业时,我们一定要明确自身有哪些方面的优势,有哪些方面的不足,自己的职业价值取向是什么,自己现有的资源在哪些方面比较突出,自身的人脉能对自己的职业发展有何帮助。在此基础上,再根据社会发展的大趋势，选择适合自身的职业发展道路。与此同时，我们要善于运用辩证的思维观来看待周围发生的各种事情，比如要学会用大看小，用长看短，用外部的发展变化看对内部的形势（或情绪）的影响，才能够对自己下一步将采取的行动做出初步的决策。因此，"顺势而为，因势利导"，应该成为职场当中非常重要的原则和指引。

"借事造势"是一项重要的领导方式和艺术，比如在塑造公司文化和弘扬榜样精神时，我们要充分挖掘周围先进人物的事迹，因为这些活生生的人物形象对大家具有重要的影响和导向作用。"借事造势"可以优化内部环境、打造团队文化，也可以借此实现组织再造。

二、当教师的感情

在近40年的高校职业生涯中，我也有多次机会可以到收入更高的企业和国家机关去工作，但最终还是在学校里坚持了下来。在同已经下海和转行的老同事们聚会时，我经常讲的一句话就是"走了的都是精英，留下来的全是骨干"。支持我留下的根本原因是我对教师这一职业的喜欢，换句话说，自己一生始终对教师这个职业充满感情。一是我对自己的小学、中学和大学老师一直充满感激，他们对我的培育之情令我永生难忘。时至今日，我仍与多位中小学和大学的老师保持着紧密的联系。二是这么多年来，在与学生的交往中，那种亦师亦友的感觉也让我受益匪浅。人们常常讲，"教师是人类灵魂的工程师"。"一颗红心，两袖清风，三尺讲台，四季耕耘"的教师生涯，需要老师更多付出。当好一名老师除了畏业、敬业、爱业、乐业、创业之外，还要有教书育人的本领，授课的技能、技术、技巧和技艺一样都不能少。除此之外，一位好老师，最重要的是他的师德师风，也就是说，"学为人师，行为世范"的标准是非常高的。和许多人的观点一样，我认为做一个好老师要有"良心、耐心、细心、责任心、爱心"。其中，爱心是当好老师的底色。在学生的推优、评先、入党等各项工作中做到公平、公开、公正，是考验教师和教育管理者是否有良心和公正性的一个最重要的标志，也是教育公平在高校中的重要体现。细心和耐心则体现在老师在备课、授课和与学生交流中积极主动负责任的态度上。就研究生导师而言，不仅要关心学生的学习生活、工作的状态，还要多关心他们在职业发展当中的困惑和家庭生活当中遇到的各种问题，积极地引导和教育学生保持正确的职业价值观和家庭生活观，主动开导学生，帮助他们保持阳光心态，开拓健康人生。在十几年的MBA教学管理过程中，我们对待学生始终以"爱心和责任心"的"双心"教育为导向，既严格要求，也关爱有加，从而保持了中国传媒大学（简称中传）MBA学生课堂出勤率和毕业率、就业率"三率"在MBA院校中始终名列前茅的好成绩。中传杰出校友白岩松在2010年出版的《幸福了吗？》一书中讲过一个故事：当年他们的一位同学曾经因为家境贫寒、生活拮据买不起书，所以在图书馆和校园的临时书摊上有过"拿走"图书的行为，当时学校发现了，但并未处罚该同学，而是采取了保护学生的行为，后来这名同学还成了某省级作家协会的著名作家。我始终认为，对年轻人犯的一些错误，一定要采取保护措施，而不能一棍子打死。刚并入北京广播学院的时候,学校的一项政策就是:学生考试作弊一经发现立即开除学籍,并责令48小时内离校。记得我曾在一次会议上提出了自己的不同看法:年轻人犯错并不可怕,重要的是一定要吸取教训、改正错误,学校要给青年学生改正错误的机会。好在这项政策后来得以更正。对青年学生而言,认识到错误,并能下决心改正,都是好的表现;如果犯了错误连个改正的机会都没有,甚至成为终身遗憾乃至人生"污点",这对青年人的成长和发展肯定是不利的。所以多年来,我们一直尽可能多地为学生提供改进空间和成长机会,包括MBA学生毕业论文的完成也是这样,一次开题没有通过,可以二次开题,一次答辩未通过,可以二答或三答,前提是一定要认真改而且必须改好。当然这样做,也会被领导、同事或者其他职能部门的人员说成"护犊子",处理学生"偏软",但我对此有点不太以为然。在做教师近40年的生涯中,我最主要的收获是与MBA结缘,无论是给MBA学生上课,还是组织MBA学生参加各类活动,内心都非常充实,特别是参与学校MBA教学的整体建设,推动开展"双心"教育、学生创新创业教育,创建MBA校友会,组织各级各届学生举办入学文艺晚会和毕业典礼等,都是值得记住的美好时刻。

三、对幸福的感悟

关于什么是人生幸福,一千个人心中有一千个答案,维基百科中对于"幸福"的解释是:"幸福是一种持续时间较长的心灵的满足。"也有人说,"幸福就是猫吃鱼狗吃肉,奥特曼痛打小怪兽"。

小时候幸福的事情就是能买到自己喜欢的零食和衣服,长大后幸福就变成了跟自己喜欢的人在一起，聊天、共事、娱乐，再往后幸福应该就是家庭生活如意、子孙满堂和拥有良好心态了。不同的个体在不同的阶段对幸福的定义有很大的不同，一个人觉得自己很幸福，可能在旁人眼里觉得很平常，甚至不幸福。归根到底，评判幸福的标准要回归到主观感受这个维度。幸福无关钱财，无关地位，无关他人，只忠于自己的内心。40年的职业生涯，38年的家庭生活，从教书育人到油盐酱醋，从面对工作、面对学生到面对家庭，这其中既有快乐工作的经历，也有与病痛伤情的搏斗。工作与生活的历练，让我对人生幸福有了多重的体验。如果从这个角度来谈幸福感的话，我觉得，怀有阳光心态，是幸福的第一个密码。对于阳光心态，我的理解就是首先要保持积极乐观的生活态度，能与他人和睦相处，并换位思考，懂得感恩知足，乐于助人，成熟稳健，心态平和等。更进一步来讲，在职场中，当面对职场压力和工作与事业平衡的问题时，一定把握好：一是保持淡定，要专注自己的内心，最大限度地降低外界对自己的影响。刚入职时我选择改行教管理学，而放弃专业技术，就是源于我一直喜欢文学和社会学，高考选择考理科实属无奈。忠于自己内心的想法和意志，不献媚，不俗气，不受外界纷繁事务的影响，特别要抵御各种名利思想、完美主义等的影响，这些都有益于人生幸福。二是学会化繁为简。老子把万物归结于阴阳两道，能把世间万物看清看透，我们对于人生幸福也应该简单地看待，让复杂的事情简单化，让简单的事情明了化。要活在当下，顺势而为，既要努力上进，尽力而为，又要把握好度，适可而止。总之，我认为幸福的人一定是有情有爱有事业的人。有情是指对亲情、友情、爱情要有正确的选择,有爱就是要学会爱自己,爱家人,爱单位,爱社会,要有仁心大爱;有事业就是在职业生涯中一定要把握好方向,努力做出成就,最大限度地体现自身的价值。在做好工作的同时,尽可能做到事业与家庭的相对平衡,不可偏废。做到了这些,人生幸福的钥匙就握在了自己手里。从学校工作退下来后,我会有更多精力去关注做好雪花公益的事情。"赠人玫瑰,手有余香",但愿公益事业也能像飘飞的雪花一样带给我更多的幸福感。

四、对本书的感觉

本书的成稿源于多年来给各类学生讲授"职业生涯规划"课程和给MBA学生讲授"领导力"课程所积累的资料。

当初构思时,希望这本书能够做到理论与实践相结合,系统性、实用性和可操作性相促进,在充分吸收当代管理学、心理学、领导力、职业生涯规划理论等各方面的前沿研究成果的基础上,为在校大学生和各类职场人士提供全面、新颖和实用的理论指导和实操训练,帮助他们在职场上取得更快的进步和更好的发展。

由于时间、精力所限,特别是能力水平有限,书中肯定存在不少缺点和不足,还望大家批评指正。

五、心中的感恩

回首人生及近40年的高校生涯,我需要感恩的太多太多。

一是感恩这个伟大的时代。这是一个日新月异、快速变化的时代,是人才辈出、改天换地的时代。作为一名"60后",年轻时,我经历了贫穷落后，赶上了改革开放的大潮，恢复高考制度才让像我这样的农民子弟有机会走出偏远乡村，来到了大都市，并走上了相对平稳的人生道路。我们是改革开放的见证者，也是改革开放的实践者、参与者，更是改革开放的受益者。感恩时代给予我们机遇，感恩高等教育大发展给我们的教师职业增添了光彩！

二是感恩在我的人生和职业生涯发展中遇到的所有良师益友。你们的合作、帮助和提携为我的成长和发展创造了条件，你们的宽容、耐心和大度更让我对人生和工作始终充满憧憬和梦想，并拥有强大的动力。

三是感恩学校的发展平台和家人的支持。事业的发展离不开平台的支撑，学校的快速发展为在这一平台工作的人们提供了良好的机遇和莫大的支持；家人的默默奉献和鼎力相助，让我对生活与工作充满期待。养育之恩和陪伴之情此生难忘。

四是感恩亦师亦友的学生们。无论是在授课、论文指导，还是线下交流、各种活动中，你们所表现出来的青春活力、紧跟时代前进步伐勇往直前的拼搏能力、追求美好生活、实现自我价值的不懈努力和勇于探索坚持真理的惊人魄力都让我受益匪浅，收获良多。特别要感谢为本书提供部分素材和案例的李文霄、刘译远、张强、张琳、高尚、周晓娇、韩帅、范芮瑜、王文君、凌晨、刘辉、张金芳、黄艳斐、盖迪、高倩、黑赫萱等MBA学生。

最后，也是最重要的，感恩中国传媒大学书记、校长廖祥忠同志在百忙之中拨冗作序，对本书给予全面支持和充分肯定，并对职场人士提出"培育核心竞争能力、提升认知维度、打磨价值观体系"三方面终生修炼的殷切期望。特别感谢学术界德高望重的赵继新、余顺坤、刘平青教授和业界精英周迎梅女士、郑翔洲先生、王天昊先生等大咖对本书的鼎力推荐!

2022年7月于北京